融汇海派文化 创新育人实践

——黄浦区德育一体化建设的探索

本册主编 / 严　奕

副 主 编 / 李　峻

上海教育出版社
SHANGHAI EDUCATIONAL
PUBLISHING HOUSE

图书在版编目（CIP）数据

融汇海派文化　创新育人实践：黄浦区德育一体化建设的探索 / 严奕主编.
— 上海：上海教育出版社，2020.12
（面向现代化的黄浦教育综合改革丛书 / 姚晓红主编）
ISBN 978-7-5720-0480-3

Ⅰ.①融… Ⅱ.①严… Ⅲ.①学校教育–德育–研究–黄浦区 Ⅳ.①G41

中国版本图书馆CIP数据核字(2020)第271550号

序　一

　　上海是现代化国际大都市,黄浦区是上海开埠以来最核心的区域。在这20余平方公里的地域里,有着很多全国乃至世界闻名的标志性建筑和商业、文化产物:南京路、淮海路——中国最繁华的商业街;市百一店——中国最大的百货商场;国际饭店——改革开放前中国最高的大厦;江南造船厂——中国历史最悠久的近代造船企业。此外,还有着上海最早的江南园林——豫园,有万国建筑博览群之称的外滩,以及在改革开放年代建起来的上海博物馆、上海大剧院……这些都集中反映了上海海纳百川的开放胸怀和海派精神。从城市发展的角度看,上海在不太长的时间里就成为国际性大都市,这种发展模式和开放氛围在中国是特有的。而黄浦区就是典型的代表,由此它也成为上海的商业中心、金融中心和文化中心。可以说,在对国家作出贡献和推进上海社会经济发展方面,黄浦区都体现了特殊的地位与价值,发挥了独有的示范引领作用。

　　这种特殊的地位与价值同样反映在教育方面。黄浦区有全市历史最悠久的中学、第一所现代学制的小学、第一所教会女子中学,最早中外合作传授现代科学知识的中学和近代第一所职业学校。这种深厚的历史底蕴和文化积淀为黄浦区教育事业的发展奠定了坚实的基础。作为上海市整体教育综合改革实验区和全市唯一整体推进课程领导力实验项目的区域,多项全市性的教育改革在黄浦先行先试,为在更大范围内推广提供了成功的经验。在改革的进程中,黄浦区十分重视处理好历史传承和创新发展的关系,使老校焕发活力、新校崭露头角,达到了传统与现代的完美结合。

　　在改革早期,办学条件的改善、各项保障教育发展措施的落实是亟待解决的难题。黄浦区以敢为人先的改革精神成功地破解了这些难题。由于黄浦区位于市中心,又有成片的老城区,人口密度高,学校的场地面积可以说是寸土寸金,所谓"大楼中学""弄堂小学""石库门幼儿园"就是对该区学校办学条件的生动写照。在这种区位条件十分艰苦的情况下,区委、区政府和区教育行政部门充分利用国家关于土地批租的有关政策,在全面规划的基础上,把土地予以系统、有序的批租和置换,对学校进行了连锁改造,使学校面貌发生了翻天覆地的变化,在硬件改造方面提交了一份让老百姓满意的答卷。由此形成了黄浦区通过盘活现存资源、有效改善办学条件的改革经验,原国家教委还将这些经验向全国推广。

特别值得一提的是,黄浦区的改革精神和创新意识还突出表现在促进教育的内涵发展上,即用"打造一流教育"的标准去发现问题,用科学务实的态度去研究问题,用教师、校长共同的智慧去解决问题,形成了一些在全市领先的区域品牌和学校特色。

三十多年前,黄浦区就开始了对学生学习指导和非智力因素培养的研究,形成了一系列的研究成果,至今仍在深化,并在相当大的范围进行推广,这在全国产生了良好的影响。这一研究一开始就提出要关注学生的"学",立意开发学习潜能,培养学生健康心理,促进学生自主发展以及用脑科学研究有关成果指导教与学,这完全符合当今的教育理念和核心素养培育的基本要求。

在弘扬传统和改革创新中涌现出一批特色鲜明的学校,如格致中学的科学教育,其严谨求实的校风培养出一大批理科见长的优秀学子;大同中学的课程改革,尤其是活动课程的设置与实施,得到普遍赞誉;向明中学的创造教育,通过创造实验、自主管理、社会实践、主题活动来培养学生创造性人格;大境中学的体育特色,体现了"螺蛳壳里龙腾虎跃"的艰苦奋斗、勇创一流的体育精神;北京东路小学的小班化教育,在生源高峰回落、资源相对宽松的情况下给予学生更充分的教育;还有商职校、旅职校为顺应经济发展的需要在办学方面进行的卓有成效的探索等,当时这些改革举措在上海和全国都产生了很大的影响。

进入21世纪,在课程教材改革、教学方式转变、学生心理辅导和信息技术应用等方面,更多学校呈现出自己的亮点,如卢湾高级中学的人工智能,光明中学的法语教育,市八中学的男生班实验,同济黄浦设计创意中学的新型办学模式,上海市实验小学的开放教育,蓬莱路二小的"蓬莱小镇"系列课程,卢湾一中心小学的"云课堂",思南路幼儿园鼓励幼儿自主探究、创意发现的启蒙教育,荷花池幼儿园倡导多元融合、师幼共生、创意表达的艺术教育,等等。

十年前,黄浦区提出"办学生喜欢的学校",强调学校要倾听学生的呼声,关注学生的需求,努力顺应和鼓励学生追求快乐的天性,让校园生活时时处处都充满快乐的元素,让学生在成长中享受追求快乐的权利,使学校生活成为学生美好难忘的人生回忆。全区所有的中小学、幼儿园都参与了研究和实验,广大教师真正树立起了"以学生为本"的理念,把丰富学生的情感体验、促进学生健康快乐成长作为追求的目标。这样就把区域教育内涵发展提升到新的高度。

当然,黄浦区在教育改革与创新中的特色和亮点还有许多,不再一一赘述。

综上所述,黄浦区教育改革不断深化的脉络十分清晰:从历史传承到创新发展;从硬件的改善到对软件的变革;从教学外围的改革直指教学主阵地的改革;从对教师"教"的研究转到更加关注学生"学"的研究;从重视学生知识习得、方法应用等显性变化转向更加重视学生脑的开发,情感、态度、价值观的变化和学生内心成长等精神层面的发展。这种发展、变化的过程,说明黄浦区广大教师和校长对教育规律的认识在不断深化,关注学生情感、尊重学生生命的意识也在不断增强。由此,我认为黄浦区在整个区域教育改革中体现出来的特征也是明显的:其一,它始终以改革来推动教育的发展。从上海开埠以来,黄浦区就是在不断进取和改革中发展起来的,而改革又是站在研究的基础上进行。其二,学校校长和教师是改革与研究的主力军。研究不是请外来的专家"代劳",而是依靠校长和广大教师在实践中发现问题,解决问题,然后又在新的高度提出新的问题,以此持续不断地推动改革的深入。这正是黄浦教育发展的不竭动力。其三,创新精神贯穿于改革的全过程。黄浦区善于从国际视野以及教育未来发展的高度来定位改革方向,因而能抓住教育本质,直指改革核心,使许多工作始终在上海处于领先定位。

我高兴地看到,黄浦区《面向现代化的黄浦教育综合改革》丛书正式出版了！在此表示祝贺！这是全区教师多年来围绕教育综合改革和创新教育开展实践与研究的智慧结晶。相信这套丛书能在更大的范围发挥其借鉴和指导作用。今天已进入新时代，教育正处于全面深化改革的关键期。党的十九大报告指出，"建设教育强国是中华民族伟大复兴的基础工程"。希望黄浦区的广大教师、校长秉承以往一贯的改革创新精神，继续在改革的深度、广度上攻坚克难，不懈探索，以自己的智慧和勇气为加快推进教育现代化作出更大的贡献！

序 二

党的十八大以后，以习近平同志为核心的党中央坚持把教育摆在优先发展的战略位置，全面深化教育领域综合改革，一批标志性、引领性的改革在全国范围深入展开。因为教育改革点多、面广、线长，需要做的事情很多，而且教育问题在各地的反映既有共性又有个性，往往呈现出不同的特点。因此要解决好这些问题，需要按照中央的总体部署和指导原则，在一些承担教育综合改革的区域，按照中央指明的方向，率先大力推进教育体制改革创新，在注重教育改革的系统性、整体性、协同性，以及教育改革发展的重大问题和群众关心的热点问题解决上，提供可复制的经验。特别强调以改革激活力、增动力。

我们经常说的一句话是：改革进入了深水区。究竟深在哪里？深在如何在制约教育发展的落后规则体系上打开缺口；深在如何在以改革激活力、增动力，释放基层与个体的活力和创造力上找到突破；深在如何在构建新的教育质量观的基础上，重新思考人才培养、办学质量这些根本性问题上有新的布局；深在如何在重新思考区域教育发展战略规划，创新区域学校课程与教学上创造新局面。总之，要寻找区域教育新的增值点，凸显区域教育改革的新方向、新举措、新成果。这是对区域教育发展的一次重新检验。

令人高兴的是，黄浦区在综合改革的实践中交出了一份漂亮的答卷。从中我们可以看到，黄浦区教育综合改革的几个鲜明的特征：

第一，注重教育思想领导，突出价值引领。教育思想的现代化是提升教育现代治理能力的重要前提。对区域教育的领导首先是教育思想领导。确立区域教育发展理念，坚持育人为本、五育融合、全面发展，引领区域教育高质量发展。在总结、凝练、提升区域教育发展理念过程中，黄浦区注重结合地域历史、文化特色,继承区域教育的优良传统;注重坚守教育的本质,紧扣国内外教育发展的趋势和方向;注重以人民群众向往的美好教育为行动准则,赋予区域教育发展以特定的内涵。

第二,认真做好顶层设计,绘就远景蓝图。黄浦区一直重视凝聚全区心力,绘就未来发展的共同愿景。共同愿景是对长远战略目标所描绘的纲领性蓝图,是全区干部和教育系统心目中教育发展的理想目标和追求,也是发自内心深处的真实愿望和教育理想。通过建立共同愿景争得全社会的广泛支持,多方形成合力,凝聚人心,为共同愿景的实现而努力拼搏。

第三,坚持创新、创造,打造现代教育的区域特色。黄浦区把创新教育定位在培养中小学生的创新精神和创新能力。他们认为,创新教育是以培养创新精神和创新能力为根本目的的教学活动,是着重解决在基础教育领域如何培养中小学生的创新意识、创新思维、创新能力问题的必由之路。社会要求我们创新,创新的社会才能不断进步;时代要求我们创新,不创新就会落后,就会失去进取的动力。创新教育,不仅是对教学方法的改革或者教学内容的改变,而且是重新审视教学的根本目的,对教育的功能有更全面的认知和定位,是带有全局性、结构性的教育革新和教育发展的价值追求,是新时代背景下教育的发展方向。正因为全区各级各类学校和机构长期坚持不懈的实践和努力,创新、创造已经成为区域教育的一大特色。

第四,发挥基层首创精神,激发学校办学内生动力。黄浦区历史名校众多、传统资源丰富。全区注重鼓励广大学校凝聚师生的价值追求,培育多样化的校园文化,注重拓展社会资源,打造社会实践大课堂,以多样化的校园活动,提高育人质量。全区积极创新学校人事、职称等评价制度,注重从精神荣誉、专业发展、岗位晋升、绩效工资、关心爱护五个方面对教师进行激励。积极鼓励学校坚持依法办学,营造风清气正的氛围,推动学校健康发展,为广大教师静心专业发展、潜心立德树人创造更好条件,充分激发广大教师教书育人的主动性、积极性、创造性,全心全意为国家育才、为民族铸魂。当前已进入全面提高基础教育质量的新阶段,黄浦区的广大学校工作重心集中在提高质量上,教学改革和探索真正成了学校的主责主业,在大力推广优秀教学成果、深化课堂教学改革、创新教育教学方法、不断提高育人质量和水平方面都有布局和深耕。

　　在全国教育大会上,习近平总书记着眼我国教育事业的长远发展,对深化
教育体制改革作出了重点部署,为坚决破除制约教育事业发展的体制机制障碍
指明了方向和路径,对于加快推进教育现代化、建设教育强国、办好人民满意的
教育具有重大意义。今天在总结"十三五"、迎接"十四五"的时刻,我们完全有
理由相信黄浦作为区域教育综合改革的实验区,一定会以新的气象、新的举措,
创造出更美好的教育,为发展具有中国特色、世界水平的现代教育提供区域的
经验和典范。

CONTENTS | 目录

导　论

"人无德不立",道德的形成与发展贯穿于人的一生,植根于生活的环境之中。《国家中长期教育和发展规划纲要(2010—2020 年)》明确提出,"构建大中小学有效衔接的德育体系,创新德育形式,丰富德育内容,不断提高德育工作的吸引力和感染力,增强德育工作的针对性和实效性"。2018 年颁布的《中小学德育工作指南》规定,"着力构建方向正确、内容完善、学段衔接、载体丰富、常态开展的德育工作体系,大力促进德育工作专业化、规范化、实效化,努力形成全员育人、全程育人、全方位育人的德育工作格局"。由此可见,德育作为一项系统工程,要真正发挥它的有效影响,构建德育一体化体系是至关重要的工作。

2016 年,作为黄浦区教育综合改革项目之一,"构建一体化德育新格局"项目正式启动。我们以社会主义核心价值观教育为重点,以提升黄浦小公民思想道德素养、增强区域德育实效性为目标导向,遵循教育发展规律和学生身心成长规律,围绕区域德育工作的特色项目进一步深化探索,整体协作,稳步推进区域德育一体化建设。

一、黄浦"德育一体化"的提出背景

(一) 回应"立德树人"的根本要求

党的十八大报告明确提出,"把立德树人作为教育的根本任务,培养德智体美全面发展的社会主义建设者和接班人"。自此以后,以习近平同志为核心的党中央立足长远,着眼未来,对落实"立德树人"根本任务、加强和改进德育工作提出了一系列重要论断和战略部署。在 2018 年全国教育大会上,总书记将劳动教育纳入社会主义建设者和接班人的要求之中,提出"德智体美劳"五育并举的总体要求,强调

"要努力构建德智体美劳全面培养的教育体系。要把立德树人融入思想道德教育、文化知识教育、社会实践教育各环节",其核心要义就是坚持马克思主义关于人的全面发展的思想。

今天的教育发展进入了一个新时代,百姓对"接受更好的教育"期盼度日益增长,这就要求必须结合学生成长的内在需求,充分尊重不同年龄段学生的成长规律、认知特点,提供更适切的教育。而我们深入探索构建德育一体化体系,既整体构架又分层有序地将社会主义核心价值观融入教育全过程,使其入学生耳、入学生脑、入学生心,为实现人的全面发展,有效促进青少年道德良好发展提供了落地的路径,从实践层面努力回应了"立什么德""如何树人"的大命题。

(二) 顺应黄浦教育高位发展的必然要求

黄浦是本市中心城区城市化发展的缩影,上海的城市之"根"在这里发端,上海国际大都市的发展从这里起步,上海开埠以来形成的深厚文化积淀和鲜明文化特色在这片区域有显著体现,海派文化的开放、多元、创造的特征为黄浦教育注入了源源不断的活力。面对新时代发展的要求,黄浦区委、区政府提出,黄浦教育要在上海教育现代化和黄浦高质量发展的全局中,围绕"高、先、精",努力成为教育改革引领区、创新教育先行区和教育发展精品区。要达成这一目标,关键在于人才。

当前,随着经济社会的深刻变革、价值观念的日趋多元、互联网技术的迅猛发展,未成年人的成长环境和学习生活方式发生了很大变化,这就要求我们一定要研究、把握新时代开展德育工作的规律和方法,科学应对他们成长中可能出现的问题。人的素质是一个整体,它需要系统整体的教育来培养和支撑,其中,德育对其他诸项素质的发展起着推动、导向和保证作用。我们以德育一体化建设为抓手,把育人目标和育人过程有机统一,以德育为核心,充分发挥它的引领作用,探索科学的育人规律,掌握正确的育人方法,引导黄浦青少年爱国、励志、向善、力行,整体提升黄浦教育文化品位、育人品质,为黄浦加快建设世界最具影响力的国际大都市中心城区提供人才支撑。

(三) 适应区域德育工作深化的迫切要求

黄浦区地处改革开放前沿,包含的红色文化、江南文化、海派文化等历史遗迹众多,让广大青少年时刻感受着时代的脉搏和中国的力量。黄浦教育源远流长、积淀丰富,汇集了 26 所具有百年历史的老校、名校,这些学校基于校史传承与新时代要求,形成了具有特色且可复制和借鉴的德育工作品牌,催生出黄浦教育独特的优势。丰富的校内外育人资源为深入开展德育工作打下了坚实的基础,为区域形成"多彩学习"社会实践版图,整体构建学校德育特色课程创造了条件。各类承载于社会实践之上的理想信念、政治认同、文化自信等教育资源异常丰富。

作为首批"全国未成年人思想道德建设先进区"、本市唯一的"全国心理健康教育示范区",黄浦德育工作始终倡导"把德育过程还给学生"的理念,充分尊重学生在德育活动中的主体地位。坚持 16 年之久的"文文明明幸福行"区域未成年人思想道德主题教育活动已成为黄浦德育的一张名片。

但客观地说,现今的德育工作时时会出现"说起来重要,做起来次要,忙起来不要"的尴尬境遇,德育"育人"的本体价值还得不到完全的体现,具体表现在:教书和育人依然有"两张皮"的现象存在,德育在"全人"目标培养中的引领力和融合度不够;教育教学与实际生活的链接度不够,学生参与实践体验仍停留在形式上的注重,而实际参与路径狭窄、方法单一;中小学德育的实施从纵向看学段衔接不畅,横向看学校与家庭、社会合力育人的机制尚未完全形成;教育的方法、手段与时代发展的要求不相匹配,德育的吸引力不够强,等等。同时,随着虚拟网络的高速发展以及其与生活的无缝衔接,青少年身心发展的环境与影响因素更为复杂。这些问题都给我区德育工作的深入开展带来了严峻的挑战。

在这样的背景下,需要我们整体思考,以"德育一体化"的设计来破解困境。

二、黄浦"德育一体化"的基本内涵

(一) 哲学内涵

马克思主义哲学是科学的世界观和方法论,其系统优化的方法原理,成为我们开展"德育一体化"建设的根本价值遵循。习近平新时代中国特色社会主义思想是坚持和运用辩证唯物主义和历史唯物主义的光辉典范,蕴含着丰富的马克思主义思想方法和工作方法,为我们推进新时代德育工作提供了根本指南。

马克思主义系统优化的原理告诉我们,系统是由相互联系和相互作用的诸要素构成的统一整体。系统的基本特征包括整体性、有序性和内部结构的优化趋向。掌握系统优化的方法,要求我们用综合的思维方式来认识事物。既要着眼于事物的整体,从整体出发认识事物和系统,又要把事物和系统的各个部分、各个要素联系起来进行考察,统筹考虑、优化组合,最终形成对这一事物的完整准确的认识。

就是说,在解决实际问题时,我们应立足整体,"通过正确认识和处理系统中各要素之间的联系、系统内部不同层次的联系、系统与外部环境的联系,运用系统思维,揭示系统的特性,实现系统的整体功能的优化"。①

因此,加强"德育一体化"的设计,即要从大德育观出发,把各方面、各层次、各阶段的德育看作一个不可分割的整体进行综合考虑和架构,使德育工作系统内纵向各层次有效衔接,系统内外横向各要素顺畅贯通,形成统筹各方、协同育人的格局,从而达到我区德育工作系统内外结构、要素的最优整合。

(二) 理论内涵

生活德育理论认为,道德教育具有整体性的特征。首先表现在,我们的教育对象——儿童是一个完整的人,不仅有理性,也有情感、态度和价值观等非理性部分。其次表现在,生活世界中的道德是整体性的存在。"人总是存在于为某种道德所统领的生活之中,个体的家庭生活、学校生活、社区生活、经济生活、文化生活等等都包含了道德的意蕴,道德与生活的各种要素密切联系在一起。"②这就意味着,我们在帮助儿童习得道德的过程中,不能仅仅着力于其对道德概念的知晓上,也应充分考虑儿童的道德经验往往来自具体的生活事件、生活细节、生活过程。我们应该回归生活的教育,注重发挥人的情感和意志在道德学习中的作用,促进儿童知情意行的统一,将其内化为品质。个体的人的生存与发展,包括道德的生存与发展,往往是通过社会交往实践进行的。

基于儿童生命的整体性和生活世界中道德的整体性,决定了我们的德育必须在儿童真实完整的生活中进行,我们不仅要将德育融入儿童在校生活的各个环节、各个阶段,而且不能局限于某一求学时段,要贯穿于前后,让孩子在不同的生活中体验有道德的生活,并与其他各方面的教育形成一个有机的整体。只有这样,才能解决当下学校德育碎片化弊端,真正提升德育工作的有效性,促进儿童道德品格的发展。

(三) 实践内涵

在学校这样一个教育生态中,德育理应与学校教育融为一体。德育必须作为学校教育工作中的一个重要组成部分,要与学校内部不同的教育部门协调一致,达

---

① 谢梦菲.哲学视野下新时代一体化德育的构建[J].思想政治课教学,2018(7).
② 鲁洁.生活・道德・道德教育[J].教学研究,2006(6).

成育人共识,有效促进德育的落实。德育与其他诸育也理应融为一体。在教育实践中各育借助多种载体,如课程、教学、活动、环境等,实现德育课、德育活动、学科教学的"同向同行",对儿童的道德发展起到整体性的影响。

在上述的前提下,我们还关注到——

学校教育系统内外的一体化。它是德育在空间上的延伸。德育并非仅仅依赖于学校内部的通力合作,更应该构建以学校教育为主体、家庭教育为基础、社会教育为依托的相互支持、合力育人的利益共同体,"尤要整合校外不同的组织机构提出的各自对学校德育的不同要求,尽可能让这些不同要求相互协调,形成互补"。①

德育自身系统的一体化。德育作为一门专业,它有自身相对独立的运作系统和育人规律。从德育内容看,主要包括政治、思想、道德、法纪和心理品质教育,需要在教育中统筹兼顾,不能偏颇。应从国家需要、时代发展要求出发,根据不同年龄段学生的身心特点和认知能力,系统安排德育内容,使之既有层次性又有连贯性。从德育过程来看,学生世界观、人生观、价值观的确立和道德品质的养成不是一蹴而就的,是通过各个教育阶段逐步发展的,且都需要经过知、情、意、行四者统一的过程。德育过程的系统性,决定了我们的教育要在充分尊重学生主体积极性的前提下,注重方法的科学性、途径的多样化,提升环节的相互衔接性。因此,要在内容和过程两个层面上实现儿童道德学习和道德生活建构的一体化。

基于上述的考虑,我们从区情、校情、学情出发,确定了中小学德育课程一体化研究项目、区域品牌"文文明明幸福行——小公民思想道德建设"项目、学生社会实践项目、黄浦区学校心理健康教育深化项目、区域推进三位一体家庭教育指导联动机制研究项目等五项综改试点项目。从系统的角度审视、谋划,提出了"构建'三圈',实现德育一体化"的策略,即"内圈"聚焦德育课程的整体构建,凸显社会主义核心价值观教育,实现学校课程德育的一体化;"中圈"聚焦各类资源的有效整合,拓宽学校育德途径,作为"内圈"课程建设的有力支撑,实现校内外教育资源的一体化;"外圈"聚焦青少年成长环境的和谐营造,作为"内圈"课程建设的延伸、"中圈"资源开放和升级的后援力量,实现区域未成年人思想道德建设工作的一体化。

总之,我们以整合性的思维和回归生活的理念,统筹各类资源,营造和谐的教

---

① 余维武.建构一体化德育体系　促进儿童的道德成长[J].江苏教育,2015(4).

育生态环境,努力打造具有黄浦特色的德育一体化新格局,为我区未成年人的幸福成长提供保障和支持。

三、黄浦"德育一体化"的构建原则

(一) 坚持导向性

导向性就是需要坚持价值导向和突出学生全面发展目标相结合。全面贯彻党的教育方针,将培育和践行社会主义核心价值观贯穿教育的全过程,把有效衔接、分层实施、循序渐进、整体推进作为德育工作的根本要求。坚持把帮助学生养成良好政治素质、道德品质、法治意识和行为习惯,形成积极健康的人格和良好心理品质,促进学生全面而有个性的发展作为根本任务,努力培育社会主义事业合格建设者和可靠接班人。

(二) 凸显人本性

人本性是指注重学校德育与学生生命成长相统一。德育是为丰富学生生命内涵、提升其生命质量而进行的,只有融入学生具体的生命成长,才能彰显其价值。这就意味着德育一体化的构建一定要从学生身边的生活出发,从他们作为一个具体的社会人、一个家庭的成员或一个社会中的公民等不同角色来思考和实施,要合乎学生的特征和需求;要着眼于人的全面发展的目标,承认学生是成长中的人,是有着道德成长需要和无限可能的人;坚持以发展的、动态的视角来看待学生的变化,随时调整教学策略以保持德育各要素之间良好的互动关系,使德育与学生的动态变化更加一致。

(三) 注重科学性

科学性要求既要以事实为依据,又要遵循德育规律。一体化的构建要以区情、校情和学情为分析框架,在满足国家需要、时代发展要求的同时,又要兼顾受教育者各个年龄段身心发展规律,保证教育目标和内容的连贯性、持续性。在架构德育课程体系中,要从形成人的完整思想品德结构入手,充分考虑受教育者的心理、思想和行为特点,注重知行合一,促进道德实践、情感培育和习惯养成的统一。在系统营造教育生态环境时,既要关注教育的外部环境,也要关注教育系统内部的相互关系,更应重视个体内在的生理和心理环境,推动教育与环境的相互联系、相互制约、辩证统一。

四、黄浦"德育一体化"的建设路径

从系统思维角度来看,德育一体化的构建需要从理念、目标、内容一体化设计,从途径、方式、手段一体化去考量,从课程、环境、环节一体化去实施。

(一) 德育内容一体化设计

要尊重德育规律,既要上承培育和践行社会主义核心价值观的根本要求,也要下接各学段教育、各课程德育的核心内容,统筹安排政治、思想、道德、心理品质和法治教育;同时,要服务区域的德育目标,从区域实际情况出发,将上海市大中小课程德育一体化研究中形成的顶层内容体系予以转化落地。

(二) 课程德育一体化建设

德育目标和内容的有效落实需要载体。课程德育一体化建设是指:以系统性和科学性为基本原则,整体规划具有区域特色的课程德育体系,充分体现中小学各年龄阶段德育目标和内容,并通过课程研发、课程实施及课程共享机制的建立,分层次、跨学科将德育贯彻落实到课堂教学、实践活动中去,全面深入地发挥课程育德功能,更好地推进中小学德育有效实施。

(三) 德育资源一体化整合

课程的研发、实施离不开资源。这里的资源主要是指来自校内外的、有利于区域内师生开展教育教学活动,对培养人的德行起作用的一切因素。它们是实现课程德育目标,整体落实德育内容的通道和场所。德育资源一体化的整合,不是简单的"拿来主义",也不是将资源与德育内容一一对应的叠加,而是依据不同学段孩子的认知特点及兴趣需求,发挥教育研究部门、学校和社会三方的作用,对资源的再度开发和挖掘整合,为学校教育链接学生真实的生活架好桥梁。

(四) 德育队伍建设一体化推进

德育科学而有效的实施,关键在教育者。在一体化的理念下,黄浦区这支大德育队伍主要涉及三类人群,一是指教育系统内全体教职员工队伍,二是指在教育系统全员基础上重点分管、分类实施的队伍,三是指教育系统以外协同推进德育工作的队伍。德育队伍建设一体化需要我们在"人人—时时—处处"的大德育观指引下,从培训、实践两个层面入手,推动教师在师德修养、学段衔接、育人方式等方面合作开展教育研究、岗位历练,实现育人与知识传授、育人与能力素养的"无缝衔接"。

（五）心理健康教育一体化实施

良好的心理品质对于一个人的健全人格形成具有重要的作用。心理健康教育一体化实施是指:以落实立德树人和提升青少年思想道德素养为方向,从本区学生心理现状和需求出发,系统规划"积极成长"心理健康教育特色课程,强化师生共同幸福成长;建立培训、教研、实践一体化的心理专业队伍培养体系,促进师资融通;构建家、校、医、社多方参与的立体工作体系,信息畅通,联动配合,为学生打造一个积极成长的心理环境。

（六）协同育人一体化探索

学校、家庭、社会是实施德育的三大领域,三者之间的协调与否很大程度影响德育的实际效果。协同育人一体化的探索,一方面指的是要保持校内外德育的一致性、协调性,促进三方的紧密合作,共同构建一个由共同的道德信仰联系在一起的真正的道德群体;另一方面指的是,要注重学校、家庭、社会在德育目标、内容上的衔接,各司其职,互为补充,持续延伸学校德育的过程和成效,确保德育的全面性。

以上六个方面应该是相互联系、相互促进又相互制约的,只有当它们达到一个和谐的状态时,"德育一体化"功能才能真正有效地发挥。因而,管理创新就成为黄浦区德育一体化建设的关键。就是说,教育行政部门要在调动各方积极性、优化工作机制上下工夫,如通过定期的联席会议制度,形成"党委统一领导、党政群齐抓共管、文明委组织协调、有关部门各负其责、全社会积极参与"的领导体制和工作机制;通过专项督查,落实表彰奖励制度,及时辐射各级各类组织机构在德育工作中的鲜活经验和先进典型,引导大家树立正确的政绩观和科学的教育观;依托黄浦区教育学院的专业力量,建立重大问题行动研究机制,通过区校合作研究帮助学校破解育人中的难题;通过建立一年一次的区"基于学情调研—改进工作机制",回应学生成长需求,及时改进学校工作,以和谐的校园氛围激活师生教学相长,等等。总之,我们努力实现指导有办法、服务有质量、监督促发展,为德育一体化建设送理念、送保障,激发学校、家庭、社会重视育人工作的积极性,从而推动德育一体化工作。

第一章 映日荷花别样红
——德育内容一体化构建

黄浦区有着深厚的历史积淀以及浓厚的人文底蕴:经典与时尚并存,传承与创新交融。"海纳百川、兼容并蓄、追求卓越、勇于创新"是海派文化的独特风格,也是黄浦德育的价值追求。

一、谱写篇章:学校德育内容一体化构建的时代要求

(一)国家发展战略要求学校德育内容一体化

我国正处在建设中国特色社会主义、实现中华民族伟大复兴梦的历史关键时期,人才发展成为综合国力竞争的一个决定性因素。同时,教育又涉及千家万户,惠及子孙后代,一直被赋予一种崇高的使命。因此,我们党和国家历来重视教育。从 2004 年中共中央、国务院颁布的 8 号文件《中共中央、国务院关于进一步加强和改进未成年人思想道德建设的若干意见》,到党的十八大提出"把立德树人作为教育的根本任务,培养德智体美全面发展的社会主义建设者和接班人";党的十九大提出"落实立德树人根本任务,培养德智体美全面发展的社会主义建设者和接班人"。同时,习近平总书记在全国教育大会上的重要讲话再次强调:"培养什么人,是教育的首要问题。我国是中国共产党领导的社会主义国家,这就决定了我们的教育必须把培养社会主义建设者和接班人作为根本任务,培养一代又一代拥护中国共产党领导和我国社会主义制度、立志为中国特色社会主义奋斗终身的有用人才。"教育部为深入贯彻落实习近平总书记系列重要讲话精神,落实立德树人根本任务,不断增强中小学德育工作的时代性、科学性和实效性,制定了《中小学德育工作指南》(以下简称《指南》)。《指南》强调:"着力构建方向正确、内容完善、学段衔

接、载体丰富、常态开展的德育工作体系,大力促进德育工作专业化、规范化、实效化,为中国特色社会主义事业培养合格的建设者和可靠的接班人。"

国之大计、党之大计。从党和国家的方针政策要求不难看出教育地位之重要、作用之关键。今天的教育被赋予了艰巨的任务,德育的重要性被提到了前所未有的高度,德育必须围绕习近平总书记提出的"培养什么人、怎样培养人、为谁培养人"这一根本问题,"在坚定理想信念上下功夫,在厚植爱国主义情怀上下功夫,在加强品德修养上下功夫,在增长知识见识上下功夫,在培养奋斗精神上下功夫,在增强综合素质上下功夫"。构建学校德育内容一体化,使学生德智体美劳全面发展,具备承担社会主义建设者和接班人应有的基本素质和精神状态,努力为国家、为社会、为家庭、为每个学生健康幸福成长作出教育的贡献。

(二) 德育有效性要求学校德育内容一体化

我们今天的社会正处在大发展、大变革时代,经济科技迅猛发展,社会环境多元速变,尤其是网络信息资讯的丰富性和其被获得的便捷性,不可避免地会对人们的行为习惯、心理状态、思维方式、价值观念、生活态度等产生很大的影响和改变,这些影响和改变对学校德育工作提出了挑战,要求学校德育内容能应对这些变化对学生的影响,而德育内容一体化,将有助于提升德育的实效性。

1. 德育内容一体化建设的政策导向

2005 年,教育部出台《关于整体规划大中小学德育体系的意见》。2011 年,教育部启动"整体规划大中小学德育课程"项目。2013 年,教育部启动"立德树人"工程。同时,《国家中长期教育和发展规划纲要(2010—2020)》明确提出:"构建大中小学有效衔接的德育体系,创新德育形式,丰富德育内容,不断提高德育工作的吸引力和感染力,增强德育工作的针对性和实效性。"上海市学校德育"十三五"规划中的发展目标之一就是"以一体化建设的理念构建大中小学德育内容体系和工作体系,构建大中小学各学段纵向衔接、课内课外网上网下横向贯通、学校家庭社会三位一体的全程、全方位育人共同体,不断提高学生思想水平、政治觉悟、道德品质、文化素养,培养德智体美全面发展的社会主义建设者和接班人"。

上海承担的教育部哲学社会科学重大攻关项目"大中小德育课程一体化建设研究"总报告,强调了德育一体化是"回归立德树人本位的应有之义;破解德育现实困境的关键所在;探索社会主义核心价值观有效融入的根本途径;把握道德发展基础的基本体现;遵循教育教学规律的必然结果;构建德育顶层架构的迫切要求;合力实施德育的内在驱动;协同推进德育的重要保障;系统研究德育的科学思维"。

2. 德育内容一体化建设的理论依据

美国哲学家、心理学家和教育家杜威提出"儿童中心主义"的教育原则。他认为,儿童是教育的起点、是中心、是目的;儿童的发展、儿童的生长,就是理想所在。教师应考虑儿童的个性特征,使每个学生都能发展他们的特长,尊重儿童在教育活动中的主体地位。

瑞士心理学家皮亚杰的认知发展阶段理论认为,在个体从出生到成熟的发展过程中,认知结构在与环境的相互作用中不断重构,从而表现出具有不同质的不同阶段。

学校德育的主体对象是6～18岁的中小学生,年龄跨度大,身心发展存在很大的差异;道德认知能力、哲学思辨能力、情感调适能力、行为实践能力等也不在同一维度。无论是德育文件精神、德育研究结果,还是心理学家的理论,都指向教育的过程需要以学生为本,遵循学生的认识发展规律和道德发展规律。因而学校德育,需要根据学生的年龄特点、区域特性,建构德智体美劳相融合、有梯度、能衔接的学校德育内容一体化的顶层设计,使德育的过程更为有效,做到中小学德育纵向衔接、横向贯通、螺旋上升。

二、绘就蓝图:学校德育内容一体化构建的区域探索

(一) 学校德育内容再认识

黄向阳在《德育原理》中提出:德育顾名思义指的是道德教育,绝大多数国家和地区的德育确实指的是道德教育,唯独我国教育界认为这不过是狭义的德育,除此之外,尚有广义的德育,不但包括道德教育还包括政治教育、思想教育,甚至包括法制教育、劳动教育、礼仪训练、军事训练、心理咨询、心理辅导和心理治疗等。[①]

胡守棻认为:德育就是把一定社会的思想观点、政治准则和道德规范,转化为受教育者个体思想品德的社会实践活动。我们社会主义学校的德育,是把党和国

---

① 黄向阳.德育原理[M].上海:华东师范大学出版社,2000.

家对年轻一代思想道德、规范等方面的要求转化我们社会主义学校的德育,转化为受教育者个体的思想品德。①

教育部1995年颁布的《中学德育大纲》和1998年颁布的《中小学德育工作规程》都指出"德育是对学生进行思想、政治、道德和心理品质教育"。随着中国特色社会主义进入新的时代,党和国家扩展了德育内容的深度和广度。2017年8月教育部颁布了《中小学德育工作指南》,它是指导中小学德育工作的规范性文件,是作为学校开展德育工作的基本遵循,其第四部分明确阐述德育内容包含五个方面,即理想信念教育、社会主义核心价值观教育、中华优秀传统文化教育、生态文明教育和心理健康教育,望通过这些教育,落实立德树人的根本任务。

(二) 学校德育内容一体化的特征

"立德树人"是德育工作不变的追求,"与时俱进"是德育工作得以有效开展的必然要求,因为学生品格的形成受到许多因素的直接或间接的影响,为此,区域德育内容一体化工作在实施过程中,考虑了时代发展、社会思潮、校园环境、家庭氛围、身心发展等各个因素,使得黄浦区德育内容一体化实施呈现以下特点。

1. 时代性与发展性

我区德育内容一体化的实施,是以时代变化为背景进行研究与实践的系统性工作。同时,又具有发展的前瞻性。发展性体现在:一是我区德育内容一体化不仅以德育原理和认知发展理论为指导,更以发展的意识注重横向的贯通和学段的衔接,以发展的眼光对不同年段的学生在成长过程中,随着时代发展、社会变革、环境变化而出现的各种问题做出预判,立足学生心理发展的"最近发展区",引导学生不断提升道德认知水平;二是在时代发展、社会变革、环境变化的背景之下,我们着眼于学生的终身发展开展教育。因此,我区将学生的德智体美劳等全面发展作为学校德育内容一体化的目标,引导学生不断自我完善,为其健康成长与幸福生活奠基。

2. 整体性与系统性

黄浦区德育内容一体化的实施,是一个整体性、系统性的工程。整体性体现在:一是学校德育内容一体化实施不单单是德育教师(班主任)或是专业部门的工作,更是将德育内容纳入区域教育整体规划中进行考虑。在具体操作层面,也是区

---

① 胡守棻.德育原理[M].北京:北京师范大学出版社,1989.

域相关职能单位、学校所有职能部门以及全体教育工作者都积极投入并参与的。二是德育不仅是教育系统的工作,德育的有效开展、学生成长环境的良性构建,还需要全社会的关心与参与。因此,德育内容一体化的整体性还体现在有统整的意识,不断发掘并整合运用社会资源,拓宽教育视野、丰富德育的内涵、提升德育工作的品质。三是我区德育内容一体化的实施不是孤立地开展的,而是与学校各类教育教学工作、各类主题教育活动相融合,使之具有鲜活生命力,特别是在调研区情、校情、学情的前提下,更要将德育根植于学校教育之中,与其他教育教学活动相互促进与支持,互为依托与保障。

学校德育内容一体化的系统性体现在:一是系统考量学生道德认知发展水平影响因素以及因素与因素之间的相互作用,以生态系统理论的观点,促进各影响因素的良性互动,构建学生健康成长的和谐环境;二是以系统论的视角,构建区域德育内容一体化的组织架构。从区域、社区、学区、学校等不同层面,明确各层级的分工与合作、权限与职责,通过组织架构的协调运作,使其成为一个有机的工作整体,从而有效开展德育内容一体化的实施。

3. 阶段性与连续性

德育内容一体化的具体实施,是阶段性与连续性的统一。德育内容一体化的阶段性体现在:在德育原理和认识发展理论等相关理论的指导下,关注不同学段学生需要解决的发展任务,注重不同年龄学生身心发展的差异性、层次性,有针对性地开展教育。因此,在德育目标设置、内容设计上,都体现出了阶段性的特点,以满足并引导不同学段学生的发展需求。

德育内容一体化的连续性体现在:我们关注各学段学生教育的衔接问题。在关注差异性、提升针对性的同时,也要关注其延续性,着力构建较完整的、科学的德育内容一体化体系架构,避免脱节或重复,以一体化的思维方式,研究与实践推进德育内容一体化构建。

(三)区域学校德育内容一体化构建

区域学校德育内容一体化的构建,在内容上需要贯彻落实党和国家规定内容体系,在方法上需要以辩证唯物主义和历史唯物主义思想为指导,系统、有序、科学地进行一体化构建。

黄浦区在学校德育内容一体化构建时,以学生德智体美劳全面发展为目标,首先聚焦党的十八大、十九大提出的立德树人的根本任务;其次遵循教育部《中小学德育工作指南》规定的德育内容;第三继续落实《上海市学生民族精神教育指导纲要》《上海市中小学生生命教育指导纲要》;第四实践上海市从现实需求出发,以转化、内化、深化社会主义核心价值观为根本,汲取中华优秀传统文化,研究提出以政治认同、国家意识、文化自信和公民人格为重点"大中小德育"顶层内容体系。基于此,构建了既有区域特色、学生认知发展特点又与市相匹配的政治认同、国家意识、文化自信和人格养成为重点学校德育内容一体化。

表 1-1　黄浦区学校德育内容体系

一级指标	二级指标
政治认同	党的领导、科学理论、理想信念
国家意识	家国情怀、社会责任、世界眼光
文化自信	文化积淀、人文情怀、时代精神
人格养成	明理守法、美德传承、积极成长

三、谋求实效:学校德育内容一体化构建的落地转化

区域德育内容一体化构建的实施,通过黄浦区教育局层面的规划、文件下发,保障机制的建立;黄浦区教育学院德研室负责组织、协调、研究、指导、培训以及成立中小学德育内容一体化试点校和项目组,开展研究与实践,同时发挥集团化办学、教育学区、协作块等办学模式,点面结合、区校联动、校际联动,逐步推广辐射,形成了具有区域和校本特色的德育内容一体化,帮助学生扣好人生第一粒扣子。

德育内容一体化构建的落地转化,体现在各校基于区域德育内容一体化体系,融通学校德育目标内容,整体架构起富有学校特色的德育内容一体化,并加以实施。

德育内容一体化构建的落地转化,体现在各校基于学校育人目标,融通学校课程,整体架构富有学校特色的德育内容一体化。

德育内容一体化构建的落地转化,体现在各校在整体架构德育内容一体化的基础上,融通本校德育特色,将德育内容一体化根植于品牌项目中。

来自学校的实践探索

在拔节孕穗期培育小学生核心价值观

上海市实验小学历史上曾被誉为"上海小学之最优",也曾是教育部部属重点小学,是一所百年名校。为强国固基而立校,为儿童幸福而施教,是学校的坚守与追求。站在历史与现实、规律与创新、责任与使命多个结合点上,自觉担当开启中华民族伟大复兴的使命。我们对小学生进行核心价值观教育,是以"富强、民主、文明、和谐、自由、平等、公正、法治、爱国、敬业、诚信、友善"为大前提,积极投入黄浦区一体化德育新格局构建的研究实践,以核心价值观教育为重心,着力构建学校德育内容一体化,使学生德智体美劳全面发展,具备社会主义建设者和接班人应有的基本素质和精神状态。

我校以核心价值观教育内容一体化为顶层设计,从理想启蒙、行为规范、心态调适等方面入手,培养规范的行为和良好的习惯,以积极心态、正确思维、开放心态等为目标,建立了符合儿童特点的教育路径,通过教育内容、制度建设、活动设计、评价引导等,做到纵向衔接、横向贯通、螺旋上升,实现小学生核心价值观的有效培育。

一、一体化顶层内容设计,提出小学生价值观八大基本元素

价值观,是指一个人对周围的客观事物(包括人、事、物)的意义、重要性的总评价和总看法。一方面表现为价值取向和价值追求,凝结为一定的价值目标;另一方面表现为价值尺度和准则,成为人们判断事物有无价值及价值大小的评价标准。价值观具有导向作用,核心价值观则是指对形成人的终极价值观起决定作用的部分,一旦形成后具有不可改变性特点。

党的十八大报告指出的"倡导富强、民主、文明、和谐,倡导自由、平等、公正、法治,倡导爱国、敬业、诚信、友善"的具体表述,有助于一代新人成长为合格的社会主

义建设者与接班人,成为自信世界人。我们从社会归属、行为方式、心理感受三个角度,明晰厘清实验小学学生价值观的基本元素:"爱祖国、守规则、敢开放、讲诚信、负责任、会学习、懂简朴、有快乐"。这些元素或是公民的基础情感,或是公民的行为底线,或是学生的重要责任,或是基本的生活态度,都是现阶段教育的重要内容,也将在人的终身发展中起持续导向作用,甚至是起决定作用的因素。

爱祖国,是人类的高级情感,是一个公民基本的道德,也是中华民族的优良传统。爱国通过人们对祖国的认识了解、热爱情感、行为方式综合地表现出来,是人生观、世界观、道德思想的重要组成部分。对小学生而言,"爱祖国"意识从爱亲人、爱家庭、爱伙伴等身边具体人与环境开始,具有成长性与延展性。小学时期祖国概念的植入,有助于在其成年后建立国家认同与民族归属的思想。

守规则,是一个公民基本的行为底线,是维护现代社会秩序的基本规定。对小学生而言,"守规则"教育涉及法律规定等条文、言谈举止等规范要求、学习生活的做法,重在习惯与意识的形成与培养。小学时期规则意识的植入,有助于在其成年后建立自觉自律规则与法治意识,适应现代法制社会的生活要求。

敢开放,是国家的基本国策,是现代公民世界观的关键元素。敢开放是实现个人与社会发展的重要路径,对小学生而言,"敢开放"意识从自信创新与尊重包容起步,涉及愿望与能力等,小学时期开放意识的植入,有助于在其成年后自信乐观地为人处世,参与各类社会生活。

讲诚信,是一个公民的基础道德素养,是日常行为与社会交流的基本思维原点,是中华文化的精髓要义,也是世界各国共同的普适价值观。讲诚信是人际交流与社会实践的基础要求,有助于维系家庭、社会以公信与正义。小学时期诚信意识的植入,有助于在其成年后更好地做事修身,成为受尊重、受欢迎的人。

负责任,是一个社会人的基本道德认识与行为方式,对待个人与集体、生活与事业的基本态度与担当,也是中华民族的传统精神。负责任是个人生存与团队、社会发展的基础,也是智力、能力、境界的综合反映。小学时期责任意识的植入,重在启发儿童对自身的责任、对他人或集体的责任感,培养承担责任所应具有的能力,有助于在其成年后修身持家兼济天下。

会学习,是现代人的基本生活方式,也是参与社会活动的基本能力保证,更是人赖以生存发展的基本方式。会学习是教育的主要内容,是学生的重要使命。小学生的会学习主要是指向学习兴趣的激发、习惯的养成、方法的培养,形成并具有初步学习能力。小学时期学习意识的植入,有助于其成年后成为勤勉学习者、积极思考者、勇敢创造者、终身学习者,实现改变人生、推动社会进步的梦想。

懂简朴,是人的生活态度与生活操守,也是现代人环保意识的行为体现。懂简朴是现代人对生存环境的自觉保护,也是建成生态文明社会的新思维方式。懂简朴,主要指向培养学生发扬中华民族勤劳朴素的传统美德,养成爱劳动、简朴与环保的现代意识。小学时期简朴意识的植入,有助于在其成年后形成热爱劳动、环保简约、量力而行的生活态度。

有快乐,是能感到生活有巨大乐趣,并希望自然而然持续的心境,是人的重要心态与人生追求,健康的心理情绪关系到和谐社会的建设。有快乐是指能享受快乐,感恩快乐,并能保持、传递这种积极的心理状态的愿望与能力。小学时期快乐意识的植入可以让儿童享受童年的成长幸福,更有助于在其成年后以阳光与积极的心态面对人生的经历。

二、横向贯通、纵向衔接、螺旋上升确保一体化

基于小学生核心价值观的八个方面,我们在德育内容的具体设计中做到了横向贯通、纵向衔接、螺旋上升,在低年级和高年级、学校与家庭、了解与掌握、认知与实践各个维度上都进行了一体化设计。

表 1-2　小学生核心价值观的德育内容

基本元素	德 育 内 容
爱祖国	涵盖爱学校、爱家乡、爱少先队、爱党、爱国家、爱民族、爱文化等诸多内容。从认知、情感、价值观三个维度的育人目标:建立文化认同,建立国家归属感,形成坚强精神支柱
守规则	内容涉及宏观层面"国家法律、社会公德",微观层面"学习、生活、礼仪、品格",在家庭、学校、社会环境中,注重个体具体行为,关注学生在学习、生活中的具体细节
敢开放	在意识和行为上表现为思想解放、眼界开阔;在面对问题时候表现为自信包容、开朗乐观;在实践和解决问题的过程中,表现出主动勇敢、智慧创造
讲诚信	围绕"诚实""信用",把"说真话""做实事""守信用"作为教育的基本内容。在诚实教育方面,培养学生说真话、做实事。在守信教育方面,培养学生守时、守信,能遵守承诺,言行一致

基本元素	德　育　内　容
负责任	信心给自己,对自己负责,自己的事情自己做好;关心给他人,对他人负责,别人的事情帮忙做好;爱心给社会,对社会负责,集体的事情尽己所能积极参与
会学习	对学习有兴趣,愿意付出努力;能掌握有效学习方法,养成良好的学习习惯;提升学习能力,敢于创新实践
懂简朴	围绕"踏实勤奋　劳动光荣""理性消费　节俭有度"和"绿色环保　和谐生态"三个主题教育,内容涵盖基本国情、生态环保、科学理财、绿色消费、劳动观念等
有快乐	能从悦纳自己中感受快乐;能由己及人在感恩中体验快乐;能友爱互助,在携手共进中传递快乐。引导学生在感受快乐、体验幸福的成长过程中积极乐观、阳光自信、懂得感恩、乐于奉献

　　我们把最基本的做人理念作为小学生核心价值观的教育内容和基本定位。从方法论上来说,凝练小学生核心价值观教育内容从五个方面考虑:第一是时代性,核心价值观有普遍性,能与世界各国对话;第二是民族性,中华民族长期形成的中国元素、至今传承与发展着的优秀文化;第三是实践性,针对小学生成长的现实问题,即学生的健全人格培养,具有可行性;第四是简明性,通俗易懂,小学生愿意接受,乐意实践。小学生核心价值观教育目的在于引导小学生的生活,有助于小学生的成长教育,且具深长久远的价值。第五是一体化设计教育内容,各年级分层实施,低高段有效衔接,注重教育有效性。小学生核心价值观教育目的在于引导小学生的生活,有助于小学生的成长教育,且具深长久远的价值。

　　如"爱祖国"的教育中,学校以仪式教育为抓手,在各种隆重的仪式活动中有机融入爱国情感、历史文化和基础道德等教育内容,切实发挥其爱国主义教育的功能。我们梳理了一到五年级仪式教育的主题,为学生的成长轨迹架设合理的坡度,形成了一年级"我是快乐的小学生"入学仪式、二年级"红领巾伴随我成长"入队仪式、三年级"金色的童年"十岁集体生日、四年级"光荣啊,少先队"队列仪式、五年级"扬起成长的风帆"毕业典礼等仪式教育序列,通过循序渐进地推进仪式教育,引导学生由近及远、由浅入深,爱自己、爱家人、爱少先队、爱学校、爱家乡、爱祖国。

　　如"守规则"教育中,我们关注"家庭、学校、社会环境"三个层面的关联,注重个体在校的具体生活,如同学交往、纪律规范、礼仪规范、教学秩序等,重视学生在学习、生活中的具体细节,形成"遵守家庭规则,做个好孩子""遵守学校规则,做个好学生""遵守社会规则,做个好公民"三个二级指标,再按低、中、高各年段分出三级指标,逐一细化,使抽象的目标变为每个对应的、指向明确的具体行为,使以形象思维为主的小学生易理解操作,并通过家、学校和社会三个维度的规则训练与培养,引导步步落实,让规则教育如春雨般"润物细无声",默默地渗透到生活学习的点点滴滴之中,在潜移默化中养成守规则的文明素养。

三、确立实施重点,全面优化育人机制

育人机制与操作方法的确立,才能保障德育内容的有效实施。我们在形成共识、建立机制、创新方法上,做了系统思考与深入实践,形成了以"师德先行,文化引领""课程领导,学科育人""'对话'互动,学会思想""资源整合,过程体验"为主要特征的、行之有效的操作方法。

师德铸师魂,导航成长。在现代教育技术高度发达的今天,教师在铸造儿童人格、影响人生中的作用依然无可替代。师德建设整体设计,提高职业境界与能力,导航成长。学校把"爱"作为师德建设核心,明确了"要求学生做到的,教师先做到;要求教师做到的,党员先做到"的要求;形成了"走进校史"特色活动,让教师在与学校文化的对话中,体会百年前学校规定"易怒者,无资格做教师"的意义;"与名师面对面"活动,领会"教师可亲"的职业要求,形成了学校、教师共同的标准"师德高于一般行业,境界优于同类学校"的定位;完善了"与书为伴,与文同行"的学养机制,丰富了文化生活,以文化人的人文情怀与能力去解读学生,教书育人;建立了"感动校园人物评选""我喜欢的班主任"等主题活动,营造育人氛围。优质的师资,使呵护童心、护航成长成为可能。

课程育学子,滋养成长。课程,是学生所有生活的统称,为了突破学科与德育的人为界线,使课程以育人为基础、育人为先成为现实,学校建立了开放教育理念下的"上海市实验小学课程设置",我们的课程与学校的育人理念、育人目标建立必然关联。如"快乐333半日活动方案"就有"育人苑"的设计,在一年级"学习准备期"安排中有"爱学校""知规则""学自理"的内容;"小眼睛大世界"系列讲座课程,以文化之旅的方式,让学生具有世界眼光、开放情怀,即使在各类评价中,也加入礼

貌、情绪、合作等观察点,体现育人追求。

用好"谈话法",激活思想。学生的思想不是容器,而是等待点燃的火把,当学生学会思考与判断时,教育才产生影响力。"童言无忌"是儿童自由烂漫的写真、向往独立的开始,我们通过"情景模拟,谈话建模"的方法,鼓励学生说出所想,使教育亲近儿童。我们选取"校园事件""身边故事"等真实的情景,让学生在具体人事辨析中了解核心价值观。比如"你眼中的生日礼物"的谈话课,让学生思考"物质"与"快乐"的问题;我们模拟社会生活场景、漫谈时事热点,让学生展开想象,加深对核心价值的理解,形成判断能力。如"遇到坏人还要讲诚实吗?"的主题谈话课,让学生学会"普遍"与"特殊"情况下"坚持恪守"与"机智应变"的方法。人生是基于独立思想下的自觉、自律,童年时期培养的这种能力取向,有助于其成年后成为自信、自立的大写人。

实践育能力,支持成长。用"听""看"得来的认知,通过实践体验,才能实现从间接认识到实践能力的转化。我们提出把德育活动全过程还给学生,为学生创设多样化的实践载体,让学生在丰富的体验活动中,展开自主教育,实现自主发展。我们把原有的教育活动主题化,以"小龙人向祖国敬礼"为题,将主题演讲、文化之旅、重大节庆等融于一体,使学生在听、看、玩中,激情、养性、树理想;我们把国际交流定位在"文化使者,让中国走向世界",于是,国家尊重、人格尊重、理解包容等教育让学生都能自觉接受并践行;我们从各年段学生认知与年龄出发,完善了主题体验的活动和培养制度的设计,如"岗位成长体验""感恩教育""创造小达人培养计划"等,实现全面育人必须机会公平,过程公正,培养能做事、做好事的基本能力,支持人人成才。

核心价值观的培养已经成为学校教育的基石,并成为课程开发的核心,并成为学校的育人文化新元素。学生在理想信念、行为养成、公共道德等方面表现出良好素养。为实现中华民族的永续发展,实现中华民族伟大复兴之强国梦,教育使命重大,任务艰巨,我们将坚持教育为社会主义现代化服务、为人民服务的宗旨,在实践中全面贯彻教育方针,在儿童拔节孕穗期,领航儿童成长,在小学生心中埋下社会主义核心价值观的种子,我们一直在路上……

（上海市实验小学　孙　琼）

链通知行，立德树人

　　上海市大同中学作为一所有着德育传统的市实验性示范性高中，在贯彻立德树人使命的感召下，学校基于"学会做人、学会学习、学会生活、学有特长"的培养目标，对德育课程资源、载体进行统整，在德育课程体系、实施路径、评价机制等方面改革创新，突出学校"笃学敦行，立己达人"的校训宗旨，形成了四大系列十二大模块的大同德育课程群。

一、大同中学德育目标的确立

（一）学校育人目标

　　学校以大同文化作为发展的根本与归宿，提倡并实践"育人为本，育德为先，服务社会，发展自我"的办学理念，参照学生发展核心素养，提出了大同学子需具备的五项"必备品格"和八大"关键能力"。五项必备品格即全球意识、民族情怀、责任担当、全面发展、学有特长。八大关键能力即社会生活能力、团队合作能力、表达沟通能力、信息与技术能力、实践行动能力、创意创造创业能力、批判思维能力、自主发展能力。使学生具备适应 21 世纪全球化生存与建设美丽中国的优异素养。

（二）育人目标的分年级要求

　　基于学校的育人核心，我们将德育的总目标定位为：以学生发展为本，着眼于时代要求，将学生身心全面发展和个性潜能开发作为核心，基本构建起为学生人格和才力的自我发展、终身学习意识与能力的养成提供足够时空的学校育人体系。

　　根据实际校情及我校高中学生的身心特点，我们对德育总目标进行了分解并制订了分年级目标，分层落实德育的基本要求。细化各年级的具体操作要点，以此作为评价标准，指导学生形成良好的行为规范和基础道德。

　　高一年级德育实施目标：培育学生做规则的学习者和遵守者。启蒙学生生涯发展的意识，引导学生认知大同文化、热爱大同文化，尽快树立"做一个合格的大同学子"的意识，重点培养学生"对自己负责、对家庭负责、对集体负责"的情怀。

高二年级德育实施目标：培育学生做规则的运用者和管理者。指导学生制定生涯发展路线图，并以大同历代贤达英才为榜样，进一步理解大同文化，体认大同精神，重点培养学生"对他人负责、对公众负责、对社会负责"的情怀。

高三年级德育实施目标：培育学生做规则的示范者和制订者。引导学生明确生涯发展路径，树成才报国理想，加强理想信念和责任使命教育，重点培养学生"对国家负责、对人类负责、对自然负责"的情怀。

二、一体化构建大同中学德育内容体系

学校德育的目标设置以五项"必备品格"和八大"关键能力"为依据，与三类课程相统整，突出我校"笃学敦行，立己达人"的校训宗旨，形成了四大系列十二大模块的大同德育内容体系。四大系列是：规则立身系列、生涯导航系列、文化传承系列、公民人格系列，每个系列分为三个模块。十二大模块是：理想信念、时代精神、修身明理、国际视野、生涯发展、课题研究、校史寻源、课程育人、感受经典、志愿服务、公益劳动、责任担当。具体框架如下：

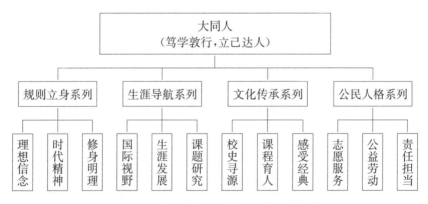

图1-1　大同中学德育课程内容体系结构图

规则立身系列分理想信念、时代精神、修身明理三大模块，重点培育学生的规则意识。规则意识基于建设中国特色社会主义理想信念的根植，指导学生在服务大我中成就个人的价值，树立人生理想、生活信念、学习目标和个人准则。基于对时代精神与脉络的把握，指导学生思考个人的成长与社会的发展如何匹配，思考"海纳百川、追求卓越"的上海城市精神如何内化和指导个人的行为操守；基于个人

修身明理的不懈追求,在中国传统文化、社会主义核心价值观等的浸润中提升个人的德行。

生涯导航系列分国际视野、生涯发展、课题研究三大模块,重点培育学生生涯规划意识。生涯规划基于全球视野的培育,指导学生开阔眼界,不拘泥于一时一刻、一地一隅,而能放眼社会、民族以及历史和未来。基于生涯发展的自主导航,指导学生认识自我、发现自我,关注学生自我探索、环境探索以及决策能力的培养。基于课题研究的实践,在专业导航课程等研究型课程的支持下,能基于问题的发现、分析和解决,走进一个领域、一个专业、一种工作范式,指引个人的生涯选择。

文化传承系列分校史寻源、课程育人、感受经典三大模块,重点培育学生的文化自觉。文化传承基于校史寻源,指导学生在厚重的大同百年积淀中探寻文化与精神传承,开展读史、观展、识人、说事系列活动。基于德育在课程中的渗透,指导学生在三类课程中增进文化理解,在专题教育中传承中华文化、学校文化。基于在经典中品读感悟,引领学子徜徉经典,走近经史子集、礼义诗书,培养大同人的浩然正气、磅礴大气和书生意气。

公民人格系列分志愿服务、公益劳动、责任担当三大模块,重点培育学生的责任意识。公民人格的培育基于志愿服务的参与,指导学生积极参与社区建设,走进场馆、医院、地铁站等社会实践点以明晰社会责任。基于公益劳动的实践,引领学生在为校、为班服务或争创荣誉的过程中体会个人的担当。基于责任主题教育和系列活动的开展,帮助学生理解对个人负责、对集体负责、对社会负责的重要意义,引导学生从自身做起,做中国特色社会主义事业的建设者和接班人。

三、德育内容体系在课程中的落实

大同的德育课程体系以统整为理念,打破基础型课程、拓展型课程、研究型课程的壁垒,强调课程即德育的思想,同时按照培养目标的差异,将三类课程中各主题内容板块,有机融入学校课程体系,跨越校内校外、课内课外、必修选修,实现德育教育全方位、全过程,突出德育的针对性、系统性和有效性,为学生提供个性化、全方位、广领域的教育。

我们以德育课程链为抓手,统整学校德育课程资源,打通德育各环节,形成德育合力,共同助力学生成长。综合德育一体化模式的思索以及德育统整实践,我们将德育课程链界定为:以学校德育为主轴,以课外拓展实践、社会服务点为分轴,形成以学校德育为主体,校外德育资源为依托,为促进学生"知、情、意、行"的和谐发展,并以认知为前提、以活动课为主线、以社会实践为辅助,将学科类德育、社团活动和社会实践有机整合而形成的德育课程实施体系。

下面以"生涯导航系列"为例阐述顶层设计与具体实施。

(一) 顶层设计

基础型课程:学校以心理辅导活动课为依托,在各类基础型课程中融入生涯意识,将语文、数学、英语、物理等与相关专业、行业动态、发展前沿等相联系,在教学过程中注重对相关领域所需具备的核心素养进行培养,注重学生学以致用,在迁移应用中了解基础学科涉及的各行各业的基本情况。

拓展型课程:为深化学生对未来生涯与行业的认识,学校开设有横跨七大领域的拓展型课程,包括语言与文学、社会与人文、数学与逻辑、科学与自然、信息与技术、艺术与文化、思维与方法七大领域。在生涯发展模块,学校开设思维与方法类"生涯规划指导""自我心理分析";艺术与文化类开设"平面设计与十字绣创作""高中女生形象设计";语言与文学类开设"英语新闻社""韩语基础";信息与技术类开设"游戏设计初步""互动广告创意设计"等拓展型课程,为学生开阔视野、认识自我、认识世界奠定了厚实的基础。

研究型课程:学校开设专业导航课程,致力于在培养学生研究性学习能力的同时培养学生的专业志趣,同时基于校创新实验室构建生涯成长工作坊,以 CIE(创造　创新　创业)课程为载体,以项目为驱动,让学生在浸润式的学习中体验感悟、自主探索不同专业领域的生涯经历。例如,2016～2017 年开设 CIE 课程:"定格动画""数码音乐制作""建筑设计与营造""创智生活""DI 手脑与方圆""动手学做化妆品""生命科学实验探究""三维设计与科技创新创意"等课程。

此外,为了贯通三年生涯学程,我们架设彩虹之旅,引导学生认识自我、发现自我。

彩虹之旅第一站:自我探索。通过心理辅导课程体系引导学生探索自我的兴趣、爱好、能力、气质、性格、价值观;通过指导学生应用生涯测评系统,了解个人兴趣、特长、性格,开展自我认知,将认识自我与学涯规划有机结合。

彩虹之旅第二站:环境探索。通过"高校巡礼""家长课堂""心理社团进社区"

"手拉手心理援助"等活动课程引导学生探索外部的世界。深化自我认知与了解社会期望，学习协调个人与社会环境的关系。

彩虹之旅第三站：决策与发展能力培养。生涯发展教育的重点是生涯规划、决策、转变的能力培养。"成长导师"、家长辅导员指导学生参加各类职业体验活动，使学生能够根据自身兴趣，在自身知识和能力的约束条件下选择自己最合适和最能发挥特长的职业或者转换职业。

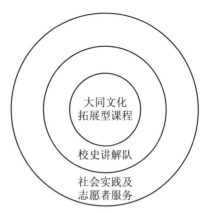

图 1-2　大同文化课程链的结构示意图

（二）具体实施

德育活动中融入生涯教育内容，在生涯教育活动中融入德育内容，是近年来学校的尝试。学校构建生涯成长伴随系统，统整校内外各类资源，凝聚学校、家庭、社会三方合力，将生涯实践分解到高中三年，明确了各年度学生所需参与并完成的生涯实践共性需求，指导学生在体验与实践中，认识自我、认识社会，进而明确生涯的发展方向，实现生涯主题活动的纵向贯通，贯彻"生涯团队伴学生成长，生涯测评按进度更迭，生涯主题随学年变迁，生涯活动依主题侧重"。

我们将生涯主题活动按学年做到内容序列化、指导过程阶段化：高一至高三循序渐进，不同年级开设各有侧重的主题教育活动。在三个年级分别开设指向"认识自我，初步规划""体验职业（专业），调整规划""选择专业，明确发展"等循序渐进的"生涯主题系列活动"。在此基础上，我们盘整学校各类生涯资源，为学生提供丰富的生涯体验与精彩活动，如生涯主题班会、心理周、生涯成长工作坊、职业体验日、家长进课堂、个别咨询、生涯团队辅导等。积极打造"学生生涯体验实践"品牌项目，帮助学生在实践中逐步形成自我的职业观、价值观、人生观，打造幸福生涯之旅。

德育课程内容融入生涯教育内容和活动中，使得生涯教育成为德育的载体，为培养全面发展的人服务。

（上海市大同中学　傅桂花）

以德育内容一体化构建实践学科教学"统整式"创新

海华小学是黄浦区一所现代气息浓郁的公立学校,2005 年的一个市级规划课题开启了海华"绿色"特色学校的创建之路。学校以"绿色"引领,开展了以"统整"为特色的学校课程整体架构与系统实施的实践研究。学校十分注重将学校课程整体建设与各学科教学中开展学科德育紧密结合,形成了一体化实施的格局。学校在课程目标、内容、操作三个层面上实现了德育内容一体化构建下学科教学"统整式"创新。

一、新时代的命题:德育内容一体化构建的提出

(一) 如何把国家要求融入学校的培养目标、课程目标之中

国家对学校教育的要求是什么? 时代又赋予了学生成长怎样的使命? 在落实德育时,我们要站在高位,用客观的角度去分析、理解国家对人才培养的总体要求,用理性思考与专业行动努力厘清国家对学校课程的要求,逐一学习领会从"二期课改""两纲"教育到"学生发展核心素养"的教育变革足迹,并整体融入学校的培养目标、课程目标,让其变得看得见、摸得着、可操作、可检视。

(二) 如何把学校培养目标融入课程内容构建与实施之中

学校所有课程内容都需围绕培养目标进行整体设计,都需细化学科内容体系与操作方法,使与之相匹配的课程实施内容落地生根,使学校课程真正成为一个整体,从而共同为学生培养目标的落实添砖加瓦。

(三) 如何在德育内容一体化的学校课程设置框架下进行"统整式"教学

德育内容一体化下的课堂,要求我们的学生具有哪些特点? 哪些能力、品质是他们急需提升的? 怎样的学习方式能激发学习兴趣? 学校要去探索突破常规的课堂,让学习与生活不再是两条永不相交的直线,努力创设丰富多样的生活情境,激发学生的学习兴趣,促进学生的自主探究与合作交流,最终形成全面落实学生发展核心素养的完整育人体系。

二、目标层面的德育内容一体化统整：课程目标"九大要点"及分年段目标

学校课程建设的历程、一脉相承的课程追求、成功实践的经验积累都是课程整体建设的坚实地基。在海华小学"绿色"办学理念和培养目标——"生命""阳光""活力""成长"的引领下，学校从对独具一格的校本课程的探索，跃升为对学校课程的整体架构与系统实施的研究，形成了具有统整特色的课程文化。

聚焦课程目标，是课程建设的首要原则。合理的课程目标是保证课程结构、课程实施与课程评价等课程基本要素科学有效的前提条件。在厘清国家要求、传承学校课程文化的基础上，参照"黄浦区学校德育内容体系"，着眼于"中国初心，世界眼界""敬畏自然，珍爱自我""锤炼能力，学习成长"三个维度，制订了内容全面、结构清晰、特色鲜明的学校课程目标，即"九大要点"。（见表 1-3）

表 1-3　"九大要点"及内涵

九大要点	要　点　内　涵
爱自然	明白"人与自然"的关系，增长环境科学知识，具有环境保护意识
	亲近和探索大自然，增强对当地环境的了解
	通过课程学习及各种户外活动，学会珍惜自然资源，保护自身和他人周遭环境
惜生命	了解生命的诞生、成长过程以及生命的不可替代性，懂得尊重和爱护自我、他人以及动植物的生命
	具有自我保护的意识和能力，初步学会应对各种突发事件的技能
	喜爱体育运动，养成健身的习惯，积极参加课内外的各项户外活动
	乐观向上，学会调适情绪，有良好的生活习惯（卫生习惯、作息习惯等）和学习习惯
生活与自主	热爱生活，学会用艺术和科学的眼光观察、看待周围
	拥有并发展自己的兴趣爱好，勇于展示自己
	学会主动与他人沟通，并能积极和观点、见解不同者交换意见
	尝试规划自己的未来，对自己美好的理想充满憧憬

续表

九大要点	要 点 内 涵
合作与分享	能在团队中尊重伙伴,相互倾听,分享观点,求同存异
	乐意参与实践,在对问题的思考、认识、解决的过程中,懂得团队协作的重要性,相互学习,相互促进
	与他人合作能取长补短,共同完成任务,乐意分享成功
学习与探究	能从模仿他人的思考起步,并以他人思考为踏板进行思维辐射或跳跃
	能依据自己的体验、感受与发现,主动与文本(教材)对话,与同学、老师交流,使学习逐步朝知识的深处发展
	保持对新知识、新事物、新技能的热情,并尝试投入自己发现问题或深化探究问题的活动中去
会运用	尝试寻找知识间的联结,灵活运用所学知识,选择相应的方法去解决实际问题,培养"综合"能力
	初步学会运用多种信息平台(网络、书籍、报纸杂志、影视等)查找所需资料,会选择有利于或适合解决问题的信息和条件并有效整合,解决问题
责任感	规范行为,惜时守信,诚实担当,对自己的言行负责
	心中有他人,尽自己所能帮助身边的人,答应别人的事要努力做到
	心中有集体,认真完成集体交给的任务,关注周围的事物,乐于参与各项公益活动
民族精神	初步具有国家意识,了解国情,做热爱祖国的小学生
	在对国家语言、文字和历史文化的学习和认同过程中,增强民族自豪感
	努力学习我国优秀传统文化,吸取精华、充实底蕴,形成一定的审美情趣和审美能力
国际视野	初步知道"地球村"的含义,懂得地球是"圆"的,以开放、平等、发展的心态与各国朋友交往
	初步了解世界文化的多元性,学会尊重人与人之间的生活方式及价值观念的差异

　　小学生年龄跨度大,五年里学生的成长变化也是飞速的,同一目标在不同年段落实的重点应该是各有侧重的。量体裁衣,根据学生年龄特点,再次分解年段目标,成为进一步完善目标体系的必然选择,以"惜生命"要点为例,如表1-4所示。

表1-4　"九大要点"分年段目标细化("惜生命"部分)

惜生命	了解生命的诞生、成长过程以及生命的不可替代性,懂得尊重和爱护自我、他人以及动植物的生命	低年级:了解生命的诞生和成长过程,懂得尊重和爱护自我 中高年级:懂得生命的不可替代性,学会尊重和爱护他人以及动植物的生命
	具有自我保护的意识和能力,初步学会应对各种突发事件的技能	低年级:树立自我保护意识,学会应对突发事件的简单技能 中高年级:提高自我保护能力,加强应对突发事件的技能,培养沉着处事的心态
	喜爱体育运动,养成健身的习惯,积极参加课内外的各项户外活动	低年级:了解体育锻炼的好处,学会一些基本运动,体验参加体育活动的乐趣 中高年级:培养对体育锻炼的兴趣,掌握一定的运动技能和方法,积极参加课内、户外体育活动
	乐观向上,学会调适情绪,有良好的生活习惯(卫生习惯、作息习惯等)和学习习惯	低年级:培养乐观向上的心态,培养良好的生活习惯和学习习惯 中高年级:保持乐观向上的心态,学会调适情绪,改正不良习惯

三、内容层面的德育内容一体化统整:"九大要点"背景下学科课程内容体系

"九大要点"是学校统领和组织课程的核心价值,使学校全部课程指向一致、共同完成培养目标的实现,有利于更系统、更充分地发挥学校课程整体育人的效果,培养学生做一个"完整"的、全面发展的人。

"九大要点"引领下,学校选择了基础型课程的五门学科"语文、数学、英语、自然、体育",将学科教学目标与"九大要点"有机融合,开展了系列研究课的统整设计,探索了单课与多课的统整教学实践,让各学科优势互补,形成了结构合理的"研究课"实践网络。

"九大要点"的各内涵中蕴含着丰富的德育元素,"统整式"课程的实施进一步增强了学科育德的有效性:语文学科的育人指向为着重注入人文内涵,数学学科的育人指向为密切联系社会生活,英语学科的育人指向为重点关注文化差异,体育学科的育人指向为扎实奠基健康生活,自然学科的育人指向为灵活启蒙科学素养。各学科的育人指向与"九大要点"内涵的有机融合,使各学科既不失学科特性,又发

挥其应有的育人功效,提高教育成效。

表 1-5　"九大要点"背景下语文学科"统整"实施架构表("会运用"部分)

			第一学期: (以"三年级第一学期第四单元"为重点)
会运用	尝试寻找知识间的联系,灵活运用所学知识,选择相应的方法去解决实际问题,培养"综合"能力(知识的应用) 初步学会运用多种信息平台(网络、书籍、报刊、影视等)查找所需资料,会选择有利于或适合解决问题的信息和条件并有效整合,解决问题(信息的运用)	【内涵 2】1. 能够运用已有知识、方法及各种信息平台,逐步学会预习课文,遇到不认识和不懂的地方能自己想办法解决,养成良好的阅读习惯	第二学期: 预习课文时,学习用联系上下文和查找资料的方法试着解决遇到的问题,通过语言实践活动,提高语言表达能力 (以"四年级第二学期第二单元"为重点)

四、操作层面的德育内容一体化统整:"九大要点"内涵转化落实于课堂教学实践

"九大要点"的具体内涵转化落实于基础型课程各门学科的教学设计与实施之中,需要以学科知识为载体,发挥学科优势,全方位开展课堂教学实践探索。学校采用教师团队横向成网、个体纵向贯通的策略,将处于不同年段中螺旋递进的知识点进行"聚合",从教材与"九大要点"的"同内涵"或"多内涵"之间进行衔接、递进,统整设计教学。尤其是进行了跨年段、跨学科、跨班级、跨单元的"统整式"教学实践,围绕"九大要点"及其内涵寻找各学科共同的切入点或各年段的共同聚焦点。

(一)同一学科的多课统整教学

对同一学科相同知识点的跨年级统整教学,我们进行了多样化的探索。

其一,相同知识点螺旋递进的"同要点"统整教学。如,一年级的数学课《时间的初步认识》和二年级的数学课《时间的初步认识》都包含着"时间"。结合学生的实际年龄和日常生活,两位数学教师围绕"惜生命"这个要点有坡度递进式地进行教学,帮助学生管理好时间。学生随着年龄的增长在不断的学习中也更加珍惜时间。

其二,相同知识点螺旋递进的"同内涵"统整教学。如,围绕"会运用"要点的

一个内涵，一、三年级围绕"去水果店采购"的英语课，学习的重点有侧重。一年级重点学习核心词汇，能在语境中初步运用核心句型，并以仿说、表演等形式初步尝试购买水果；三年级则会运用核心句型，同时学会在购物时询问价格，正确表达所需。

其三，相同知识点螺旋递进的"多内涵"统整教学。如，围绕"学习与探究"这一要点的三个内涵，二年级《小帆船——物体的沉和浮》和四年级《沉与浮——怎样使下沉的物体浮上来》这两节自然课带领学生进行阶梯式的探究学习。二年级学生通过课堂活动，学会用符号表示物体的沉和浮，认识物体在水中沉浮的现象，并用小实验验证自己的预想；四年级学生主要通过小组合作、动手实验，尝试使橡皮泥、小番茄在水中浮起来，并分析实验成功或失败的原因。

（二）跨学科的多堂课统整教学

各学科在进行统整教学时，由于学生年龄特点或教材等多方面的原因，需要围绕某个要点及其内涵寻找各学科共同的切入点，并凸显本学科的教学特点。如：一年级上学期的语文《四季歌》、体育《走与跑—自然地形跑》、自然《形形色色的叶》三门学科共同落实"亲近和探索大自然"这一内涵要点，整体设计，协同完成教学任务。

（三）跨年级的多堂课统整教学

同学科的跨年级多堂课统整教学时，教师团队联系"九大要点"，将处于不同年段中的有关知识点"聚合"，互有侧重地共同设计教案，携手实施，实现教学内容有效衔接。如围绕"民族精神"要点中"了解中国历史文化，体会历史人物的优秀品质"这一个内涵，语文学科挑选了一年级《花木兰》、三年级《完璧归赵》两堂课进行了统整教学。围绕"民族精神"要点的多个内涵，语文学科进行了一、二、四、五年级四堂课的统整教学。

海华小学的课程建设与学科德育的一体化探索，促使学科教学实现了"统整式"创新，为学校德育提供了更广阔的空间以及多元的研究思路。在德育工作中，学校要时刻保持着眼界的长远、思想的深邃；关注学生的需要，尊重学生的认知特点和成长规律，在课程学习中让学生学到、体验到远远超越知识本身的能力与情感，获得积极的成长。

（上海市黄浦区海华小学　周　蕾、朱　勤）

在小镇情境中育未来社会人

黄浦区蓬莱路第二小学创办于 1906 年,是一所历史悠久的百年老校。近年来,学校在个性教育研究的基础上,精心设计并创建了"蓬莱小镇"校本特色课程,把微型社会搬进校园,通过小小社会人角色的体验学习,了解和发现自己、认识和探究社会、展望和创造未来,培养"守规则、懂礼仪、展个性、乐创新"的"蓬二"学子。

一、传承办学理念,注重学生个性发展

作为百年老校,学校长期以来坚持"务实创新",20 世纪五六十年代学校注重"全面打基础,精心育人才",培育大批精英,为学校的发展积淀了丰富的文化底蕴;进入八九十年代,学校在教育改革的浪潮中大胆提出学校教育必须重视学生个性的发展,并进行"优化教育环境,发展儿童个性"的整体实验。近十几年来,学校坚持围绕个性教育先后进行"培养良好性格,提高儿童素质"等课题的实践与研究。

随着近年来学校"蓬莱小镇"课程的研究和实施,"十三五"期间学校将办学理念定位在:在这里,我们发现未来。

学校即社会,教育即生活,"这里"也指通过"蓬莱小镇"校本课程所营造的小社会的情境里,赋予每一个"蓬二"学子的幸福童年,成就每一个"蓬二"教师的舞台,也是一个记录着每一个"蓬二"人成长过程的温暖大家庭。未来,是一个时间概念词,相对于过去和现在而言,是指从现在开始往后的时间。美国著名未来学家、趋势学家丹尼尔平克指出,未来属于那些拥有与众不同思维的人,决胜于未来的人应该具有的六种能力是:设计感、娱乐感、意义感、故事力、交响力和共情力,即有创新设计的能力、有会玩的本领、有自己的追求、有讲故事的能力、有统筹跨界的能力和与人交往相处的能力。未来充满无限可能,未来值得探究、发现和期待!

二、育人目标与时俱进，促学生全面发展

在个性教育不断深入研究基础上我校把育人的目标定位在：培养"守规则、懂礼仪、有个性、乐创新"的小小未来社会人。以培养适应未来社会需求的合格人才为目标，切实提升学生的创新精神和实践能力，健全学生的人格，实现学生的自主和谐全面发展。学校深入探索如何培养"守规则又有个性"的"蓬二"学子，加强规则的制定和规则意识的培养，实现"个性与规则"统一发展。

"蓬莱小镇"把微型社会搬进小学校园，其中蕴含着"蓬莱小镇"中的"镇民"即未来社会人的设想。通过小社会情境的创设，缩短学校和社会的距离，营造未来社会情境中的无痕学习环境，培养"既守规则有个性"的未来社会人。

学校以市、区构建的政治认同、国家意识、文化自信和公民人格为依据，基于"发现未来"这一教育使命，通过小小社会人角色的体验，使学生了解和发现自己，认识和探究社会，展望和创造未来，从而培养学生成为"守规则、懂礼仪、展个性、乐创新"的未来社会人。

表1-6 "蓬莱小镇"课程育人目标内容基本框架

一级指标	二级指标	内容要求	分年段要求
守规则	认同规则 敬畏规则 遵守规则	在真实的社会情境体验中体验规则，认识规则的重要性，从而敬畏规则、遵守规则	低年级：能在小社会情境中，遵守规则、会倾听、会思考，发表想法
			中高年级：能在小社会情境中，遵守规则，认真倾听、善于思考，发表独特想法
懂礼仪	礼仪认同 礼仪行为	通过建立和发展和谐的社会生活和人际关系，学生认识和探究身边的社会，逐渐形成被社会所公认的、表达对彼此尊重的行为礼仪和交往准则	低年级：知晓基本的社交礼仪，能在团队合作体验中积极参与，主动和同伴分享交流心得体会
			中高年级：善于运用社交礼仪，能在团队合作体验中，积极参与，互帮互学（高年级帮助低年级），共同成长
展个性	自我认识 自我规划 自我表现	关注学生个人经验，引导学生认识自我，与环境互动和适应社会过程中，逐渐发展挑战自我和展现自我的能力	低年级：能大胆尝试，自信心强，个性鲜明
			中高年级：能了解自我，对自我有比较充分的认识，在实践体验中比较充分地发挥个性

续表

一级指标	二级指标	内容要求	分年段要求
乐创新	好奇心理 创新意识	注重拓宽学生的视野,培养学生发现问题、提出问题和创造性解决问题的能力	低年级:能不怕困难,在实践体验活动中去探究,善于发现和提出问题,有解决问题的兴趣和热情;发挥主观能动性,有比较丰富的想象力和创造力
			中高年级:能迎难而上,在实践体验活动中,乐于探究,善于发现和提出问题,高年级带动低年级一起创造性地解决问题;积极发挥主观能动性,想象力和创造力强

在"蓬莱小镇"情境中学生的未来社会人素养无痕渗透,要顺利完成自我角色定位和目标学习,首先要学会与人交往、团队合作,其次要顺利扮演成人角色,必须自觉遵守社会的行为规范或约定俗成,这正是培养学生规则意识、公民意识的契机,也是学生更好地了解自我、发现自我、评价自我的实践。学生积极自愿地投入德育活动中,不知不觉地养成品德、获得知识,实现生活、生长和经验的多重改造,因此德育目标里的四个维度并不是单一达成而是互相促进、融为一体。如,"星星邮电局"的小镇民每周自愿为各班级分发报纸,爱集体的理想信念、团队合作、设计最便捷的送报路线创新意识、发送报纸中的规则和礼仪教育,还有遇到困难、解决问题的能力等都在实践中无痕发生和渗透。在此基础上,我们还关注不同学段学生需要解决的发展任务,注重不同年龄学生身心发展的差异性,通过目标分层来组织实施。

三、在小镇情境中实践探索,落实落细育人目标

通过课程调查和教师、学生访谈,我们发现:从显性角度看,小镇的学习活动经历确实已经影响到了每一个孩子,小小社会人角色的体验,使得孩子个性得以发展,能力得以提高。从隐性角度看,小镇文化正在悄然形成,小镇文化已无痕浸入学校各个方面。在老师们和孩子们的心里,"小镇"就是学校,学校就是"小镇",学校与小镇已浑然一体,实现了真正意义上的"学校即社会"。

在学生喜爱的小镇情境中,我们深入挖掘相关课程中的德育内容,结合育人目标设计相关教学和活动,使学生在实践体验中逐步习得"守规则、懂礼仪、展个性、

乐创新"的未来社会人的素养。

（一）充分挖掘蓬莱小镇特色课程育人资源

根据拓展型课程"蓬莱小镇"48 个小课程自身的特点，我们尽可能挖掘其育人因素，融入课程实施的过程中，充分发挥其育人的功能。例如："五星西餐馆"的学生学习用餐礼仪和服务规范；"红星警察局"的小警察学习在维护小镇秩序的过程中体会遵守交通规则的重要性。"红色消防局"课程的小消防员每周检查学校灭火系统，学习自我保护；"每日鲜菜场"课程的学生在剥毛豆、刨丝瓜的过程中认识蔬菜，热爱劳动；"正义小法庭"课程的小法官在小镇范围内宣传自己学习的法律知识，编写小镇相关法律；"小园艺中心"课程的小园丁在种花种草的过程中明白呵护绿化、保护环境的道理……小学德育范畴中的理想教育、生命教育、劳动教育、集体主义教育、民主法制教育、社会公德教育等都无形渗透在"蓬莱小镇"课程实践体验中。

（二）师生共建未来社会人实践体验平台

在"蓬莱小镇"这个梦想之地，教育自主地、无痕地发生，为培育未来社会人提供了良好的育人环境。小镇嘉年华活动、一年一度小镇长竞选、《小镇民守则》的制定、小镇银行降息听证会等活动让德育真正与学生的生活实际连接，小小未来社会人在小镇实践体验，让德育真正落地。

比如，"蓬莱小镇"里的"魔法小书店"课程中我们鼓励学生用手写手绘书的方式个性化表达写作，从写作梦想出发，然后构思目录框架，写出小样，再进行书号申请，签署协议，修改调整，最后完成整本书的创作，这个过程需要的不仅是时间和精力，更重要的是坚持做好一件事情的毅力。契约精神的培养在这个课程中同样也得以无痕渗透。目前 201 位小镇作家的 116 本书获得学校给予的书号，在小镇范围内出版，16 本正式出版。

我们成立一套小镇特有的经济体系来实现对学生的综合评价。根据"守规则又有个性"的育人目标，我们开发了信息化及时评价系统，每个学生都有一张"小镇银行卡"，教师手持专门的评价终端，对学生在行为表现和课程活动情况进行积分评价鼓励，学生可以随时查询"银行卡"积分余额，点击统计图分析自己获得积分的情况。获得的积分可以在"小镇银行"兑换货币或理财，可以在书店购买学生自己写的书，也可以在超市购买小镇课程的作品等。

（三）融通"小社会"和"大社会"一体化学习空间

尽管我们很努力地模拟一个小社会的学习情境，但我们依然感受到它不能取代真实的社会,孩子们还需要更广阔的学习空间。所以我们做的第三件事是,打破学校和真实社会之间的壁垒,融合小社会和大社会,让学生在小社会里获得的成长在真实的大社会中得到巩固和检验。

如何打破壁垒呢? 每学期一次的小镇开放日和多次的外宾接待时间,"蓬莱小镇"小社会就和大社会自然融合。参访老师无形中充当了小镇来客的角色,作为小主人,小镇民学习如何文明礼貌待客,大方热情介绍。除了"迎进来",还有"走出去"。2015 年起,我们陆续邀请周围的邮局、医院、消防局、派出所等二十多家单位成为我们的"小镇民实习基地",组织小镇民以"出差"的方式和真实社会来个亲密接触。例如选修"警察局"课程的小警察在老西门派出所出差,感受人民警察工作中的智慧与辛劳;选修"超市"课程的学生到华联吉买盛帮忙,一起整理货架、学习收银,在公共场所中学习文明礼仪;此外还有坚持多年地带着国旗过国庆、带着吉祥物蓬蓬莱莱看世界、学生手写书的社区义卖活动、学雷锋南京路消防知识宣传等活动都是在"大""小"社会的自然融合中,让小小社会人有了实践的平台,从而真正做到立德树人,将育人目标真正做到落细落实。

"蓬莱小镇"作为未来社会人培养的实践基地,在建设和打造过程中已形成可供参考的社会模型,既是现实社会的补充,又适应儿童年龄特征。《新民晚报》《新闻晨报》《少年日报》等媒体曾多次对"蓬莱小镇"课程作主题报道。"蓬莱小镇"每学期都有开放活动,接待多省市教育同仁进行现场观摩,参加小镇嘉年华活动。小镇民在真实的交往过程中展现自我,文明有礼,举止大气,"蓬二"学生展现的综合素养和社会规则意识获得了社会的高度赞誉。

(上海市黄浦区蓬莱路第二小学　刘佳怡)

让优秀传统文化成为学生生命的底色

——上海市敬业中学探索文化育人的实践

加强中华优秀传统文化教育,是深化中国特色社会主义教育和中国梦宣传教育的重要组成部分,是构建中华优秀传统文化传承体系、推动文化传承创新的重要途径,是培育和践行社会主义核心价值观、落实立德树人根本任务的重要基础。

2018年全国教育大会上,习近平总书记提出引导学生树立"四个自信"的教育重任。其中坚持文化自信是更基础、更广泛、更深厚的自信,是更基本、更深沉、更持久的力量。中华优秀传统文化是中华民族历经磨难而生生不息的历史积淀与思想宝库,是中华文明赓续传承、屹立于世界文化之林的"基因密码"。

上海以社会主义核心价值观和中华优秀传统文化为指导,立足深化教育实践经验的维度,架构以"政治认同、国家意识、文化自信、公民人格"为重点的德育顶层内容体系。黄浦区教育局紧紧围绕这4个模块,以"办人民满意的教育,办学生喜欢的学校"为宗旨,以区小公民道德建设特色工程"文文明明幸福行"为抓手,提出"党的领导、理想信念、科学理论、家国情怀、社会责任、世界眼光、文化积淀、人文情怀、时代精神、明理守法、美德传承、积极成长"12个二级模块,组织区域中小学开展学校特色育人活动和项目的开发。我校在区教育学院德研室的指导下,结合校情,选择"人文情怀"作为学校德育特色工作内容。

敬业中学始建于1748年,是国家级语言文字规范化示范校、中华传统文化教学研究基地、中华经典诵读试点校。学校一贯重视优秀传统文化教育,把弘扬、传承中华文化视作己任,以社会主义核心价值理论为核心,以校训"敬业乐群"为基础,引领学生形成"爱国、敬业、诚信、友善"的价值观。学校积极营造有利于敬业学子健康成长的良好校园人文环境,努力培育敬业特有的文化特质。学校将文化育人、培育学生文化自信与校史发展、办学特色有机结合,为学生提供优秀的传统文化学习内容,创设学习情境,探索"文化育人"德育内容一体化建设。

一、我们的目标:培育文化自信

我们认为,在传统文化教育推进中应当用中华优秀传统美德滋养、丰富学生的灵魂,只有促动其内心的感悟才能取得最佳的教育效果。优秀的传统文化恢宏博大,包括爱国精神、伦理道德、人格修养、语言文字及礼仪规范等。在当下世界多极、文化多元的背景下,我们弘扬中华优秀的传统文化,增强学生对祖国文化的认同,树立文化自信。

学校立足"立德树人"根本任务,根据德育顶层内容体系4个模块政治认同、国家意识、文化自信和人格养成,结合学校特色,选取文化自信板块开展中华优秀传统文化教育。在学校原有的《儒学·文学·史学》《经典诗文的诵读与赏析》《儒学浅涉》等读本基础上,形成集合经典诵读、民俗体验、社会实践为一体的《敬信仁和——中华优秀传统文化初涉》学习内容,为学生搭建更贴近生活实际的传统文化知识与技能学习平台,培养学生的创新思维,提高综合素养,成为具有文化自信的社会主义事业建设的接班人。

二、我们的实践:整合文化内容

(一) 回顾校史,梳理文化内核

"一方水土养一方人",学校文化是一个学校的灵魂,是学校发展的核心。传承和发展学校文化、围绕学校文化开展各类教育活动有助于培养学生对学校文化产生认同感,并对学校产生归属感,培育具有学校特质的学子。校训"敬业乐群"是学校文化的核心。"敬业乐群"语出《礼记·学记》:"敬业者,专心致志以事其业也;乐群者,乐于取益以辅其仁也。"敬业特有的文化特质可归纳为"一个核心""七大精神""四十字人格特质"。(见图 1-3)

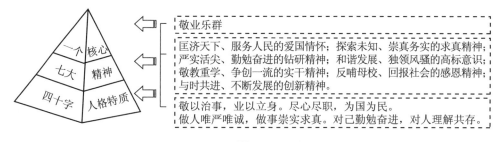

图 1-3

学校从校史入手,每位新高一年级敬业学子进入学校后的入学教育第一课即安排观看纪录片《大师——叶企孙》,参观校史陈列室,学唱百年敬业校歌以及十位烈士校友的事迹学习,促使学生尽快融入敬业校园,潜移默化地感受校园文化,认同学校的传统教育理念。学校提炼出匡济天下、服务人民的爱国精神等"七大精神",让敬业学子从生活在不同年代、成就不凡事迹的校友身上体会这些精神中蕴含的优秀品质。学校还邀请历届毕业的优秀敬业学子,让他们来分享敬业校园中曾经发生过的人与事,在交流与探讨中由优秀榜样来引导学生自觉认同学校文化,懂得在校园内外都需要传承的文化及文明。如邀请上海教育电视台台长、原敬业中学教师张伯安,前任校长、语文特级教师黄政民等分别就"关于敬业文化精神的若干思考"和"新形势下敬业文化内涵的挖掘"开设讲座,讲座增强了师生的使命感和责任感。同时,围绕"敬业乐群"的校训,设立年级德育分层目标:高一年级,"学习敬业文化——学校史、尊师长";高二年级,"理解敬业内涵——严学风、睦学友";高三年级,"弘扬敬业精神——知需求、明责任"。引导学生不断参与年级特色以及班级文化的建设和发展,在过程中增强文化认同感和归属感。

(二)研究传统,提炼文化精髓

社会上有些人认为,在现代文明面前,传统文化的光环不再。其实不然,在中国文明发展的历史长河中,优秀传统文化比比皆是,而如何使这些优秀的传统文化在当今社会显现其重要价值,需要我们提炼文化精髓,并与当代实际相结合。我们在校训"敬业乐群"中融入了现代教育元素:"敬业",是一种做事严谨踏实的态度,是向奋斗目标不懈进取的精神;"乐群",是与人和谐共存的能力,是具有国际视野和文化包容的境界。

学校为高一年级学生提供《敬信仁和——中华传统文化初涉》学习内容。"敬信",出自《论语·学而》:"道千乘之国,敬事而信,节用而爱,使民以时。"意为做事慎重且讲信用,与社会主义核心价值观众的敬业、诚信相对应。"仁和",出自《礼记·儒行》:"温良者,仁之本也……歌乐者,仁之和也。"意为对人仁爱温和,与核心价值观中的友善相对应。结合当代学生的特点和发展需求,围绕"敬信仁和"开展经典阅读、艺术体验、社会实践等活动,吸取传统文化之精华。文字训诂、典籍阅读、现象反思、拓展延伸带领学生思考当今社会学习优秀传统文化的时代意义。《走近围棋与中国文化》《溯源汉字》《书海墨香》《国风清韵》则从学习"琴棋书画"中华传统技艺的角度,激发学生的兴趣。

学校开展"我爱祖国语言美""中华诵·经典诗文"诵读大赛、汉字拼写大赛等活动引导学生接受、体验和认同最优美最规范的祖国语言文字;庆祝建党、建国、建军、抗日战争胜利等纪念日的合唱比赛引导学生感受优秀文化的熏陶、经典礼仪的庄重;"走进经典游戏,品味传统文化""寻找传统节日,弘扬民族文化""中学生如何走近传统文化"等引导学生正确认识优秀的传统文化,理解民族精神在生活中的真正意义。

学生在学习和活动中感受着这笔文化财富的珍贵,从而得以滋养心灵,增强文化认同感,提升文化自信力,成为一个有"中国心"的"中国梦"建设者。

(三) 寻访场馆,挖掘文化内涵

黄浦区拥有丰富的文化资源,学校寻访区域内场馆,挖掘文化内涵,为学生开拓校外传统文化学习途径。如语文、历史等学科教师在探访文庙后,根据学情、校史和学科知识,为学生设计的基于景点文化内涵的"文庙巡礼"活动。(见表1-7)

表 1-7 文庙巡礼活动板块

项目名称	文 化 内 涵	学习内容	地点
冬至祭孔	大成殿前方石露台上置有"孔子佩剑铜像",殿前梁坊上置有"万世师表"匾额,以示对孔子的崇敬	听祭文诵《中庸》行拜礼	孔子像前
海滨邹鲁	大成殿屋脊上"海滨邹鲁"乃林则徐为敬业书院题写。"邹鲁"喻称文教兴盛之地,寓意此地是孔孟学府,人才荟萃之地。殿内东、西、北三面壁间,安置全本《论语》碑刻,在全国孔庙中独一无二	赏碑刻找题词	大成殿
明伦诵经	明伦堂为"明人伦"的讲学厅,是古代儒生读书、讲学、弘道、研究之所,具有传播文化与学术研究的功能	学盘坐诵经典	明伦堂
魁星对句	在衡文选拔人才的古代,魁星阁总是建在文庙旁。读书人在魁星楼拜魁星,祈求在科举中榜上有名	习古诗对古句	魁星阁
印象鼎文	鼎是中国古代青铜器的一种,主要为烹炊器。商、周时代,鼎常被用来当作祭祀的礼器	赏方鼎辨古字	杏坛
墨香藏书	尊经阁为古代供藏书和阅览图书用的建筑,用以贮藏儒家重要经典及百家子史诸书,以供学宫生员博览经籍,阅读研求。二楼正中置有敬业校友、著名画家戴敦邦创作的巨幅《孔子问道图》	览古籍	尊经阁
追根寻源	宣廊壁间有《上海县籍进士名录》碑刻,记载了元、明、清文庙和县学历史,其中,潘恩与敬业中学颇有渊源	寻潘恩溯渊源	宣廊
一茶一壶	儒学署历史上是掌管文庙祭祀和学员教育之所。现儒学署底楼设有"尧缔茶壶博物馆",展示旅美华侨陈亦尧先生捐赠的中国历代茶壶精品400余件	赏壶艺	儒学署
吉祥纹样	儒学署前为天光云影池,水池边置有饰以精美寓意纹样的石雕花坛	品纹样悟内涵	天光云影池

　　高一新生在校内学习《敬信仁和——中华传统文化初涉》后,储备了一定的知识和技能,文庙就成为赏古代建筑、习传统文化的优秀平台。

　　此外,学生通过参观福州路上海笔墨博物馆,欣赏文房四宝,感受非物质文化遗产的魅力;前往上海书城,做"二十四节气"文化宣传的小使者,带着社区居民和小读者学习中国古代劳动人民的智慧结晶;到黄浦区图书馆,开展好书分享会——"做好的志愿者"。这些活动由点及面,逐渐形成传统文化系列教育实践活动,丰富学生的文化体验。

三、我们的成效:形成文化育人特色

　　在黄浦区德研室的支持下,学校《敬信仁和——中华传统文化初涉》读本有幸能与区域兄弟学校共享。2019 年 12 月来自卢湾区第一中心小学、敬业初级中学、黄浦学校、市十中学四所学校师生代表 140 余人,和敬业中学高一年级学生以大手牵小手的形式一起参加"文庙巡礼"活动,在互动中分享学习的快乐。不仅如此,敬业学子还带领参加"寻根之旅"夏令营的华侨子女、香港同胞以及来自姊妹学校的德国伙伴游览文庙,为他们讲解蕴含其中的传统文化。

　　学校传统文化活动先后被《新民晚报》《中学生报》等多家媒体报道,还获得首届上海市校外教育实践课程优秀成果二等奖、上海市中小学德育研究协会德育教育创新实践二等奖、上海学校德育"德尚"系列研究课题优秀成果三等奖,并被收入上海学校德育"德尚"系列研究课题成果汇编。

　　"为天地立心,为生民立命,为往圣继绝学,为万世开太平,是儒家对自身信仰和使命的自觉表达,也是新时代中华儿女的使命。"这是一位学生在参加传统文化学习后的感想。它也激励着学校进一步挖掘内涵、整合内容,把文化之精髓深植于每个学生的血脉之中,成为学生生命的底色。

(上海市敬业中学　钟思慧、王飞红)

在实践中,聚焦儿童的成长与发展

——九年一贯制学校"成长接力棒"行为规范教育的一体化构建

黄浦区教育学院附属中山学校位于黄浦区西南端滨江风貌区,与卢浦大桥和上海世博会会址毗邻,至今发展已有 50 余年历史,是黄浦区规模最大的九年一贯制公办学校。

多年来,学校始终秉承"自主实践 和谐发展"的办学理念,以实践教育作为主要的办学思想,积极致力于培养"知识技能扎实、德行修养笃实、身心发展健实"适应未来社会发展的现代公民。近年来结合九年一贯制学校特点,学校重点开展了"成长接力棒"行为规范教育的一体化构建研究。

一、敢问路在何方——背景和缘起

(一) 源于时代发展的需求

教育的真谛是育人,育人的核心是塑造人格。在当代素质教育的大背景下,怎样让学生成为一个完整的、真正的人,成为符合社会主义建设需要、引领未来发展的现代公民,是放在每一位教育工作者面前的重要课题。

2017 年,我国教育部印发的《中小学生德育工作指南》明确提出,德育要致力于培养学生良好的思想品德和健全人格,促进学生形成良好行为习惯。这是德育的重要目标之一,良好的行为习惯是健康人格形成的基础和抓手。而对于九年一贯制学校来说,它跨越儿童期和少年期两个生理发展阶段,是人格教育的黄金时期,在这个阶段中,加强学生良好行为习惯的培育,推动人的品格、个性、情操、修为养成就显得尤为重要。

(二) 源于学校办学的基础

黄浦区教育学院附属中山学校是黄浦区域内规模最大的一所九年一贯制公办学校,有良好的实践教育的传统。多年来,一直坚持以"自主实践 和谐发展"作为办学理念,致力于培养"知识技能扎实、德行修养笃实、身心发展健实"的符合社会主义建设需要、适应未来社会发展的现代公民。

为达成这样的教育目标,学校强调公民人格的培育,强调在行为和习惯养成的过程中,培养学生对其终身发展有益的品质和人格。同时,我们也进一步关注到"实践"在养成教育过程中的价值和意义:只有坚持实践立场,让学生加强体验和感悟,潜移默化,才能获得更好的教育效果。

基于这样的思考,我校积极推进以行为习惯养成为切入口,以实践为主要途径、以社会主义核心价值观为取向、以九年持续跟进为主要特征的养成教育,强调在实践中养成学生良好的行为习惯和学习习惯,使学生学会做人、学会生活、学会学习,最终养成良好的人格品质,成为符合未来社会发展需求的现代公民。

二、八千里路云和月——行为规范教育一体化设计

(一) 构建原则

1. 一以贯之,螺旋推进

充分发挥九年一贯制时间优势和学制优势是我校行规教育的主要特色。学校在开展德育的过程中,强调课程、活动、项目的中小一体化,为学生提供稳定的教育环境和教育内容,夯实行为和习惯的养成;强调教育目标一以贯之、各有侧重、螺旋推进,为学生的最优发展提供可能;强调在中小衔接学段知识、能力与情感导向的铺垫和呼应;强调科任教师和班主任开展跨学段、跨学科教育教学研究,确保育人队伍教育思维的系统性和稳定性。

2. 体验学习,外显内化

"体验"的"体",意为设身处地、亲身经历;"验",意为察看感受、验证查考。体验具有过程性、亲历性和不可传授性,是充满个性和创造性的过程。

这是我校行规教育的价值核心和主要方式,源自中山学校"实践教育"的办学思想。提倡在教育中强化真实情境的建设,通过充分实践和体验,加强教育的感染力,让学生在亲历的过程中掌握知识、形成技能、产生情感,外显为行为,继而内化为自身的情操素养。

(二) 顶层规划

1. 行为规范教育总目标

我校育人目标的第一条就是"德行修养笃实",这是行为规范教育的主要内容,

围绕这一点,我们的总目标是:通过九年有效的教育和引导,推动学生在个人生活、学习领域、人际交往、自我保护和社会适应等方面形成良好的行为方式和习惯;通过充分的实践和体验,逐步内化为学生的个性品质,使其成为习惯良好、品行规范、富有责任感的社会公民,为学生终身发展奠定良好的基础。

2. 分年段目标内容

合理、适切的教育内容是达成目标的保障,学校参照《中小学德育工作指南》和上海市"两纲教育"的要求,以社会主义核心价值观为指导,以教育部《中小学生守则(2015 年修订)》和上海市中小学生行为表现分年段监测点为指南,结合未来公民人格养成的需求,聚焦学生的学习和生活,确立生活习惯、安全技能、学习习惯、人际交往、公共规范五个维度,对学校人格养成教育内容进行整体规划,贯穿在整个九年的学习中,确保各板块的内容在每个学段合理分布,突出阶段教育的针对性和阶段之间的衔接性,持续推进,凸显九年一贯制学校的教育优势。

九年一贯制学校主要优势来自教育的稳定和连贯。因此在目标设定上,我们强调整体性、延续性和连贯性原则,打破常规学段划分做法,创造性地把学段划分为小学低学段(1～2 年级)、小学中学段(3～4 年级)、中小衔接学段(5～7 年级)、中学高学段(8～9 年级)。在 5～7 年级阶段突出中小学之间的教育呼应,各个学段的养成目标之间各有侧重、循序渐进、螺旋上升,共同指向学校育人总目标。以"生活习惯"在 1～2 年级和 5～7 年级的养成目标内容为例,见表 1-8:

表 1-8 "生活习惯"养成目标内容

	培养目标、内容	达 成 度
1～2 年级	能服从教师和家长的安排,初步养成良好的作息习惯	教师、家长和学生一起规划作息时间表,安排好自己的学习和生活
	初步具有健康生活的意识,懂得进行锻炼、合理膳食对自己的身体有益	1. 安静用餐不挑食,愿意尝试自己不喜欢的食物 2. 积极参加学校组织的各类体育锻炼,认真完成"两操" 3. 双休日不宅家,在家长引导下接触各种运动项目

续表

	培养目标、内容	达 成 度
1～2年级	具备一定的公共和个人卫生意识,懂得区分干净和邋遢	1. 不乱丢垃圾,维护自己课桌和周边的清洁 2. 保持衣着干净,能自己简单整理仪表 3. 饭前便后洗手,打喷嚏用餐巾纸捂嘴 4. 了解班级卫生打扫的基本程序
	具有一定的生活自理能力,有帮助家长一起完成家务劳动的意识	1. 初步学会整理自己的书包和课桌,自己的东西能找得到 2. 每年学会1～2项家务技能,并且和爸爸妈妈一起完成
	认同环保节约的生活方式,具备一定能力	1. 定期规划自己需要的学习用品,不做不必要的购买 2. 懂得垃圾分类的基本知识,能对学校和家庭的垃圾做一定处理
5～7年级	主动规划自己的生活,自觉遵守良好的作息习惯	能科学规划作息时间表,主动安排好自己的学习和生活
	具备健康生活的意识,能够持之以恒地进行锻炼,学会科学膳食,有能力鉴别有害生活方式	1. 安静用餐不挑食,懂得膳食均衡,不以自己的喜好拒绝或过量食用某一事物,实现"光盘行动" 2. 主动拒绝垃圾食品,不尝试对自己有害的生活方式 3. 积极主动参与学校组织的各类体育锻炼,认真完成"两操" 4. 双休日保持锻炼习惯,至少坚持一项运动项目
	具备公共和个人卫生意识,能规划好个人形象	1. 保持自己学习和生活空间的整洁 2. 保持衣着和个人物品干净整洁,能合理规划个人形象,并进行适当整理 3. 具备较强的个人卫生意识,保护自己健康 4. 能较好地完成班级卫生打扫的任务
	具有较强的生活自理能力,能独立完成一定量的家务劳动	1. 能井井有条地整理自己的学习和生活空间,有一定的逻辑分类意识 2. 每年学会1～2项家务技能,主动为父母分担
	掌握环保节约的生活方式,具备较强的技能	1. 规划好自己需要的学习用品和生活用品,不盲目攀比,不做不必要的购买 2. 主动节约水和电

三、路漫漫其修远兮——行为规范教育的多通道路径

(一) 三类课程是学生行为规范教育的主要通道

在学生参与课堂学习的过程中,学校一方面挖掘学科本身的教育资源,结合人格养成教育的要求,对学生进行引导;另一方面,以课堂作为主阵地,在听、说、读、写的实践中让学生形成良好的行为意识和行为习惯,在九年持续的教育过程中螺旋推进。

(二) 主题活动是学生行为规范教育的实践平台

学校关注学生参与度和实践力,每月一重点,推出中山达人秀、六一嘉年华、校园艺术汇、五八爱心节、雏鹰接力棒仪式教育系列、中山旅游节、中山书法节、乐享运动节、"我的生命我呵护"安全自救活动、娃娃农场节等十大主题实践活动,在各个学段中各有侧重要求、持续渐进、螺旋提升,给予学生充分的实践机会,在习惯的收获中,形成品质和人格。

(三) 校园文化环境的熏陶是学生行为规范教育的重要助力

结合文明校园创建、上海市中小学生行为规范示范校创建,学校积极优化校园环境建设,如在全校学生开展"童言童语说文明"的征集行动,用漫画方式布置各个场所;让孩子们自己设计文明学生形象,应用在学校各方面宣传海报上,这些都让学生们更有亲切感和代入感;同时学校还推出各项文化活动,比如"垃圾分类我能行"的知识竞赛,关注校园不文明现象的"啄木鸟行动",关注学生精气神面貌养成的"广播操比赛",展现校园正能量的"中山有线"报道,这些活动在四个学段、五个纬度各有侧重和联系,丰富和充实人格教育的内容,也体现了九年一贯制学校的教育优势。

(四) 社会实践活动的体验是学生行为规范教育的基石

结合四个学段学生的身心发展特点和能力,结合春秋游、研学旅行、各类场馆体验活动、团队活动和志愿者行动,合理布局符合学生年龄特征的社会实践,形成具有九年一贯制学校特色的安排序列,引导学生在实践的过程中优化行为,形成良好的习惯和品质。

四、回眸来时风雨路——行为规范教育的成效

(一) 形成"成长接力棒"行为规范教育实施方案

从指导思想、基本原则、目标内容、途径和评价保障进行了系统规划,初步形成

"成长接力棒"人格养成教育实施方案,为九年一贯制学校中小一体化推进提供了依据和保障。

(二)形成一门行为规范教育专题课程

形成了一门行为规范教育专题课程——"文文明明　伴我成长",从校园礼仪、家庭礼仪、餐饮礼仪、服饰礼仪、购物礼仪、探病礼仪、交通礼仪和外交礼仪等多个角度对学生进行系统引导,为学生今后适应社会需求提供帮助。整本教材深入浅出,除了知识的讲解,更强调通过场景的代入,提高学生实际应用技能,比如让学生为自己的妈妈分别搭配一套参加家长会和参加亲戚婚礼的服装,设计家族聚会的菜单,为病人设计探望礼物等,非常实用。我校在中学和小学部的起始年级全面开设礼仪课,深受学生和家长的好评。

(三)开发了"中中山山学规范"学生活动手册和教师指导手册

学校党员示范岗张武萍班主任工作室承担了这项研究任务,从小学一年级到初中九年级,以学校行为规范教育目标为导向,从微班会的角度,对教师的"教"和学生的"学"进行一体化设计,让学生"会生活""能自护""善学习""善交往""懂规则",在过程中强调培养学生自主实践、自主探索、自主发展的能力。

(四)孕育了一批具有影响力的品牌活动项目

孕育了"娃娃农场节""中山达人秀""中山旅游节""红色研学课堂""中学生自行车考驾照"等一批具有影响力的品牌活动项目,以实景的创建和体验作为主要形式,覆盖了学生生活、学习、劳动、安全、社交等各个方面,有序推进了整个义务教育学段学生行为习惯的养成,为他们成长为优秀的现代公民奠定了良好的基础。

如以"体验、合作、分享"为价值取向的中山旅游节,结合春秋游,确定一批实践基地,形成九年一贯制实践指导手册,一学段一分册,指导学生在实践中强化知识、学习规则,起到了较好的教育效果。

另外比较典型的有公共规则教育板块的"中学生自行车考驾照"项目,参照机动车驾照考试模式,通过创建整个校园周边的真实路况,考核学生交通规则掌握情况、交通标志认知能力、规范处理突发状况能力,取得良好效果,中央电视台、新闻综合电视、《解放日报》《新民晚报》《新闻晨报》等十余家大型媒体竞相报道,新浪网曾作为主页专题引发几千网民的热议,并作为上海市未成年人暑期优秀项目,向全市学生开放,2014年起至今,上海市600余名学生体验了本课程。

（上海市黄浦区教育学院附属中山学校　徐群力）

第二章　百花齐放花满园

——课程德育一体化建设

课程德育作为学校教育的重要实施途径,是深化教育综合改革、推进中小学德育一体化建设的重要块面,也是全面贯彻党的十九大精神,深入推进习近平新时代中国特色社会主义思想进教材、进课堂、进头脑的重要抓手。

一、全面育人:课程德育一体化的价值追求

中小学课程集中体现国家意志,以立德树人为根本任务,是促进学生发展核心素养提升和全面发展的重要途径。要充分发挥课程育人价值,推动区域课程德育一体化建设,引领学校更好地实施课程德育,提升育德效果。

(一) 追求:落实立德树人的根本任务

教育,特别是基础教育必须落实立德树人的根本任务,"培养担当民族复兴大任的时代新人",这是新时代赋予教育的使命,是每个教育者的价值追求。

课程在学校教育中处于核心地位,是实现教育目标的重要途径。在课程教学中,我们应以树人为核心,以立德为根本,培养德智体美劳全面发展的社会主义建设者和接班人,深刻领会习近平总书记关于"落实立德树人根本任务"的重要论述,抓住教育的本质,明确人才培养方向。

(二) 本质:凸显课程的育德功能

课程的功能不仅仅是传授知识,课程改革的最终落脚点是要创建适合学生发展的课程,满足学生个性化学习的需求,促进学生德智体美劳全面发展。课程的育德价值不仅体现在显性或者隐性的知识教学中,还贯穿于人的成长之中。德育内容在不同课程中的体现各有侧重、互为补充。教师发掘课程育德功能,依据课程标

准、教材和学生实际,融合课程教学与德育,增强育德效果。

(三)意义:推进区域德育一体化的重要抓手

新形势下,黄浦区围绕加快教育现代化、信息化、国际化的高位要求,进一步提升区域德育品质,加强区域德育一体化建设,从区域德育的整体性、针对性和实效性出发,引领区域中小学校发挥各级各类课程的德育功能。课程德育以课程本体认识为突破口,遵循学生成长规律和教育教学规律,系统规划各学段的纵向内容序列,不同类型课程和不同学科之间形成横向内容架构,融入体现时代特征的德育内容,促进课程德育的构建、实施、评价、管理一体化,成为落实立德树人根本任务、推进区域德育一体化的重要抓手。

二、系统设计:课程德育一体化的整体构建

区域构建课程德育一体化,以系统性和科学性为基本原则,整体规划具有区域特色的课程德育体系,充分体现中小学各年龄阶段德育目标和内容,分层次、跨学科将德育贯彻落实到课堂教学、实践活动中去,全面深入地发挥课程育德功能,更好地推进中小学有效地实施德育。

(一)区域课程德育目标内容一体化设计

建立与年龄特征相符合、与时代特点相适应的课程德育体系,需围绕一个终极目标来设定,即扎实落实立德树人根本任务,坚持社会主义核心价值体系这一条主线,把培育和践行社会主义核心价值观、传承中华优秀传统文化融入中小学教育教学的全过程,增强德育的针对性和吸引力。

德育内容序列是连接宏观教育理念、培养目标与具体德育工作的中间环节。为增强社会主义核心价值观教育的实效性,在社会主义核心价值观引领下,基于区域教育的内涵发展,我们以推进民族精神教育和生命教育为重点,与区域自身的历史传统和文化资源相结合,形成了具有区域特色的德育一体化内容序列,体现《中国学生发展核心素养》学生培养要素、上海市大中小学德育顶层内容体系"政治认同、国家意识、文化自信、人格养成"的框架以及黄浦区教育特色。同时,德育内容序列也是社会主义核心价值观的内涵转化,比如,把"和谐"转化融入德育内容序列,则体现为"世界眼光"和"人文情怀";把"自由"转化融入德育内容序列,则体现为"明理守法""时代精神";把"诚信"转化融入德育内容序列,则体现为"美德传承""社会责任"。

　　课程德育内容的构建是所有学校课程落实社会主义核心价值观和学校德育目标的共同要求,也是我区德育内容序列在课程构建与实施中的具体化。依据学生的年龄特征、心理发展状况和生活需求,我们将区德育内容序列细化为区课程德育内容序列,具体见表2-1。

表 2-1　黄浦区中小学课程德育内容序列

上海市德育内容顶层设计	黄浦区德育内容序列	黄浦区课程德育内容序列
政治认同	党的领导	革命历程、组织向往
	科学理论	科学发展、理论自信
	理想信念	确立志向、坚定道路
国家意识	家国情怀	家园意识、民族自豪
	社会责任	责任意识、敢于担当
	世界眼光	国际理解、中国力量
文化自信	文化积淀	文化认同、底蕴滋养
	人文情怀	人文精神、经典传承
	时代精神	与时俱进、勇于探究
人格养成	明理守法	明辨是非、法治观念
	美德传承	中华美德、道德践行
	积极成长	健康身心、人生规划

（二）区域课程德育实施途径一体化架构

　　黄浦区系统架构了两大部分、四个板块的区域课程德育实施途径。第一大部分为国家课程德育、区本课程德育、校本课程德育;"区域德育特色课程"为第二大部分,它是以区本课程和校本课程为主的德育高含量学校课程,见图2-1"区域课程德育实施一体化架构"。

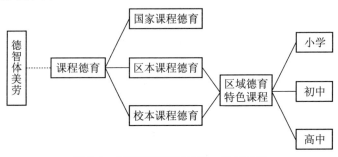

图 2-1　区域课程德育实施一体化架构

四个板块课程德育发挥不同功能,将核心价值观教育落小落细落实。学科课程在课程德育中占据了重要地位,是落实立德树人根本任务的关键课程,有利于将社会主义核心价值观在各学科教学中精细化、可操作化。我们对各学科课程的独特育人特质进一步挖掘提炼,并加强学科间的相互配合,打通学科育人壁垒。其中德育课程将知识传授、能力培养与思想政治、理想信念教育有机结合,加强德育目标在各学段教材内容、教学目标中的转化落实;学科德育是课程德育实施的基本途径,做好区域课程德育的顶层设计还应注重德智互促,充分发挥课堂主渠道作用,将德育无痕融入课堂教学。

区本课程德育和校本课程德育需发挥道德内化和实践的功能,促进学生知行合一。这两个板块课程教学方式灵活、途径多样,应体现学校设计的主导作用,活动内容应具有丰富性、融合性等特点,易于学生学习与接受,发挥学生在参与活动中的自主性、主动性和创造性。

我们充分发挥区位优势,统整课程德育资源,重点打造具有高德育含量的区域德育特色课程体系。

(三) 区域课程德育学段实施一体化贯通

基于小、初、高三个学段学生的年龄特点、认知基础和成长需求,区域中小学校依据自身特点把课程德育目标内容纳入课程计划中,逐步形成各学段学校由低到高、有序衔接、各有侧重的纵向内容序列。

为将立德树人任务贯穿落实于各学段课程教学全过程,我们引导学校突出课程和学科特点,选准知识、能力、技能与德育的结合点和切入点,并在不同类型和不同学科之间形成横向内容架构,努力构建全员投入、全科衔接、全程贯通,社会、家庭全方位连接,循序渐进、学段衔接的具有区域特色的课程德育体系。

(四) 区域课程德育与诸育的一体化融合

区域课程德育整体架构注重诸育交融。五育的每一种教育教学行为,都可能对学生的生命成长具有综合影响,产生综合效应。诸育的成长效应是相互贯穿、相互融合和相互滋养的,各育之间不能相互割裂,但也不是做加法,而是在交融中重新构建自身的发展方向。这样的课程德育才更有生命力,也更为持久。

三、纵贯横通:区域德育特色课程体系建设

德育课程建设是课程德育的重要方式,2018 年区教育局出台《黄浦区学校德

育特色课程体系建设三年行动计划(2018—2020 年)》,从政策层面为加强区域德育特色课程体系的建设提供支撑与保障。区教育局相关部门牵头推动,区教育学院具体落实各项工作,并发挥研究、管理、指导、服务的功能,引领区内中小学围绕办学育人目标开展校本课程建设,提升教育品质。

(一) 课程背景:海派精品,综改抓手

在具有区域特色的学校德育一体化建设大思路下,我们基于区位优势,进一步提升区域德育品质,以教育综合改革为契机,加强区域课程整体规划,积极整合区域教育资源,系统建设体现黄浦地域特点、区内校际共享的区域德育特色课程。

德育特色课程建设符合我区创建最具海派文化特点大都市核心区域精品教育的发展定位。德育特色课程建设是大中小幼德育一体化建设与课程改革全面深化的区域性转化抓手,是深化区域德育品牌内涵发展的重要标志。

(二) 课程定位:特色共享,多元共建

区域德育特色课程是具有区域特点、高德育含量和共享推广价值的课程,我们坚持导向性、加强科学性、呈现系统性、聚焦共享性,围绕课程德育内容序列,将与之相匹配的区本课程和校本课程作为基础进行统整开发,由区域、学校、社会共建共享。

区域德育特色课程的开发主要有以下四种模式:以学校为主体开发的德育特色课程;以区校合作开发的德育特色课程;以区教育相关部门为主体开发的德育特色课程;以社会力量为主体开发的德育特色课程。开发与共享的主体呈现多元化特点。

(三) 课程架构:一以贯之,同向同行

整体设计德育课程,系统建设区域德育特色课程,有利于实现课程德育常态化开展、规范化实施,我们将区域课程德育内容序列转化为德育特色课程系列化项目,建立与各内容序列相匹配的、由浅入深、循序渐进、螺旋上升的系列化项目,着眼于中小学生价值观培养和综合素质提升,形成课程德育设计可用的、教师易于理解的具体要求,见表 2-2。

德育特色课程建设需要加强内容的科学性,不仅要满足学生对学科知识的需求,还要最大限度地为学生提供"品德形成和人格健全""潜能开发和认知发展""艺术修养和体育健身""社会实践和动手操作"等多元课程;不仅要满足学生体验学习的需要,还要引导学生形成积极主动的人生态度,树立正确的价值观;不仅要满足

表2-2　区域德育特色课程系列化项目

区域课程德育内容序列	区域德育特色课程(举例)
革命历程	我为报童唱首歌(小)/顾老师讲红色故事(区)
组织向往	领巾心向党(小)/青春拥抱新时代(中)
科学发展	"一带一路"上的中国新"思"路(中)
理论自信	致学(中)
确立志向	走近周恩来(小)/春和景明　学行天下(中)
坚定道路	循迹(中)/校史寻源(区校)
家园意识	我爱我家(小)/"触摸"老城厢(中)
民族自豪	民俗情艺(小)/大国崛起导读(中)
责任意识	我们的蓝色国土(小)/青春与责任同行(中)
敢于担当	小公民学防护(小)/志愿者达人养成记(中)
国际理解	"小八腊子"玩转世博会博物馆(小)/黑眼睛看世界(中)
中国力量	金贝贝理财(小)/多边外交与国际组织(中)
文化认同	指尖上的魔法(小)/走进传统节日(小)/走进楹联(中)
底蕴滋养	诗文话典(小)/敬信仁和(中)
人文精神	"书"香悦行(小)/茶韵飘香(小)/治印修境(中)
经典传承	玩转脸谱(小)/越韵悠悠(中)/灯与影的艺术(社)
与时俱进	传统与时尚交融的南京路(小)/古风新韵(中)
勇于探究	挑战创造力(小)/梦之桥(中)/中国文博视界(中)
明辨是非	诚信(区)/网络文明(中)
法治观念	正义小法庭(小)/尚法致远(中)
中华美德	弟子规吟唱(小)/勤朴(中)/文明礼仪　伴我成长(中)
道德践行	明理导行(区校)/偶像生成学习领域(中)
健康身心	积极成长·幸福(区)/彩虹生涯　"心晴"世界(中)/体育舞蹈(中)
人生规划	童梦启航(小)/生活的价值(中)/触梦之行整装待发(中)

注:
小:以小学为主体开发的课程
中:以中学为主体开发的课程
区校:以区校合作开发的课程
区:以区教育相关部门为主体开发的课程
社:以社会力量为主体开发的课程

学生学习的共性需求,还要满足学生发展的个性需求,也要满足基于国际视野的多样化发展的需求。

(四) 课程实施:同频共振,主导优化

德育特色课程共享实施过程中,建立了多层次、多层面、全方位、立体化的实施网络;形成了以学校共享项目组为实施主要方式,学校、社会、家庭三方密切协同,全员全方位全过程育人的课程实施格局;探索了五种实施方式:主导—体验式、助力—融合式、定制—嵌入式、引导—优化式、携手—共探式。

1. 以跨区校课程共享为特点

长期以来,黄浦区中小学依据本校的文化传统、办学优势、师生特点、德育资源、学校环境以及教育者的办学追求和情趣,广泛建设富有校本特色的德育高含量校本课程。为了让更多的学生享受更优质的教育,黄浦区有计划地分类分批将优秀的德育高含量校本课程转化为可跨校共享的区域德育特色课程系列化项目。比如,复兴中路第二小学"走近周恩来"校本德育课程围绕"为中华之崛起而读书"的校训,以"乐学、勤思、多能"学生培养目标为核心,确立了课程育人目标,通过整体规划,实现德育课程校本化、活动自主化、评价多元化(具体见复兴中路第二小学课程案例)。

多年来,黄浦区积极开展区本课程的创建工作,其中不乏具有德育高含量的特色区本课程,这也成为构建区域德育特色课程体系的重要来源。比如具有黄浦特色的、面向中小学师生心灵成长的区本心理健康教育特色课程"积极成长·幸福",该课程以其课程改革理念、现代教育技术和优秀教师的教学智慧,弥补、改善现有心理健康教育课程的某些不足、局限,目前已经在全区推广共享。

2. 以集群化共享运作为路径

区域中小学在德育特色课程共享中采用集群化的运作路径。首先,由课程输出学校领衔,其他各校自行选择申报成为共享应用校,每一门共享德育特色课程的供需多方组成一个课程共享项目组,开展课程共享,综合运用各种资源,共同研究课程设计,然后根据各校特点采用不同的方式进行共享应用实施。

其次,我们还利用集团、学区、小学协作块等载体,共享德育特色课程。黄浦区第一中心小学协作块三所学校的老师们集思广益,开拓思维,共享德育特色课程"我们的蓝色国土"。结合课程读本中的"海洋生命"一课,裘锦秋实验学校进行了与校本特色课程"我家门前有条河"的融合,开展了实践教学;北京东路小学则从海洋生物出发,融合美术教学,让学生用手中的画笔来描绘美丽的海洋世界;作为共享课程输出校的黄浦区第一中心小学则从科技入手,继续探寻来自"蛟龙号"的深潜故事。三所学校互通有无,丰富共享课程,为各自学校的课程建设增添无穷活力。

再次,特色课程集群化共享运作不局限于一门课程的共享项目组,还可将几门课程的多个共享项目组进行跨界融合,开展更大范围的课程共享。比如,由徽宁路第三小学"赏茶品香"区级共享课程项目组牵头,联合中山学校的"文明礼仪伴我成长"课程共享项目组、卢湾实验小学的"我爱我家"课程共享项目组,三组合一,尝试组建亲子课程体验团,开设亲子课堂,教授茶艺,传递茶文化,弘扬家庭美德,拓展开发家庭礼仪课程。同时又建立了第二层辐射共享圈,联合七色花小学、巨鹿路第一小学、重庆北路小学等几所学校,开展专题研讨活动,探究课程共享的实施路径,提升区域推广力度(具体见上海师范大学附属卢湾实验小学课程案例)。

3. 以再优化共享课程为引导

德育特色共享课程在实施中,各有共享的侧重点。有些德育特色课程可以被共享的资源有讲义、读本、工具、实践基地等,有些可以被共享的是师资,有些则是课程开发的模式或者实施方式、课程评价等。一方面,学校需要整合校内外课程资源,思考如何将所共享课程进行校本化改造、创新并加以实施。另一方面,供需多方在此过程中共同探讨采用哪种共享方式更为合理、有效,从而在共享过程中充分发挥学校群体合力,着力加强共享过程中的共建,不断促进德育特色课程的优化再构。比如,向明初级中学开发的德育特色课程"循迹"提供给海华小学和卢湾中学共享。课程共享项目组为跨学段共享的小学生定制了学习任务单,使得海华小学的"幸福源的追寻——小海小华绿色行"之"毕业之旅"课程的内容更为丰富。卢湾中学采取的应用方式是将"循迹"课程中的一部分内容和设计思路整合融入具有自己学校特色的以学习"大国脊梁"为主线的爱国主义教育系列中,以期完善学校的爱国主义教育整体架构。向明初级中学在两所学校共享应用的经验交流基础上,积极思考并逐步推进"循迹"课程的二次开发,进一步探索新中考背景下学校德育课程的重构与实践。在共享应用过程中,三所学校互鉴互学,形成了校际互动共享和校内改造优化的良性循环。

由区德研室牵头的区校合作开发的"校史寻源"课程,把区域内二十余所百年老校和具有革命传统学校的校史作为教育资源,深入内涵开掘,重组再构,整体设计,形成既保持传统又适度创新的课程,在区域内供各校共享,引领全区学校从"知识普及型"的校史教育走向传承文化的"深度学习",提升学校育德境界(具体见区校合作开发课程案例)。

(五) 课程保障:提供支撑,协同推进

区域教育行政部门把对学校德育课程的管理与对学校工作的指导结合起来,通过运用一定的评价手段和组织区域性、校际的研讨、展示、交流等方式,帮助学校转变教育观念,指导学校和教师切实、扎实、创新地落实德育课程的相关要求。

1. 组织机制

以区教育局作为工作的主体,整合、协调区域教育系统内外各相关部门、机构,形成多方联手、分工合作、职责明确、协同推进的组织机制,组织开展区域层面对德育特色课程的评价工作,包括组织实施情况的工作评价和体现在学校教育尤其是学生成长上的效果评价,以评促建,不断加强管理决策,完善基础建设,优化过程管理,着力效果评价,促进课程内涵发展。

2. 推进机制

区教育学院相关部门每年制订德育特色课程建设推进计划,加强对课程开发、实施和评价的全过程管理,建立完善共享课程资格申报制度、共享课程区域推介制度、共享课程应用申请制度、共享课程应用实施及反馈制度,形成德育特色课程开发、实施和共享一体化建设的长效机制。

3. 队伍建设

教师是发挥课程育人的关键。本着"人人都是德育工作者"的教育理念,提升教师的师德与育德能力,提高教师专业素养,每门德育特色课程均形成区校两级、多方参与的复合型课程开发队伍、管理队伍、指导队伍、评价队伍,全面促进德育特色课程开发、实施的成效,彰显育人价值。

黄浦区学校德育特色课程体系建设三年行动计划(2018—2020年)发布以来,以共建共享共育为特色的课程德育建设理念,已经为学校与教师所接受,区域内的德育特色课程形态多样、类型多元,在共享中互相借鉴、互相学习、实现共赢,呈现出"百花齐放""美美与共"的喜人局面。目前的探索只是起步,未来还有很长的路要走,我们将继续深化课程德育,进行全方位、多角度、深层次的研究,突出德育实效,提升育人品质,真正做到教育部部长陈宝生所提出的"让教育改革发展的成果惠及每一个学生"。

来自学校的实践探索

以红色课程为抓手，促进学校特色发展

　　黄浦区复兴中路第二小学地处市中心，与中共一大会址、周公馆等重要历史人文资源和爱国主义教育基地相邻。学校充分发挥地域优势，在办学的过程中着力打造"为中华之崛起而读书"的校训文化，"周恩来中队"创建活动日显成效，学校也由此形成了鲜明的伟人教育特色。

一、课程背景

　　近年来，学校积极开展德育特色与课程整合的实践研究，依托本土资源与校训文化的传统积淀，开发具有校本特色的"走近周恩来"课程，建构"伟人教育"的课程理念与体系。通过系统设计将"散状"的教育活动整合成指向明确的、持续的、能有效评估的课程，在稳步推进的过程中，呈现独具学校特色的课程雏形。

　　"走近周恩来"课程以学校"乐学、勤思、多能"培养目标为核心，确定了课程的育人目标为"有梦想，能坚持；好学习，善探究；会创造，乐生活"。通过进一步细化目标，体现立德树人，培养爱国情怀，树立理想信念，让学校特色文化引领特色课程的发展，对学校课程建设的方向再审视，架构再梳理，内涵再丰富，品质再提升。

二、课程内容

　　为了有效达成课程育人目标，课程内容的编排显得尤为重要。"走近周恩来"课程以周恩来生平为线索，以"学习伟人精神，了解时代背景"为抓手，围绕"文明礼仪""关爱他人""勤奋学习""廉洁自律""积极进取"五大主题实施，通过"故事园——读伟人故事""交流窗——学伟人精神""航标灯——践行伟人品格"三大模块的设计，将课堂学习与校外实践融为一体，具体内容与框架如下：

一年级：文明礼貌，真诚待人。以乐观向上的品格，教育学生养成文明的行为习惯，讲文明，懂礼貌。

二年级：关爱他人，团结互助。围绕关爱的品格，教育学生关心集体，乐于合群，友爱同学，懂得感恩和回报。

三年级：勤奋好学，掌握本领。以勤学苦练、持之以恒的品格，教育学生虚心、好学、善于思考和发现的良好品德。

四年级：遵守制度，严于律己。学习周恩来勤勉自律的五个"不虚度"，以此鞭策学生规范言行举止，营造积极的比学氛围。

五年级：拥有理想，立志报国。在校训引领下，教育学生爱祖国、爱人民、树理想、立志向，勇于进取，敢于探索，善于创新，健康成长。

表 2-3 "走近周恩来"课程内容框架

课程主题	课程模块及内容			课时安排	实施途径	课程资源
	故事园——读伟人故事	交流窗——学伟人精神	航标灯——践行伟人品格	第二学期4—6课时	班会课午会课专题教育社会实践创建活动	自编指导手册、故事读本；红色长廊教育基地资源
一年级文明礼貌，真诚待人	《总理带头遵守交通规则》《礼貌之间见真情》	1. 从小学总理，遵守交通法规 2. 校园礼仪，情境模拟	实践活动：小手牵大手，文明亮眼睛			
二年级关爱他人，团结互助	《给警卫员买药》《手捧衬衫想总理》	1. 学关爱，促团结——谈话课 2. 团结就是力量——游戏活动	爱心集结号：记录自己的关爱行动，评选"爱心标兵"			
三年级勤奋好学，掌握本领	《省下钱买书》《学业读书不虚度》	1. 学总理讨论会——我要做这样的人 2. 颂总理朗诵会——他是这样的人	1. 学习妙招来分享 2. 追寻伟人足迹——参观周公馆			
四年级遵守制度，严于律己	《总理的一顿午餐》《我是总理更应遵守制度》	1. 模拟小法庭，守法小公民 2. 礼仪课堂，学习守则	1. 守纪承诺分享会 2. 参观禁毒教育馆			
五年级拥有理想，立志报国	《两颗子弹》《为中华之崛起而读书》	1. 我眼中的"周恩来"主题论坛 2. 我的理想——"20年后的我"	1. 职业规划体验活动 2. 参观上海档案馆			

三、课程实施

（一）努力营造课程学习环境

走进校园，一堵浮雕墙映入眼帘，周恩来总理亲切高大的半身像与少年立志时的誓言"为中华之崛起而读书"成为全校师生的行动准则。通过"为校训点赞""我与校训的故事""校训我传承"课程活动，让生活在幸福时代的学生去思考三个问题：读书为什么？你为什么读书？你应该怎么读书？从而养成良好的学习习惯和学习品质。我们将教学长廊打造成"红色长廊"，成为最好的开学第一课学习场景。红色站台、红色地图、红色小巴，通过无限的参与感，无尽的画面感，体现特色课程，传递伟人精神，感受红色魅力。

（二）积极开展课程学习实践

1. 故事园——学习明理

围绕每个年级的课程主题，结合学生年龄特点，我们汇编了《周恩来故事读本》一书，其中收入了周总理十个经典小故事，力求让学生在"故事园"中了解伟人生平，学习伟人品质。每天清晨、课间，孩子们最喜欢坐在阅读角，一拿起《周恩来故事读本》就不忍放下，相互分享。我们将"红色故事诵读"打造成学校书香节最受欢迎的活动，先后开展了"最美总理"演讲活动、"我眼中的周恩来"诵读活动、"读故事学做人"分享会、"我最喜欢的红色故事"推荐会等，通过读伟人故事，将学习教育有形化。我们还将阅读活动与语文课、道法学科教学融合，拓展了学科教学的视域，提高了孩子的组织能力、语言表达能力以及自信心。

2. 交流窗——学习长智

在"交流窗"课程板块，我们通过各种形式交流体会，从而明辨是非，增长智慧。如：围绕四年级学习主题"遵守制度，严于律己"，通过排演小品《我是总理更应遵守制度》，让学生了解遵守纪律的重要性；通过模拟小法庭，谈论身边的纪律，发现存在的问题；通过"说说演演做做"的形式，进一步把总理精神化为有形的内容，以总理言行为楷模，修正自己的言行，整个活动是一个由学到做的过程。

3. 航标灯——学习成长

学校与周公馆签订共建协议，将课程活动项目化、常规化、特色化。积极建构行走课程内容，通过制订计划、活动探究、作品分享、成果交流和活动评价五个步骤完成伟人教育的生动一课。我们从学生视角出发，挖掘社会、基地、家长资源，共同参与课程的设计,设置"我知道、我行走、我感悟"活动内容。让学生"行"前做好查阅资料、了解景点、调查路线等工作;"行"中做好观看、拍照、解说、记录等工作;"行"后写下自己学习感受,和家长、同伴一起分享。如:"周恩来在上海——城市定向寻访"活动。活动前,学校和共建单位周公馆共同策划方案,根据周恩来在上海的奋斗足迹,通过梳理图文史料,以其中十个重要的"足迹"确定红色路线。活动的一大亮点是由学校党员教师担当讲解员,带领学生寻访红色建筑,讲述红色故事。通过一天的行走学习,信仰的种子在每位党员与学生的心中根植。

(三) 积极开展课程研究实践

1. 课程的教学形式灵活多样

根据学生年龄特点,采用游戏、训练、竞赛、儿歌、故事、调查、采访等形式,便于学生实践与体验,增强课程的趣味性和实效性。

2. 加强课程的组织管理

编制教师使用手册,指导教师推进课程实施。每学期根据主题及时调整和补充课程内容,征集课程案例,做好课程资料的积累、整理工作。

3. 加强课程的校本化研究

加强对课程实践活动的规律、策略和校本化实施路径的研究。通过专题研讨、现场观摩、实践反思等方式,提高对课程的实施能力。

(四) 积极完善课程评价形式

学生作品展、活动任务单、学习档案袋、课程展示秀、各类评优活动,如:阅读小达人、学周小模范、最佳材料搜集奖、最佳团队合作奖、最佳小报编辑奖等。同时我们将教师实施课程情况纳入学期工作考核中,发挥评价对教师专业发展的积极作用。

四、实施效果

学校课程建设情况调查问卷和学校综督报告数据反馈显示:"走近周恩来"德育课程知晓率达到100%,满意率达到97%以上,为学生思想政治启蒙、核心价值观教育和传承红色基因提供有力支持。

(一) 提升师生核心素养

通过开发"走近周恩来"课程,将伟人精神与学生德性成长紧密相连,学生的综合素质得到了全面提升,班队凝聚力显著增强。学校被授予全国周恩来班、黄浦区红旗大队的荣誉称号,先后有四个中队评为上海市红旗中队。

(二) 提高课程执行力

在课程建设的过程中,教师自身也得到了专业化的发展。一方面,通过一系列课程的设计,提高了课程的开发与执行力;另一方面,增长了组织和开展活动的专业技能和知识,积累了相关经验。

(三) 打造学校德育特色

学校师生多次参加上海市纪念周恩来诞辰主题活动、黄浦区红色教育成果展示,学校也由此形成了鲜明的育人特色,得到社会与家长的广泛认同。2019 年,"走近周恩来"课程成功申报黄浦区德育特色课程,并在区级层面推广展示,得到专家领导的一致好评。

在开发独具特色的校本课程时,我们既注重沿袭历史,也关注时代发展,力求在校本课程建设中渗透学校办学特色。"走近周恩来"德育特色课程印证了学校伟人教育深入推进的足迹,研究的成果,其中蕴含了每一位教师对教育的付出与思考,对学生的责任与爱心。我们真心希望学生行走在这样的红色课程中,让红色课程指引他们一生的征程。我们也相信经过不断探索与努力,"走近周恩来"课程定能有利于当代青少年汲取榜样的精神力量,为教师带来理想信念的激励。

(上海市黄浦区复兴中路第二小学　郑　斌)

从"茶香"到"茶韵"

黄浦区回民小学是区域内唯一一所民族学校。学校的特殊地位决定了学校的两大教育特色,其中一个就是少儿茶艺。经过多年的探索实践,茶文化成了学校民族教育、崇尚本真的特色发展中一个非常重要的优质载体。

一、课程的实施背景

自古以来,茶即为中国国饮,南宋就有《百子图》绘孩童赏花,嬉戏品茶之景。

回民小学的茶艺课程坚持"以茶润心,事茶养礼",近几年,从少儿茶艺到茶韵飘香,从艺到韵体现我们对学校"民族融乐课程"系统性思考和整体性设计。多年来黄浦区教育局德育特色共享课程引领、指导、帮助学校课程建设,回民小学以"打造民族教育特色学校"为抓手,整体制定学校"民族融乐课程"规划,确保学校德育特色课程的落地。

二、课程的框架构建

"茶韵飘香"德育课程隶属于学校规划项目"民族融乐学生发展课程"之下。该课程以"豫园寻访"为一条主线,以课内、课外两大实践场景为途径,以体验类、展示类、实践类、分享类四大体验模块为组合,支撑"茶韵飘香"场馆课程整体构架。"小茶人乐享茶馆"是回民小学"茶韵飘香"特色课程的缩影,与课程目标相呼应。如果说,"茶韵飘香"特色课程是师生们实践的平台,那么"小茶人乐游豫园"则是课程实践中非常有力的落脚点。

在课程的实施过程中,学校以茶艺教学为圆心,以"小茶人乐享茶馆"为半径,通过各单元不同主题的设计,巧妙地将多学科无边界整合,以不同学科教师间的跨界协作等方式,勾画出回民小学德育特色课程场馆科目特有的模样。

表 2-4 课程内容实施框架

时间 (每年 11 月)	主 题	内容与实施阶段	参与学科	课时
第一周	茶是我们的好朋友	茶的妙用(茶食) 1. 茶艺老师在"有趣的茶"和"可爱的茶"部分,让学生互相推介名茶,引导认识"新"茶,并用各种方式找出生活中的茶制品 2. 劳技老师在"有用的茶"部分,请学生观察"绿波廊茶食"讨论交流,随后进行动手制作茶叶蛋和茶包 3. 品尝劳动成果并完成评价表	茶艺、劳技	2
第二周	多姿多彩的茶具	小小设计师(茶具设计) 1. 茶艺老师让学生通过欣赏观察认识各种材质的茶具,学习茶具的正确选用 2. 学生通过观看美术教师示范讲解,知道制作一把泥塑茶壶的基本手法及步骤,能用超轻彩泥设计塑造出造型各异的茶壶 3. 完成评价表	茶艺、美术	2

时间 (每年11月)	主题	内容与实施阶段	参与学科	课时
第三周	客来敬茶	简单的英语礼仪用语(小品) 1. 英语老师让学生通过观看小品《客来敬茶》,学习接待外宾饮茶时的礼貌用语 2. 茶艺老师引导学生观察小品中的那杯茶,知晓碧螺春茶的产地和它名字的由来,并能找出辨识碧螺春茶叶的方法 3. 通过师生互动、小组合作,分角色用简单的英语模拟"湖心亭茶楼"泡茶奉茶接待外宾	茶艺、英语	2
第四周	茶馆的昨天、今天和明天	我的茶馆我设计(情景剧) 1. 活动一**"昨天的茶馆"**,通过茶艺老师介绍,使学生基本了解茶馆的历史和各地有特色的茶馆文化 2. 活动二**"今天的茶馆"**,学生分组实地寻访学校附近豫园里的老茶馆,语文老师事先布置任务要求注意观察,回校介绍要有序且主次分明 3. 活动三**"明天的茶馆"**,首先语文老师启发学生展开想象,通过大家发言中打开思路;再由音乐老师用问题提示茶馆里除了配套设施外,合适的背景音乐会让茶馆的特色更鲜明;最后茶艺老师要求学生小组合作,设计一个有特色的茶席作为明天茶馆的缩影 4. 师生互相点评,选出自己最喜欢的小组,并说出理由	茶艺、语文、音乐	4

三、课程的案例剖析

案例:茶馆的昨天、今天和明天之茶馆的明天

"茶馆的昨天、今天、明天"是隶属于"茶韵飘香"课程小茶人乐享茶馆系列主题课程活动之一,课程活动分为两个部分。一是通过之前"绿波廊茶食"的学习,学生学会了如何制作简单的茶食,了解名茶与茶具之间的关系,学习设计和制作,以模拟"湖心亭茶楼"泡茶奉茶的礼仪为基础,让学生们走进老城厢,探寻身边有特色的茶馆并进行调查。在分享活动中,学生在语文老师的指导下,自主完成学习单,有序地介绍调查结果,对现有的茶馆有了认识和了解。二是"明天茶馆"设计,学生在

语文老师的启发下,展开想象,说一说"你心目中明天的茶馆是怎么样的"。在茶馆音乐设计中,学生在音乐老师的带领下,结合场景需求,选择音乐并进行创作,共同完成"明天的茶馆"的设计。

启示:在实践中,学生们通过认识、尝试、实践、展示、评价等多个环节,不断提升综合能力。在整合式学习中丰富了学习经历。如:语文协同乐享老茶馆之——"绿波廊茶食"享受茶食(观察表达)、茶艺教学乐享老茶馆之——"名茶推介处"名茶知识(乐于表达)、英语协同乐享老茶馆之——"湖心亭茶楼"泡茶奉茶(沟通交往)等。

课程评价是课程实施的基本保障。在"小茶人乐享茶馆"场馆科目中,结合课程目标与特点,设立了过程性评价、情景式评价,及时反馈学生在场馆科目实践中的信息,为场馆科目的实施带来了实际可靠的效果。课程评价如下:

表2-5 "小茶人乐享茶馆"科目评价表

场馆名称:　　　　　　　　　　　　　　日期:

姓　名		
过程评价	你学到什么?	
	你最喜欢哪一环节活动?	
	你有什么与小伙伴分享?	
	你最想说的话:	
总评价 (最佳五颗星)		

学生在"茶韵飘香"课程学习手册的帮助下,成为"礼乐小茶人"。"回小"教师因深度涉入课程,提升了课程意识与能力,成为"茶韵飘香"课程有活力的教师群体。

四、课程的组织运行

(一)课程的设计团队组织和运行——茶韵飘香的课程团队

德育课程的整体设计是实现学校"崇尚本真育人"目标的有效途径。"茶韵飘香"课程设计团队以"场馆课程"实施的方式为课程组织和运行的关键环节,需要建立强有力的课程共同体——课程研究团队。研究团队由该课程的负责人、分管教导、课程老师组成。而学校茶艺教师作为课程的首席教师带领团队,找资料,互相学习,一次次头脑风暴,最终形成课程设计框架和模块。

(二) 课程的实施团队组织和运行——块内学校的共建共享

课程的实施团队,由"茶韵飘香"课程首席教师、茶艺教师发出邀请,由多学科教师以伙伴结对、自由组合的方式共同参与。学校利用协作块场馆教育资源,通过讲座、专家引领指导,把课程的设计理念、设计思考、设计做法等以点带面进行交流推广。如学校加强校内课程实施培训,进行专题为"'茶艺飘香'提升学生学力的整合式课程学习"的校级教研活动。由课程实施的主体教师组成的课程实施团队在课程设计后,会统整学科,会以一个主题形式将其展现。这要求团队成员突破学科边界、改变教学方式、开展协同教学。这种基于学科又跨越学科的教学,已经成为"回民"小学教学中新向标。

(三) 课程的评价团队组织和运行——丰富评价内容

课程评价团队的建立,由学校分管领导、"茶韵飘香"课程教师、家长、湖心亭工作人员等为代表组成,通过每个课程模块的教师设计并实施的多元评价方式,学生"茶韵飘香"课程学习手册既是学生课程学习的支架也是评价手册,很好地促进学生获得丰富的课程体验,在学习经历中以茶育人、以德润心。"礼乐小茶人"是"回小""五爱五会民族娃"评价指标的一个维度,多方面、多维度的评价内容和方式是课程实现"成就不一样的我"育人目标的有效载体。同时,有效的课程评价可以及时总结课程实施的成效,不断完善课程运行机制,优化课程评价方式,对学校以点及面促进学校"民族融乐课程"的深度开发有积极的作用。

五、课程的实施成效

(一) 办学韵味飘香

学校以教育协作块项目为助推,共同探索场馆课程共建共享。挖掘豫园老城区"湖心亭老茶馆"等在地文化的课程资源,开展主题式、情景化的德育课程实践。从茶艺到茶韵,"韵"体现了对场馆课程边界拓展的研究,更是对学校办学境界力求独具韵味的不断追求。学校的《民族融乐润童心,茶韵飘香伴童年》获市教育学会小学管理专委会交流,论文获二等奖,并在《上海课程教学研究》上发表。茶韵飘香特色场馆课程之"小茶人乐享茶馆"上海市课程领导力项目成果展示,作为黄浦区优秀教育科研成果推广项目在市、区课程展示和推广项目成果。

(二)学校课程飘香

学校办学特色是自上而下的顶层设计和推动,也是自下而上的动态生成。学校"茶韵飘香"德育课程,彰显"民族融乐课程"这个层面的学校课程的深度开发,助推学校课程领导力的生长。这样的课程建设,让回民小学办学特色彰显。在上海市第十五届教育博览会、上海市优秀传统文化非遗项目展示月、上海国际茶文化节等市级重大展示活动中,回民小学的德育特色课程和场馆课程的完美整合获得成功,向社会各界展示了回民小学"民族融乐"课程的魅力、影响力和辐射力。

(三)教师提升飘香

课程飘香,教师可以成长。教师团队不仅能协同开发模块式的"茶韵飘香"德育课程,探讨协同教学的方式,还创造性地设计了学生实践手册,助力了课程学习,教师课程素养在不断成长中走向优秀,这香气更沁人心脾。在 2018 年市场馆教研中心组活动到杭州市教育代表团、杭州市名班主任代表团、台北市永春小学,以及近期英国罗素学校代表团、韩国教育代表团来校访问中,学校的"小茶人乐享茶馆"场馆科目,获得国内外嘉宾们的一致好评。

(四)学生成长飘香

课程飘香,学生受惠。因为有味道的课程、有香气的课程将陪伴学生一路成长。孩子在学习的旅途中习茶礼、润茶德,培育灵动聪慧的孩子。在习茶、品茶中一路飘香,香韵缭绕,德润童心成就每一位黄浦学子。近年来,该课程在全国、市级参与展示或比赛中获奖 18 次,区级展示比赛获奖 10 次,市区辐射近 300 多人次。

回民小学"茶韵飘香"德育课程,是奔着学校办学理念、实现学校育人目标的宏伟蓝图而去的。我们相信,随着德育特色课程成果的推广,会不断实现区域课程的共建共享,飘香的课程一定会引领学校成为优质的学校,成就礼乐学子,最终实现学校"崇尚本真育人"美好的教育梦想。

(上海市黄浦区回民小学　吴　玮)

崇德尚法，砺行致远

加强中小学德育课程一体化建设，统筹课程育人、实践育人和文化育人，是提高德育工作的针对性和实效性，全面深化基础教育综合改革的重要举措。我们五爱高级中学进一步推动和深化学校法治教育一体化工作，逐步形成学校整体化、校本化、特色化的法治课程，全面提高学生的法治素养。

一、课程的开发背景

法是治国之本，是保证国家和民族兴旺发达、长治久安的一项重要措施。法治教育作为治国方略的重要途径而被吸纳到学校教育体系中，成为现代学校教育内容不可或缺的有机组成部分。

五爱高级中学"尚法致远"德育课程根据学生的现实环境和条件，以学生的现实需求为出发点，从目标、内容、实施等方面入手，进行总体规划，有序、有效地开展，通过课程引领，提高法治教育的实效性。

在课程的设计上思考了以下几点：（1）注重课程与学生需求、生活实际相结合；（2）注重课程与学科教学相结合。根据各学科教材内容、教法特点的共性与个性，挖掘内涵，找准结合点，学习知识、掌握技能，进而运用知识，能动脑思考、动手体验、收获感悟；（3）注重课程与教育阵地相结合，充分利用各类阵地，借助生动活泼的形式把学生在活动中的内心体验和收获充分展现出来，以达到课内外、校内外的融合；（4）注重课程与生涯规划相结合，助力学生生涯目标的确立。

课程以学生"全面适应、能动发展"的成长目标为本，培育"懂法守法、明辨是非、品德优良、人格高尚"的五爱学子，多方位、多维度、多模式地创设学校法治教育环境。从课堂教学到主题活动，从校内教育到校外实践，从学校教育到协同共育，"尚法致远"校本课程将各类德育抓手纳入其中，涵盖面广。其目标、内容等是相辅相成的，每一环的设计，在形式方法及具体环节的操作上各有侧重，课堂教学、主题活动、社会实践、生涯规划等内容很好地形成了一条课程链。让学生在实践体验的过程中习得知识、感悟方法，形成法治意识、培养法治精神，为培养和铸造品德优良、人格高尚、有创新精神和实践能力的现代公民打下坚实的基础，促进学生的终身发展。

二、课程目标

（一）总目标

培养和增强学生的国家意识、权利义务意识、守法用法意识，具备明辨是非的能力，提高自我约束与保护能力，预防和减少青少年违法犯罪，促进学生的健康成长。

（二）分年级目标

细化阶段教育目标和内容，促进教师教育行为的规范性和学校安全法治教育的长效性。力求内容丰富化、目标明确化、形式多样化。学校在具体实施中对三个年级分别设立了三个递进式目标，这种分级阶段目标的设计符合中学生的心理发展特点和习得规律，在推行过程中可行性强。

1. 高一年级——"学做五爱人"

初步了解基本法律常识，强化守法意识、公民意识、权利义务相统一的观念，初步具备用法明辨是非、依法维权、参与社会生活的能力。

2. 高二年级——"做合格五爱人"

进一步深化对法治理念、法治原则、重要法律概念的认识与理解，基本掌握公民常用的法律知识，基本具备以法治思维和法治方式维护自身权利，参与社会公共事务的能力，牢固树立法治观念，认识全面依法治国的重大意义，坚定法治道路的理想和信念。

3. 高三年级——"做优秀五爱人"

较为全面地了解法律体系的基本框架、基本制度以及法律常识。强化守法意识，增强法治观念，牢固树立权利义务相统一的观念，初步形成法治思维，初步具备参与法治实践，正确维护自身权利、化解矛盾纠纷的能力。

三、课程的框架设计

（一）分课程类型的框架设计

1. 基础型课程

基础型课程板块引导学生掌握一些与生活实际密切相关的法律、法规知识，有了这些知识铺垫可以指导学生在生活实际中的守法、用法行为。把教材内容中涉及法律法规的知识、观念等内容挑选出来，精心设计渗透的方法，充分运用与学生密切相关的事例、学科史上的相关材料作为教学资源，既不违背学科教学的基本规律与要求，又有机渗透法律知识，通过课堂教学，落实好课程目标，使学生懂得法治方面的基础知识，树立法治意识和守法的习惯。

思想政治课：结合经济常识、政治常识的教学，了解法律知识在现实生活中的具体运用，感受法律的作用和权威，增强法律意识和法律观念，理解依法治国的重要意义。

语文课：通过文学作品中的典型人物和事件，渗透崇尚公平正义、履行义务光荣等教育，强化守法意识、公民意识，树立权利义务相统一的观念。

地理课：进行《环境法》基本知识的教育，认识法律在解决当前人口、资源、环境等问题中的重要作用，增强法治观念。

化学课、生物课：学习防毒、禁毒、化学品安全使用、防火灭火的教育等内容，具备以法治思维和法治方式维护自身权利、参与社会公共事务的能力。

2. 拓展型课程

拓展型课程板块整合学校优质资源，将学生的需求与教师的能力相结合，为学生提供更多的可选择性课程和主动学习平台。拓展知识领域，使其较为全面地了解法律体系的基本框架、基本制度以及法律常识。强化守法意识，增强法治观念，牢固树立权利义务相统一的观念，初步形成法治思维。

"投资理财"培养学生树立正确的投资理财观念，掌握投资理财的基本知识与技能，了解税法、公司法、合同法、证券法等相关法律知识，理性投资、合法理财，提高风险防范意识，打击和自觉抵制非法集资。"影视剧中的法律知识"，通过影视作品中生动的内容了解法律知识，同时探讨其中的一些法律常识错误和容易对公众产生误导的内容，进一步深化对法治理念、法治原则、重要法律概念的认识与理解。

"法律基础知识"汇集法学常识,汇总生活中的法律小常识,使学生基本掌握公民常用的法律知识,基本具备以法治思维和法治方式维护自身权利、参与社会公共事务的能力。

(二)跨课程类型的框架设计

1. 法治专题教育课程

我们垂直连贯不同年级、水平统整多个科目,学校多学科教师和校外法律专业人士共同参与指导,通过科目间资源的自然整合,将相关法治教育内容以专题的方式呈现,提升法治教育的实效性如"未成年保护""崇尚科学、传播文明、反对邪教""反校园欺凌""校园贷背后的法律问题""向毒品说不""德法兼备协调发展 传承传统面向未来"等课程。

2. 法律类社团

在教师和校外法律辅导员的指导下,建立法律类师生联合社团,进行有关法治方面的学习、讨论和实践。组织学生参与法治辩论赛、旁听各类案件的审理,强化守法意识,增强法治观念;在法官、检察官和律师的协助指导下开展模拟法庭活动,提升参与法治实践、正确维护自身权利、化解矛盾纠纷的能力。

(三)综合活动类型的框架设计

综合活动板块则主要是通过活动设计和实践应用,引发学生产生问题,鼓励学生通过调查、思考、体验、探究学会综合使用法律知识,解决有关法律问题,巩固法律素养的形成。

1. 师生联合讲坛

结合当下时事热点,突出重点、学以致用,提供学法、知法、懂法、用法、守法、护法的载体。如结合明星酒驾事件、双十一大促、校园霸凌等生活中的事例,使学生把理论和实践深度有效融合,生活经验和法律法规有效融合,展示风采、提高能力、开辟视野、丰富知识。

2. 主题实践

(1)法治专题实践

结合特定的纪念日、专题日的时间开设的实践性小课程,组织学生集中开展法治宣传教育活动,积累法律知识,增强法治观念。不断提高学生学法用法效果。正确认识美与丑、善与恶、真与假,帮助学生树立正确的三观。

（2）社会调研、志愿服务实践

与法治主题实践相结合的。让学生进行街头采访，调查或是进行社区宣传，配合校园法治教育更有效地开展，提高参与社会公共事务的能力，促进知法守法的良好氛围的形成。

3. 职业体验

通过挂职锻炼等形式，帮助学生了解法律职业领域要求职业工作内容，初步确立生涯目标，初步形成法治思维，初步具备参与法治实践、化解矛盾纠纷的能力。

四、课程的具体实施

（一）发挥课堂功效，挖掘多方资源

我校政治组、化学组、综合组教师结合课本内容，开设反恐、民防、国土安全、公共安全知识、防火防毒等内容的教学，充分发挥学校教育主课堂的功效。同时，我们充分挖掘各种资源，将其加入学校的法治教育课程中。会同我校校外辅导员、《案件聚焦》节目嘉宾张姗姗律师共同完成法治校本教材的开发。邀请交通队、区检察院未检科、海关缉私局、禁毒馆、街道禁毒办来校开展讲座，把安全宣传与学生关注的热点、难点问题相结合。通过这些专业资源的有效注入，增强法治教育的实效性。

（二）借助主题教育，增强法治观念

利用每年国家宪法日等时机，开展形式多样的法治主题宣传教育。每年的 12 月为我校的法治宣传月活动，每周一活动、每班一特色、每年一主题。

充分发挥文化影视作品的教化引领作用，通过相关电影观摩活动，营造良好的安全法制宣传氛围。学生通过观影微感言、主题班会课等一起探讨。通过影视作品中反映出的安全、法律问题，引发师生思考，获得最直接、最宝贵的情感体验，增强法治观念。

（三）参加实践活动，促进全面发展

结合法治教育实践性、应用性的特点，组织学生参与多项实践活动，旨在通过这些形式，将学生在校期间的所学所感融入各类实践活动中。

社团成员参加"春天的蒲公英——小法官网上行"活动,选择身边的民事案件,在法官的指导下进行改编,演绎成法律小品、模拟法庭并拍摄制作成视频,供全市中小学生观看学习。配合最新的《上海市道路交通管理条例》,学生志愿者走上街头,纠正不文明行为,该活动被新华网专题报道。

实践活动中将学生法治意识立体化,从间接经验到直接经验,两者相辅相成。

(四) 聚焦生涯规划,助力成长成才

通过"学长导航""我的大学梦""我的职业梦"这一系列的生涯规划活动,组织开展访谈、实地走访、律所见习、居委挂职、"我跟父母去上班"职业体验,让学生了解法律职业领域要求、职业工作内容,发现自身兴趣,了解社会对人才的需求,初步确立生涯目标,助力学生的终身发展职业理想,也更加明确自己的未来职业发展方向。为培养和铸造品德优良、人格高尚、有创新精神和实践能力的现代公民打下坚实的基础,促进学生的终身发展。

五、课程的实施成效

"尚法致远"课程加强学生的法治观念,培养学生良好的公民意识,学校荣获首批依法治校示范校,通过课程的实施,有效地提升学生的法治意识、思辨能力和综合素养,为推进全面依法治国培土播种。

不少学生通过学校"尚法致远"课程,明确了自己的发展目标,他们中有的进入了法律院校学习,也有不少人走上了法律工作岗位。但课程并非只为培养专门的法律人才,学校更希望通过"尚法致远"这一特色校本德育课程,引导学生善于区分真、善、美和假、恶、丑,了解法律,遵守法律,立鸿鹄志,做奋斗者。

曾经的五爱少年,正在各自的岗位上砥砺奋进。今日的五爱少年,将为国家未来的发展做足准备。崇德尚法,砥行致远,到2049年,今日五爱少年将会是那时的国家栋梁。

(上海市五爱高级中学　奚智君)

编绘"道德与法治"地图，小课堂走进大学堂

道德与法治课要有思想、有亲和力、有针对性，要让教材中的内容"活起来"，让教材核心思想浸润到孩子们的心中，课程资源是课堂中的重中之重。近十年，黄浦区卢湾二中心小学道德与法治教研组坚持在道法课堂上开展"编绘'道德与法治'地图，小课堂走进大学堂"的项目研究，把道法课堂搬到了社会基地，就像习总书记所要求的那样，把思政小课堂同社会大学堂结合起来，让社会实践资源成为小学道德与法治学科的重要课程载体。

一、直面问题，改善"道法课堂"

黄浦区卢湾二中心小学处于上海市黄浦区瑞金社区，孙中山故居、周公馆等众多的名人故居坐落在学校周边。

以往，学校组织的"访学"较多采用参观考察的方式，但是我们发现参观考察不同于实地教学，因为教学内容与学生考察到的内容脱节。于是，我们改进了做法，让学生带着与课堂内容相关的"任务书"参观基地。但是，任务书交流不同于实地教学，教师的设计不够系统，层次性、针对性、整合性较弱。学生们在交流任务单时枯燥单一，纯描述的方式，错过了参观过程中发现的亮点，孩子们觉得"没劲"。

要解决上述问题，方式很简单：不仅让学生、老师行走起来，更重要的是带上教科书，让教科书的内容与社区资源"行走"起来。

但要真正实现这个目标，我们又面临三类问题：一是统整问题，什么内容的课程到什么地方、用什么资源去上？资源中的展品怎样与教材中的内容衔接？二是保障问题，怎样建立长效机制，保证课程的有序实施？三是实践问题，这是什么样的课，到底怎么做？

学校道德与法治教研组，通过"三个一"的尝试，开展了"行走的道法小课堂"的课堂研究。

二、编绘"道法地图",打破问题壁垒

(一) 融合"行走"资源,配套实施项目表

我们梳理了1～5年级道德与法治的课程内容,根据主题单元设置了相关主题项目,对接教学内容,设计系列项目,最后根据系列项目确定了相关的资源,完成了课程资源实施项目表。

以下是1～5年级各个主题下的相关课程内容的系列项目:

表2-6 道德与法治资源实施项目表

年 级	主 题	课程内容	系列项目	相关资源
五年级	走近名人故居	多姿多彩的民间艺术	魅力京剧	梅兰芳故居
		推翻帝制 民族觉醒	国父——孙中山	中山故居
		夺取抗日战争的胜利	西安事变与抗战	杨虎城寓所
		科学发展 造福人类	科学家在我们身边	竺可桢故居
		中国有了共产党	中国共产党诞生地	一大会址
一年级	神秘的老洋房	我们的校园建筑	我校的"特殊小楼"	学校洋楼
一年级	校园探秘	我是小学生啦	我的校园地图	校园
二年级		我们的班级	班级生活有规则	教室
三年级		让我们的学校更美好	我的小提案	校园
二年级	亲近时尚文化	我们在公共场所	泰迪争章之旅	泰迪博物馆
三年级		垃圾的去向	垃圾分类小调查	瑞金社区垃圾分类站
五年级		从中国制造到中国创造	我的小创造	田子坊
一年级	优雅的复兴公园	我和大自然	"花儿草儿真美丽"任务单	复兴公园
四年级	"坊"和"里"的探究	别具特色的民居	石库门的故事	人民坊
三年级	繁华的淮海路	学会购物	我的购物清单	罗森超市
四年级		生意兴隆商业街	淮海路的高雅	淮海路

在这张表中罗列了1～5年级可以利用社区资源进行"行走课堂"的全部内容,比如:一年级的"花儿草儿真美丽"可以到复兴公园进行;二年级的"我们在公共场

所"可以到泰迪博物馆;三年级的"垃圾的去向"可以到瑞金社区垃圾分类站;四年级的"别具特色的民居"可以到人民坊,五年级的"推翻帝制　民族觉醒"可以到中山故居,等等。每一个年级段我们基本设置了 2～3 个教学项目,每学期可以基本保证有一次社区课堂的机会。

(二)盘整"行走"资源,制作道德与法治地图

我们在道德与法治 1～5 年级资源实施项目表的基础上,制作了道德与法治课程资源地图。它是学校周边社区的课程资源指示图,其中包含名人故居、社区工作站、活动中心等,初步的整理使我们对自己社区拥有的知识财富有了整体认识。

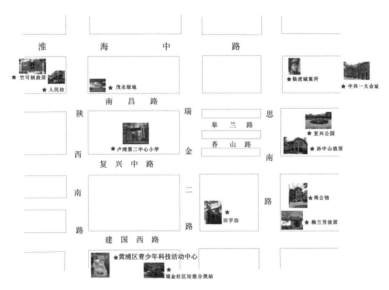

图 2-2　"道德与法治"课程资源地图

道德与法治课程资源地图主要以学校为中心,包括了四个方位的所有德育基地资源和社区服务资源,以不超过 1 千米为主要划分范围,主要考虑到"行走课堂"实际操作的可行性和简便性。根据"资源地图",我们可以一目了然地看到各个资源所在位置,从而估算项目实施时间,设计安排每个项目实施的具体行程。

(三)保障"行走"资源,提供长效协议

学校在编绘课程地图后,与资源所在单位签订了"课程资源开发项目合作协议书",制订了相应的课程教学计划、项目任务单,建立长期稳定的协作关系,为教学的拓展提供了长效的保障。

这类协议必须明确共建内容。资源方要为校方提供课程实施相关教育教学基地活动场所，为校方开展课程项目教育教学活动提供技术支持及人员辅导，为校方提供其他力所能及的服务。而校方则要在资源方提供基地活动场所进行有序教育教学活动，组织学生参加资源方的各项主题教育活动。这样才能达到互惠双赢的效果。

（四）展示"行走"课堂，道法小课堂内涵结合

有了地图、项目表、协议，我们开始尝试"行走"的课堂，让课程资源具有针对性、亲和力、思想性，达到资源内容与课程内容的内涵结合。

1. 一种以"活动"为主的"行走"课堂

要在实践中让"道法小课堂"真正走入各个大课堂，首先要确定课型。它是一种活动类课程教学，是一种围绕资源、紧扣教材内容的完整学习过程。整堂课既有活动项目的特性，又与课堂教学结合，提升了资源的深度学习的含量。由于活动量大，这类课程必须到场馆实施。其次是课程内容设计。其项目内容接近于单元设计，由于课程内容的需求，场馆内容和课程内容在融合过程中，会产生几个融合点，因此，一个系列项目就可能通过一堂或几堂课去实施。

以五年级《推翻帝制　民族觉醒》到中山故居上课为例。我们五年级教研组根据项目目标选择了中山故居的"辛亥革命展厅""中山实业计划展厅"作为主要课堂。以下是当时课堂的一个资源实施活动表：

表 2-7　《推翻帝制　民族觉醒》资源实施活动表

场馆课堂	内　容	方　式
中山先生生平展厅	了解中山先生革命理想	1. 故居讲解员身着中山装讲解 2. 学生交流"眼中的中山先生" 3. 教师引导"天下为公"的寓意
辛亥革命展厅	了解辛亥革命发生的历史背景及孙中山的主要革命经历	1. 学生自主探究辛亥革命的历史文物 2. 教师进行资源优化，解决教学重点难点
实业计划展厅	了解孙中山先生提出的《实业计划》的背景和具体内容	1. 教师演示孙中山《实业计划规划图》电子沙盘 2. 学生讨论探究
……	……	……

根据以上资源实施表，我们可以看出"道法小课堂"在进入大课堂过程中，它围绕教材内容，跟着活动项目和资源走，组成了临时单元项目。教师的教授注重引导和优化资源，而学生的学习方式则倾向讨论、交流、探究。

2. 一种以融合为重的"行走课堂"

项目资源的内容是极其丰富的，但是要在有限的时间内进行教学，就要深入了解学科内容和资源展示内容，聚焦两者关联点，才能使课堂有效实施。

（1）内容上的融合——适切

内容上的融合主要指的是场馆内容和教学内容的适切点。我们要实现教学与基地的适切统一，找到匹配课程资源，优化教学。比如要教学"辛亥革命"，我们就选择中山故居"辛亥革命馆"；要教学"中山先生的革命理想"，我们就选择"实业计划"展厅；要学习中山先生"除旧俗，创新风"，我们就找到了民国时期的"剪小辫""放大脚""倡导新学"的展品介绍。这样才能真正降低学生的学习难度，让学生了解了100多年前发生的变革。

（2）形式上的融合——生动

我们希望课程资源所在地的配合度既能反映在"人物造型"上，还能在"场馆布置"上，让学生达到身临其境的效果。用形象生动抓住学生的眼球，让孩子们充满学习的动力，又能让孩子们通过不断探究过去、现在和未来，让学生们眼中"有物"，心中"有想"。

（3）思想上的融合——浸润

要让课程资源说话，必须通过有效载体来体现资源的思想性。实业计划对于小学生来说其实是相当难以理解的，所以当时我们选用了故居中的实业计划铁路、港口规划演示图作为载体。从百年前中山先生前瞻性的设计，到习主席在纪念孙中山先生诞辰150周年大会上说的那段话："孙中山先生当年在《建国方略》一书中构想的中国建设的蓝图在百年前因种种条件难以实现……今天，孙中山先生致力于建设的独立、民主、富强的国家早已巍然屹立在世界东方。"通过媒体演示，学生们对中山先生的宏图伟业一目了然，感受到了中国共产党的伟大。

社会就是大学堂，我们把"道法"小课堂搬到大学堂，其目的就是让学生们能够在环境中学习，在探究中思考，在不断的体验中获得自己的思想，树立自己的价值观和世界观。

三、打造行走课堂,开拓"道法"新思路

"一张图、一个表、一份协议、一堂课",道德与法治课程实施不再只是学科的总和,而是学科、生活、社会的有机整合,教师、学生、家长的生活及其个人知识、直接经验都将成为课程开发的基础和依据。课程资源由课堂延伸到课外,由学校延伸到社区和所在的地区,学生所处的社会环境和自然环境都开始成为学习探究的对象,成为学习的"课堂"。

这种方式的优势有三点:第一,体现了区域实效性,由于把教学地点设置在学校周边资源所在地,来回上课基本只需两个课时,操作简便实用;第二,体现了资源使用最大化,每个资源本身建有多媒体资源、文物资源,学生能对照课本,第一时间在"纪实地"了解"历史"资料,生动而又真实,能使教学效果达到最大化;第三,具有合作共享性,教育基地的功能已经不再仅仅停留在参观展览上,他们想为合作单位做更多具有内涵发展意义的合作项目,让基地真正成为孩子们的课堂。

行走的"道法"小课堂让我们看到了体验的学习方式、探究式的师生分享,课程教学系统与社区资源系统有机融合。在活动式的"行走课堂"中学习,教师的课堂目标达成最优化,学生的学习效率提升得到了最大化。

(上海市黄浦区卢湾二中心小学　钟毅萍)

德育润泽,构建立体化美术课堂

美育是学校德育的重要组成部分,真正的美育就是立美育人,要达到这样的育人成效,就必须通过审美教育来触动学生心灵,激发创造欲望,促进完美人格的建构。因此,我们尚文中学将学校德育的工作目标融入美术课程之中,力求通过立体化课堂的构建来实现德育润泽课堂的多元化要求,让艺术为学生精彩的人生奠基。

一、美术学科学科德育的内容架构

2014年,我国教育部在《关于落实立德树人根本任务,深化基础教育课程改革的意见》中明确提出了培养学生的核心素养的要求,标志着立德树人目标的具体化、核心化,为深化课程改革指明了新的方向,提出了新的目标和要求。

从美术学科提炼出的五个核心素养"图像识读、美术表现、审美判断、创意实践、文化理解"来看,美术课程不仅要帮助学生学会学科的知识,还要关注学生的思想、道德、价值观的形成,健全人格,提高公民素养。

如何让美术学科承载育人功能? 那就必须关注美术本体价值功能和学校德育价值功能的关系,只有视为整体,才能在学校育人中发挥各自优势,相互促进。

我国教育部在《中小学德育工作指南(2017)》中提出:"认同中华文化,继承革命传统,弘扬民族精神,理解基本的社会规范和道德规范,树立规则意识、法治观念,培养公民意识,掌握促进身心健康发展的途径和方法,养成热爱劳动、自主自立、意志坚强的生活态度,形成尊重他人、乐于助人、善于合作、勇于创新等良好品质。"我校根据初中学段的德育目标,提出了"培育学生具有正确的价值观,并引领学生在社会多元价值并存的背景下学会思考、判断和选择,为学生终身发展奠定基础"的目标,其中,"诚实""简朴""合作""责任"即为尚文中学六至九年级各年段德育课程的渗透点。

我们以此为切入点,根据学科特点和教材内容,将德育渗透点细化为"自我""梦想""认同""自信"四个贯穿于各年段的学科德育核心词,并以四个单元的教学内容分层递进、整体衔接,构架起了美术学科学科德育的内容(表2-8)。

表2-8 美术学科学科德育的内容架构

年级	核心词	美术教材中的相关内容	主题确立	学科德育内容架构
六	自我	《感悟形状》《走近抽象大师》《人物脸形几何化》《有趣的影像》《裁剪时尚——未来的我》……	认识自我 发展自我	《与众不同的我》 《有创意的自我》 《长大后的自己》
七	梦想	《椅子设计》《平面图设计》《我的小天地》 《立体纸模型》……	改造生活 实现梦想	《居室平面设计》 《居室模型制作》 《居室空间绘制》

续表

年级	核心词	美术教材中的相关内容	主题确立	学科德育内容架构
八	认同	《人类的古文字》《中国的象形文字》《尝试国画、书法与印章的制作感觉》……	书画合一 文化认同	《走进汉字演变》 《品味水墨清韵》 《体验书画同源》
九	自信	《古老城市》《门的故事》《化石头和泥土为生命》《见证历史的柱子》……	走进历史 牢筑自信	《寻找历史痕迹》 《纹饰里的故事》 《泥塑续构创意》

注：尚文中学六、七年级使用的是上海书画版教材《美术》，八、九年级使用的是上海教育出版社教材《艺术》。

我们进一步提出了以"立美育人"为导向、构建立体化美术课堂的设想，其目的是为美术学科学科德育渗透点落实于教学行为提供实施的途径和方法，使教师有计划、有目的地去观察学生在思想道德、情感与审美、人格与心理、个性与创造力等方面的发展状况，并根据成效做出相应的调整，提炼经验，以点带面，让有效做法得到更大范围的扩展与延伸。

二、美术学科学科德育的立体化实施

所谓学科德育，就是要借助于科学的方法把德育内容和具体学科知识糅合在一起，通过创设和利用科学知识所具有的德育情景，潜移默化地培养学生的高尚情操，因为真正的教育是存在于人与人心灵距离最短的时刻，存在于无言的感动之中，这才是构建立体化美术课堂的关键所在。

（一）多角度体验促课堂创意发展

围绕六年级的关键词"自我"，设计了"认识自我，发展自我"的主题单元。

实施要点：唤起学生内在情感——自信，通过"知、情、意、行"立体化的体验创作，感受自我价值的非凡，树立真、善、美的价值观念。

如，在《有创意的自画像》一课中，通过观察（镜子、照片），引导学生发现自己脸部特征，并在对脸的"写实→几何化"创作中，感受自我长相的与众不同之处，再以毕加索的作品引领创意的发展，让学生的眼光更独特，构思角度更非凡，让德育回归生活，情感得到提炼与深化，而这份情感体验就是带着一种对自我的肯定，对为人处事的态度，对人生价值的领悟，对今后发展的期盼，让学生在展现自我风采的同时更能快乐成长。

可见，多角度的学习体验，就是为了让学生在创意课堂中再现生活场景，触发生命体验，促进身心健康和良好品德的形成。

（二）多层次结构促课堂螺旋发展

围绕七年级的核心词"梦想"，设计了"改造生活，实现梦想"的主题单元。

实施要点：以平面设计探索布局划分、家具摆放、色彩搭配等要点，以模型制作，了解尺寸、比例的计算步骤，掌握立体展开图的绘制要点，以平行透视规律表现立体空间，形成创新意识，热爱生活，提升审美品位。

如在《居室空间绘制》一课中，通过"视觉感受·发现规律""观察比较·建立空间""自主发现·绘制家具""实践创造·表现画面""展示评价·迁移思维"等多层次的环节设计，以"空间模型""家具模型"为探究媒介，对已有的"居室平面图"进行立体空间的创新，体现育人特色，即"运用模型资源所蕴含的思考过程构成了整堂课的学习经历"，让课堂学习逼近真实的生活感受，让每位学生真切感受到自己是一个有头脑、有思想、有创造力、有作为的人。

可见，多层次的结构设计，就是为了让学生在面临问题的过程中，形成思考、验证与解决问题的能力。因此，以发展眼光看待学生的发展是立体化课堂构建的关键。

（三）多领域资源促课堂灵动发展

围绕八年级的核心词"认同"，设计了"书画合一，文化认同"的主题单元。

实施要点：分析书画作品，学会欣赏，并通过临摹、创作、赋诗等体验活动，感悟作品中的思想感情和表现力，并对其内容与形式进行主题探究。

中国画具有很明显的三个特点：一是人文性，二是诗性，三是笔墨性。融诗、书、画、印为一体的中国画代表了一个国家、一个民族的文化修养和内涵。因此，在本单元的学习中除了教材资源之外，还特别邀请了专业书画教师对国画、书法、篆刻作讲课与指导，让学生在赏析作品、解读内涵、自编诗句、合作体验的过程中，获得不仅仅是对绘画技能、创新思维、文学素养、审美视野等的拓展，更重要的是塑造学生健全、完善的人格。

可见，多领域的资源渗透，就是为了让学生更乐于认同并接受传统文化的熏陶，继而扎根于心灵深处，这也是对立体化课堂不断更新、充实与创新的过程。

（四）跨时空探究促课堂生成发展

围绕九年级的核心词"自信"，设计了"走进历史，牢筑自信"的主题单元。

实施要点:利用中国国家博物馆藏品,对不同文物的背景、内容、形式进行探索与解析,形成搜集、查找、比较、提炼、归纳等探究方法,发现历史文化赋予作品的深层意蕴与文化诉求,并贯通作品与其背后所承载的思想情感内涵的联系,树立起传承历史文化的责任意识、牢固自信,产生创新想法。

如在《寻找历史痕迹》一课中,以"人们在上古时期便将一种大型斧子称作为钺"为切入点,引发学生思考为什么玉钺被视为军事统帅权象征。通过视频中钺的由来、王字的演变,再观虢季子白青铜盘上的铭文"赐用钺,用征蛮方"佐证直至战国钺始终用以象征军事统帅权的事实。此外,还提出以崧泽文化早期、良渚文化时期的玉钺器型演变、工艺发展等来进行小课题探究,引导学生探索这些直观图像后的历史故事。

可见,跨时空的学习探究,就是为了帮助学生体验到寄于苍茫天地之间的历史真迹、民族精神,以"大爱之心"与"大美之艺"来孕育"大德之境"。

三、学校"立美育人"的实施成效

通过对立体化美术课堂的构建,优化了教学观、课程观和教学方式,使教师发挥自身专业能力和教育智慧,成为分支项目中的策划者、合作者和引导者,不仅让专业知识与学科技能落于教学实处,而且还关注学生在观摩、模拟、探究、创造中的情感体验、态度养成和审美价值观的确立,也促进了教师的自身专业化成长,形成与学生共同发展的良好局面。

如在六年级"认识自我,发展自我"的单元中,有位学生描绘了一个怒气冲天的自己,当时我就挺诧异的,这似乎与自信联系不起来? 听了她的介绍后才知道,原来这份表情是来源于她对不文明现象而表露出的憎恶之情,来展示她对自己做人的自信,她这个与众不同的想法,赢得了大家一致喝彩。

还如在七年级"改造生活,实现梦想"的单元中,由于我校有较大部分学生是外来务工者子女,家中居室小、光线暗、杂物多,没有属于自己的学习空间。如何能改变现状,创造出一个属于自己的空间? 在面对一个个现实问题时,学生们主动探索,最终学会了像设计师那般,制作平面图纸来研究居室功能与布局之间的关系,以家具制作来了解实景尺度与模型尺度的比例关系,以平行透视法创意表现立体空间等的方法,最终实现了梦想改造"家"的愿望。

又如在八年级"书画合一,文化认同"的单元中,学生参观了上海博物馆书法馆之后,留下了这样的感言:"我被那一幅幅大气恢宏的作品所感染,俗话说字如其人,各位书画大家的性情可见一斑,这激励我要好好练习书法,提升自己的修养。"还有:"零距离欣赏书画珍品,仿佛在透过历史的孔洞,感受那些跳动着画家与书者灵魂脉动的墨与线从一片混沌中逐渐清晰起来,慢慢地显现成一幅栩栩如生的大千世界。我渴望自己也能像画家那般用笔墨挥洒自己的内心世界。"

再如在九年级"走进历史,牢筑自信"的单元中,学生除了获得美术本体价值功能"审美"与"创新"之外,还获得了思维方法和探究技能以及批判性思维、跨学科解决问题的能力、增强社会参与与责任担当意识。如在《纹饰里的故事》一课中,学生利用所学到的学科知识和技能,为图书馆设计青铜器书签,为长辈制作木头杯垫,设计物品参加爱心义卖,为学校文件袋设计图案。可见,德育润泽,立体化美术课堂的构建能有效地助推灵魂滋养,能不断唤醒学生沉睡的创造活力,驱使学生不断地去寻找灵魂深处的故乡,建设起一个强大的内心世界。

从学科德育核心词的提炼到单元主题,从内容的设计到立体课堂的构建,最大体会是:只有更好地遵循艺术的审美规律,将学生的感知、自觉、体验、情感等审美心理活动方式广泛运用于教育实践,才能使学生在此基础上获得对真、善、美的情感体验和理性认知,最终能在世界观、人生观、道德观、审美观上形成价值取向并内化为稳定健全的人格,影响自己的社会实践行为,这也是美术学科"立美育人"任务的优势和核心所在。

(上海市尚文中学　庄　琪)

挖掘学科德育功能,提升学科核心素养

在社会主义核心价值观的引领下,化学学科基本内涵、功能价值、核心素养等问题的研究正受到越来越多化学教育工作者的关注和探讨。化学是一门重要的基础学科,不仅与其他学科有着密切联系,在社会生活和实践中也有着广泛的应用,其学科特点本身就决定了教学内容中蕴含着丰富的社会主义核心价值观教育内容,不仅具有巨大的科学人文价值,还具有极大的道德价值,能够引起学生的思想品质、观念和道德价值的深刻变革。

一、高中化学学科中蕴含的核心价值

学科的核心价值是良好政治素质、道德品质和科学思想方法的综合,是在各学科中起着价值引领作用的思想观念体系,是在面对现实问题情境时应当表现出的正确的情感态度和价值观的综合。

高中化学学科的核心价值应当包括科学价值、教育价值和社会价值。

(一) 科学价值:学习科学知识,形成辩证唯物主义世界观

化学学科揭示物质的组成、结构、性质和变化规律,其特征是从微观层次认识物质,以符号形式表征物质,在不同层面创造物质。在初步建立对客观世界的科学认识的基础上,化学能够增进人们对物质世界的辩证、客观、科学的认识,能够帮助人们深刻地认识事物的本质,正确地揭示和反映出事物运动变化的客观规律,同时帮助人们用辩证的观点看待身边的化学。

(二) 教育价值:培养科学、人文素养

高中化学主要从知识与技能、方法与能力、态度与观念三个方面提高学生的科学素养和人文素养,为学生的终身发展提供重要基础,具体包括获得化学核心知识、掌握化学思想方法、进行化学实验探究、加强化学价值观念、感悟科学精神、关注科学伦理、增强哲学感悟、提高品德修养、培养审美情趣等。

(三) 社会价值:来源于生活生产,同时服务于生活生产

化学是材料科学、生命科学、环境科学和能源科学等的重要基础,它在解决人类所面临的自然和社会问题方面起着关键作用。化学与烹饪、饮食、美化等日常生活用品密切相关。拥有相关的化学常识,可以科学合理地解释生活中的某些现象并进一步做出理性恰当的改进,让人们更好、更健康地生活,同样,化学也可以解决化工生产中的相关问题以满足人类各方面的社会生活需求。

二、社会主义核心价值观与化学学科的内在联系

要探究社会主义核心价值观与化学学科的内在联系,就应当从价值观高度出

发，从学科核心价值的角度分析社会主义核心价值观在化学教学中的育德作用。

（一）科学价值推动社会主义"文明"

化学学科的科学价值是学科本位出发的狭义上的学科核心价值，是作为一门自然科学所具备的最基本的学科价值。化学学科通过探究组成物质的微粒的特性和变化规律，使人们认识到世间万物，在历史形成过程中不断推动着社会发展，具有推动人类文明和社会进步的深刻意义。"文明"是社会进步的重要标志，因此，社会主义核心价值观要求的"文明"，在高中化学中就是要正确认识化学的科学价值。

（二）教育价值践行"公民价值"

化学学科的教育价值是从理论研究层面出发的学科核心价值，需要教育工作者不断探索影响其形成和改变的个体社会化过程及干预途径，也是化学学科核心价值的根本。"爱国、敬业、诚信、友善"是公民的基本道德规范，构建化学学科的教育价值正是践行公民价值层面社会主义核心价值观的最好途径。

能够科学地认识世界，不断提升科学认识事物、研究事物的能力，并逐步树立崇尚科学的观念，本身就是每一位好学者、善学者"敬业"的表现。在化学实验验证和探索研究的过程中培养求真、求实、协作、创新的科学态度和精神，也是对学生最基本的"诚信"和"友善"的道德要求。此外，在化学发展史、化学家事迹以及人类在化学科学技术上的伟大成就中能够感悟民族、国家的强大，逐步培育"爱国"主义情怀。

（三）社会价值促进"和谐"发展

化学学科的社会价值是应用层面出发的更广义的学科核心价值。物质的组成结构性质变化与用途之间存在一定的规律，深入地掌握这些规律可以使人类能够利用自然资源大规模地生产人类生产生活中所需的各种物质，利用这些规律可以大力开发和合成大量自然界并不存在的新物质新材料，造福人类。感受并赞赏化学对改善个人生活和促进社会发展的积极作用，进一步倡导化学学科的社会价值，能够实现化学让生活更美好，最终实现自然与社会的"和谐"发展。

三、挖掘化学学科教学中的育德内容

课堂是构建社会主义核心价值观的主阵地和主渠道。因此，在高中化学教学中开展学科德育，首先要在化学教材中挖掘相关的教学内容和资源，设定价值观教学目标，在课堂教学中构建化学学科的核心价值，发展化学学科的核心素养，从而实现社会主义核心价值观的育人目的。

表 2-9 基于学科核心价值的教学内容梳理(上海高中化学基础型课程)

学科核心价值	教学内容及资源(举例)	基于价值观目标的课堂教学建议
科学价值	1.1 原子结构探究史 2.3 氧化还原反应概念发展 4.2 电池的发明 6.3 合成氨工业的改进 9.1 元素周期律的发现 11.4 苯的结构的发展	此类教学资源属化学发展史。科学发展过程是曲折的,任何一个学说都是在原有的基础上发展、变化、演进而建立的,这正是化学科学推动人类社会文明进步的必然趋势,也是化学发展史诠释社会主义核心价值观"文明"一词的最佳写照。在实际课堂教学中可以情境引入或课题升华的形式呈现
教育价值	2.1 中国现代化工之母氯碱工业(吴蕴初) 5.1 黑火药的发明 11.1 我国海底富含可燃冰	此类教学资源属我国科学家的贡献事迹或我国物产资源的介绍,能够有效激发学生的民族自豪感和强烈的爱国热情
	2.2 自来水生产过程调查、自制褪色灵 4.2 番茄电池 5.4 交通路口氮氧化物含量的测定 12.1 推测乙醇的分子结构 13.2 混合物检验的实验设计	此类教学资源属教材中"探究与实践"部分,需要学生课下经过深入研究探讨后加以迁移应用,这本身就是社会主义核心价值观对学生学习知识的"敬业"要求。此外,在探究活动中团队协作、合作学习的过程也是学生间"诚信""友善"的基本要求。建议根据教学目的有选择性、有针对性地开展课上或课下的探究活动
社会价值	1.2 同位素的应用 2.2 水的消毒 5.4 化学肥料 6.2 广泛存在的化学平衡 12.1 酒对人体的作用 12.3 用途广泛的甲醛	此类教学资源属教材中文字或图片的补充信息,主要涉及化学知识应用于日常生活和化工生产的方方面面,包括生活中化学现象的解释和说明,化工生产工艺过程的简单介绍。这些内容都是化学改善个人生活、促进社会"和谐"发展的实例。在实际教学中,可作为阅读信息、情境引入或应用说明的形式呈现
	2.1 海水化学资源的利用 5.4 自然界中氮的循环、硫的平衡、绿色化学 12.1 乙醇汽油的推广和使用	此类教学资源也属教材中文字或图片的补充信息,主要探讨自然资源合理利用开发的问题,是化学科学进一步诠释"和谐"一词的真正含义,即自然和社会的可持续发展

四、多维度融合落实学科德育

(一)课堂教学中凸显化学学科核心价值

学科德育是教师在进行学科教学的同时,将学科蕴含的德育内容和资源,通过有效的手段和方法挖掘出来,自然地体现在教学各个环节中,并促使学生感悟,从而实现其育人功能。

例如,高三化学第一轮复习《氮及其化合物 1》中,以自然界中氮循环图为主线,通过固氮过程的回顾复习氮气的结构、性质及用途,进而以固氮产物参与氮循环的转化为依据进一步深入探究氮及其化合物相互转化的原理,引导学生在元素化学的学习过程中自主运用物质结构、氧化还原等化学理论逐步建构元素化学的学习模型。此外,本节课尝试性地进行学科融合,引导学生从化学视角出发,分析并解决氮及其化合物在自然界、生产生活中的相关问题,培养化学知识综合广泛应用的能力和意识,培育学生的化学核心素养。

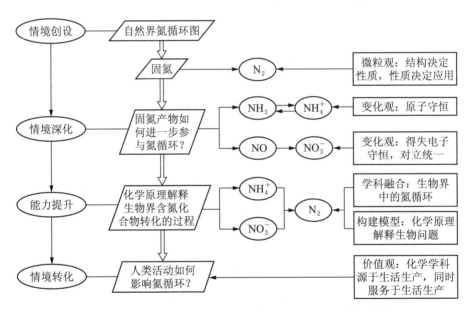

图 2-3 《自然界中的氮循环——氮及其化合物复习 1》教学流程

(二)拓展活动中营造积极开放的学科德育氛围

社会主义核心价值观要真正走进校园、走进师生心中,关键在于实践活动的浸润,在于课堂教学、校园文化、社会实践三位一体的教育体系和德育氛围。这就需要教师、学生、学校、社会等多方面共同努力,在课堂教学之余,开展"第二课堂"活动,发挥拓展活动的外化作用,一方面开发拓展实验的校本教材、开设兴趣实验的拓展选修课,另一方面从社会生活实际出发指导学生课题研究,引导学生在各类实践活动中自觉形成价值认同和行为取向。

表2-10　"徐寿工作坊"拓展课程设计(本课程已完成初步设计,具体内容进一步完善中)

课　程　主　题		实验/实践内容
第一单元:氧气	第一节:徐寿与中国化学史	玻璃工制作
	第二节:马和与氧气	固体酒精的制作
	第三节:宋应星与自燃	自制火柴
第二单元:金属	第四节:陶弘景与焰色反应	焰色试纸的制作
	第五节:刘安与铜的冶炼	湿法/干法炼铜
	第六节:轩辕与铜镜	自制银镜
	第七节:魏伯阳与汞齐	自动长毛的鸭子
第三单元:四大发明	第八节:孙思邈与黑火药	鞭炮的制作
	第九节:蔡伦与造纸术	自制再生纸
	第十节:黄柏与印染术	纺织品印字
	第十一节:景德镇与陶瓷	校外社会考察(上海博物馆)
第四单元:有机化工	第十二节:沈括与石油	蜡烛的制作
	第十三节:葛洪与化学反应的可逆性	自制肥皂
	第十四节:侯德榜与联合制碱法	课题研究(工业制碱设计)

（三）教学相长中探索多元化发展的学科互动

在教育科研层面,我们立足化学学科本位,多角度深入地研究了化学学科教学中不同类型课程开展学科育德的多元化渠道,进而形成了一系列的课题孵化,如"高中化学教学中融入社会主义核心价值观的实践研究""核心素养视域下高中化学德育渗透的实践研究"等。对教师而言,不仅能够促进相互的合作交流,实现教师个体从专业型向研究型发展;对学生而言,有利于形成正向迁移,培养全方位、多角度、发散式地分析和解决问题的能力,同时生成系统化的知识体系,培养学生的化学学科核心素养,也是社会主义核心价值观教育对学生全面发展的更高要求。

作为化学学科教师,我们希望能够吸引更多人一同来感知和探索化学的魅力。作为非班主任岗位的理科教师,我们尝试了尽可能多样的学科德育途径,同时也深切感受到理科育德,尤其是社会主义核心价值观的培育和践行,在看似单一的理性氛围中,同样能够润物细无声地感染着追求真善美的每个人,春风化雨般地渗透在崇尚高尚理想信念的每个领域。我们相信为人师表者都可以且应当成为德育的参与者和育德的践行者。

（上海市格致中学　徐　云）

共享校史资源，传承红色基因

教育的根本任务是立德树人。随着《中小学德育工作指南》的发布，德育的重要地位更突出，德育课程的建设和创新实施也显得尤为重要。在《黄浦区学校德育特色课程体系建设三年行动计划》的引领下，结合学校德育工作和学生身心发展的实际，我们黄浦区报童小学积极参与首批黄浦区德育特色课程共享应用"政治认同"板块的实践和探索。

一、报童学校是首歌

上海市黄浦区报童小学是一所具有光荣革命传统的学校，1938 年由著名爱国教育家陈鹤琴先生创办。

1937 年 8 月 13 日，侵华日军进攻上海，不到三个月，淞沪沦陷，成千上万的难民涌入当时的租界。很多家境贫困的孩子，有的成了卖花姑娘、擦鞋少年，有的则成了走街串巷的报童。1938 年春，时任工部局局长的陈鹤琴先生在中国共产党抗日民族统一战线的感召下，先后在上海创办了十所报童学校，倡导"一切为儿童"，重视和积极推进苦难报童的义务教育。在校任教的教师中，有多名地下党员和进步人士。报童们白天卖报，晚上到校学习文化知识，接受救国启蒙教育。进步报纸成了报童们活的教科书，报童学校也成了传播先进文化、宣传爱国教育、发展进步力量的摇篮。

在长达 80 多年的办学历史中，学校继承并发扬陈鹤琴先生的"活教育"理论，以"爱国、爱人、爱学问"为校训，以"做人、做中国人、做现代中国人"为办学目标，造就了一批又一批社会各类人才。

二、我为报童唱首歌

自 2012 年被命名为黄浦区爱国主义教育基地后,学校坚持弘扬报童精神,营造具有红色基因为鲜明特点的校园文化,传承革命传统,浸润学生心灵,滋养学生成长,培育新一代社会主义接班人。

学校努力寻找、探索着如何把报童的校史资源作为课程的载体,让学生通过学习了解历史,激发报童人的责任感、使命感,树立共产主义远大理想和中国特色社会主义共同理想,立志肩负起民族复兴的时代重任。为此,学校开设以文本学习和实践体验相结合的德育课程——"我为报童唱首歌"。

表 2-11 "我为报童唱首歌"校本课程基本框架

年段	主　题	课　题	主要内容	课时
一年级	报童学校的创始人——陈鹤琴	愿化我心为童心	了解陈鹤琴爷爷的生平,陈鹤琴献身祖国教育事业的志向及他立志献身教育的原因;为陈爷爷"愿化我心为童心"的崇高理想而深深感动	1
		一切为儿童	了解报童学校的来历,知道陈鹤琴爷爷要培养报童学生成为有"爱人爱己"观念、"团结合作"思想、"集体主义"精神的人	1
		"三把金钥匙"	学习以礼待人,懂得"谢谢""对不起""请"是受人欢迎的三把金钥匙	1
二年级	抗日战争时期的小报童	"小毛头"和卖报歌	了解《卖报歌》的由来。学会正确演唱《卖报歌》,体会歌中所表达的深刻含义	1
		义卖救难	了解报童学校开展"义卖救难",为抗日救国贡献力量的故事	1
		新四军中小报童	知道肖舟爷爷和报童们在报童学校的学习生活以及他们参加新四军后的战斗历程	1
三年级	解放战争时期的小报童	第一次打击行动	学习了解报童近卫军发传单的故事	1
		一张市中心敌情图	了解近卫军的爱国行为,知道这张市中心敌情图对解放上海起到的作用	1
		迎接黎明前的曙光	进一步了解解放战争时期的小报童的革命史	1

续表

年段	主　题	课　题	主要内容	课时
四年级	新中国的小报童	风雨无悔写人生	学习小报童吴照的故事,以吴照为榜样,努力学习,长大做一个对社会有贡献的人,书写精彩的人生	1
		舍己救人应志祥	学习小报童应志祥舍己救人的可贵精神,发扬新一代小报童"爱国爱人爱学问"的优良传统	1
		德艺双馨王汝刚	通过讲述王汝刚小时候参加儿童故事大赛和学校广播的故事,了解王汝刚叔叔的童年生活,懂得任何成绩的取得都是来源于平时刻苦和努力	1
五年级	改革开放后的小报童	"申博大使"蔡莹凌	了解申博大使蔡莹凌申博之路以及在申博过程中付出的努力	1
		爱心接力	激励学生发现身边处处都有爱,树立良好的社会道德观念,传承乐善美德,帮助困境同伴,享受助人乐趣,懂得孝敬父母,尊敬长辈,学会关爱他人	1
		南京路上小报童	了解每月 20 号小报童南京路为民服务的项目以及开展至今的时间。学习小报童为民服务的行为,积极参与社会实践活动	1

在学习校史课程的同时,带领学生走出校门,沿着当年小报童曾经走过的卖报路寻访历史,找寻革命足迹。在陈鹤琴先生倡导的在"大社会,大自然都是活教材"的活教育课程论中,造就"活"儿童。

三、我们同唱一首歌

作为首批区级德育特色课程,"我为报童唱首歌"也成为四川南路小学、梅溪小学、淮海中路小学三所兄弟学校的共享课程。作为提供方,学校在共享过程中,尝试通过助力衔接、拓展途径,来满足共享需求、形成区域辐射。

(一)助力衔接,满足共享需求

三所共享学校都对报童提供的课程资源做了深入的学习、研究,并尝试把共享课程内容补充到学校原有的德育活动中,助力学生发展。作为提供方,我们尽可能多维度、多角度地提供资源,满足共享需求。

学校通过提供"我为报童唱首歌"的校史文本资料,让共享学校通过回顾报童学校的创建和发展,感受作为小主人的报童们,在艰难岁月中的团结战斗精神,在新时代中开拓奋进的勇敢和智慧,寻找幸福的来源。提供学习资料的同时,我们组织本校授课老师撰写相关课例、制作课件,并积极开展线上、线下的教学研讨活动,以便指导共享学校老师开展课程的教学。

作为课程开展的实践场馆,四川南路小学将报童校史馆纳入学校爱国主义基地寻访中三年级学生的实践点,开展"红领巾心向党"的主题实践活动。我们在参观过程中选取了几位老报童以亲身经历叙述儿时苦难生活的视频资料,让少先队员通过了解报童历史,珍惜今天的幸福生活,为红领巾增光添彩。梅溪小学则把报童校史馆纳入学校"校史寻源"活动的实践点之一。我们在校史讲解时通过侧重介绍与校史相关的人、物、事的追根溯源,激发学生的家国情怀,明确自身的历史使命。淮海中路小学将学习报童精神与学校培养和评比"五小好少年"的活动结合在一起。我们重点帮助学生了解在迎接上海解放的日子里,小报童们如何冒着生命危险为上海的解放所做的贡献。让他们和小报童比童年,引导队员了解属于当代少先队员的"自强"的不同诠释。学生们踏着幸福的足迹回顾历史、立足当下、展望未来,一样的实践场馆,不一样的活动主题,通过不一样的资源提供,达到不同的育人目的。

(二)拓展途径,形成区域辐射

学校积极共享德育特色课程的同时,还成为黄浦区中小学生社会实践认证点、"校史寻源"未成年人红色人文行走课堂、"强信念 铸师魂"红色移动课堂、幸福小使者区级评选定向赛红色人文行走点。2019 年 12 月,学校成为上海市市民人文行走实践点。其中年龄最小的是来自星光幼儿园的小朋友们,年龄最大的则是老干部局 90 多岁高龄的老人。来得最多的还是本区的中小学生,据不完全统计,一年中报童校史馆接待了 25 所学校的近 1000 名学生前来实践体验,总人次则超过2000 人次。

从学生到老师,从学校到社区,从本区到全市,学校校史资源的共享途径不断拓展,已形成一定的区域辐射效应。

四、助力歌声更嘹亮

学校开发课程后,在多年的校本化实施后,根据时代的变迁,拓展部分内容,升级了"我为报童唱首歌"2.0版本。此次共享过程中,我们还尝试根据所属板块,以成长典范、抚物追忆、往事寻源三个不同单元梳理原有的课程文本资料,逐步把原本针对本校的校史课程内容更好地促进共享学校学生的发展。

作为共享课程的实践场馆,报童校史馆是红色基因的传承地,拥有得天独厚的红色资源。为了能够更好地提供场馆服务,学校对校史馆进行了重新设计、布局、改建。以红色为主基调,将校史资料按时间顺序,整合成"兴教强国　赤子丹心""红色经典　光辉历程""复校启新　重铸辉煌"以及借助多媒体技术展示的"报国之志　童时当立"四大板块。呈现在墙上的文字和图片是报童历史的凝固,是报童历史的缩影,橱窗里还陈列着当年小报童们使用的卖报袋,报童批报用的会员证、抗战时期报童参加抗日活动的回忆录、新四军政治部颁发的抗战胜利宣传品以及当年小报童参军的功劳证,等等。整个校史馆资料呈现实现动态与静态交融,历史与当代并进。同时,从不同年级培养校史讲解员,以老带新,形成梯队,以便服务更多的来访者。在接待共享学校的过程中,我们的服务得到了来访者的一致好评。

我们还引领来校学生走进"社会大课堂",择取鲜活的社会教育资源,设计内容丰富的学习单,以校史馆为起点"重走卖报路"。第一面红旗升起的绮云阁、五卅运动纪念碑、国歌唱响地黄浦剧场、陈毅广场都作为我们实践活动的行走点。在整个共享过程中,通过不断优化资源也促进了学校的课程建设。

初试德育课程的共享,实现合作多赢的同时,我们还在积极探索:如针对共享学校的文本资料的再次开发,学习册的研发,优秀课例的进一步征集以及增加新的实践体验点,丰富行走路线。期待让"报国之志　童时当立"的精神根植于每一位学生,明确自己肩负的使命:今天为振兴中华而勤奋学习,明天为创造祖国辉煌的未来贡献自己的力量。

（上海市黄浦区报童小学　王　燕）

从"1"到"N",我们走在课程共享的路上

"我爱我家"作为上海师范大学附属卢湾实验小学的德育特色课程,2019年经教育局批准,教育学院德研室专家组审核通过,被认定为黄浦区首批德育特色课程,在区域进行共享与推广。

"我爱我家"是学校课程整体架构下的一个子课程,在构建过程中结合各年级学生的特点及成长需求,整合多元资源,形成了1~5年级"丽园小学生,家庭小当家,黄浦小导游,上海小使者,祖国小公民"系列德育课程框架及内容。课程在实施与推进中与社会资源整合,与家庭教育融合,与学生成长衔接,通过丽园小课堂、中队主题会、社会实践活动等开展实践与研究。作为一个较为成熟的课程,我们积累了线上线下、多元化的课程资源,包括优秀课例、教育案例和实践经验。

一、课程推介,引发思考

课程在实施与推进过程中我们发现,一个课程的受众群体仅仅局限于我们"卢实小"一所学校的教师、学生和家长还不能体现课程资源的共享理念。如何将课程的优质资源和实践路径从独享走向共享,从单一走向多元,从一个走向 N 个课程呢?区共享课程平台让我们有了这样的机会。而教师又是推动和保障课程开发实施、共享共建的重要资源之一,对课程的管理、运用与推广起着导向、指导的作用。因此,共享课程在实施与推进过程中,我们将视角重点聚焦在教师队伍的建设,注重提炼实施路径,探索交互式教师培训模式。

表 2-12 课程内容

年级	内　　容	项　　　　目
一	我是丽园小学生	1. 认识丽园一景 2. 学习丽园礼仪
二	我是家庭小当家	1. 尊老爱幼懂感恩 2. 家务劳动帮忙做 3. 学习生活会自理

续表

年级	内　容	项　目
三	我是黄浦小导游	文化之旅： 1. 讲述路名的故事 2. 寻访历史名人
		红色之旅： 1. 走进一大会址、周公馆、孙中山故居 2. 韬奋纪念馆、三山会馆、四行仓库
四	我是上海小使者	1. 上海小囡说上海话 2. 品尝上海美食 3. 寻访上海老字号
五	我是祖国小公民	1. 中国传统节日：春节、元宵、端午、重阳、中秋、国庆节等 2. 56 个民族（民族介绍）、地域位置、服饰等

二、把握时机，开放共享

（一）1～2 所学校的共享与再构

作为课程提供方，"卢实小"旨在让课程能走出学校，为更多学校、更多师生所用。"徽三"小学作为课程应用方，学校老师们听课，分享后的课程资源，结合观课后的认知和体会，以教师"工作坊"的形式开展了一系列校本培训、课程研讨。他们汲取共享课程中的核心思想、课程资源、课例设计、实施路径等，整合学校自身已有的课程架构、学情特点、区域资源等，对"我爱我家"德育课程进行了调整与再构，通过仪式教育、少先队活动等形式，开展课堂教学、主题实践活动，探索课程再构后在应用学校的可行性以及后期的推广价值。

应用学校的老师通过对课程的再次解读，不仅优化了课程的内涵，为课程共建共享带来新的启示；同时提升了教师对课程的研究、指导与实践能力。共享课程通过开放引进、交流分享、优化再构等实施路径，不断传递着课程相关信息，积累运作经验，提供更为丰富的共享共建资源。校际之间教师们在交流与互动中，也碰撞出更多的智慧创意、实践思考，为课程后续可持续发展寻求新的生长点。

以下是共享学校教师的感想：

10 月 15 日，我有幸来到上师大卢湾实验小学，参加校际德育共享课程展示活动,观摩了一节主题班会课:来自五(5)班的"我是祖国小公民——寻找未来的我"。课中,体现了学生的自主性、体验性和实践性。课程的教育内容丰富、形式多样,贴近学生的生活。同时,教师善于调动学生积极性,引导得当、指导到位,并充分整合家长资源,是一名智慧型的教师。观课后我将带着课程资源回到学校,结合我的学生和家长,尝试再构课程,探索新的课程资源,指导学生开展课程体验。(徽三小学夏老师)

　　10月15日,我走进"卢实小"三(5)中队观摩了一节少先队队课。本次队课主题是"我是黄浦小导游"。结合德育课程内容,设计了以小导游的形式介绍黄浦路名、黄浦红色基地、黄浦时尚景观等,队员们进一步了解黄浦、走进黄浦、爱上黄浦。课中我看到了队员们的热情洋溢、朝气蓬勃以及前期认真充分的准备。队课不仅需要队员们现场的精心展示,更加需要少先队辅导员前期的指导,只有通过这样投入策划、编排、实践的过程,才能培养学生自主能力,逐渐成长为一名优秀的少先队员。(徽三小学　刘老师)

　　(二) 两所学校的学习与研讨

　　学校的德育课程在实施与推进中,整合资源,创设平台,以德育微课、少先队活动课、社会实践活动、假日小队等形式积极开展着。10月,"卢实小"借助学校家长开放日活动契机,以"我爱我家"德育课程为主题,以少先队活动课展示的形式向三、五年级的家长们开放。我们把握了课程开放共享的有利时机,邀请到课程的应用方——徽三小学的教师一起走进校园,首先参观了各年级的课程展示区,让他们对课程建立初步的概念。其次,带着他们走进教室,融入开放的课堂,和家长们一起观摩听课,帮助教师对共享课程的背景、内容、结构等形成一个清晰的框架;课后我们再和"徽三"教师们一一分享了我校教师撰写的优秀课例、学生任务单、教学视频等;通过交流分享、观摩学习,显性化地提炼出课程的核心内容,为教师开展课程实践提供了依据和指导。

三、区域推广,跨界共享

　　1-N 所学校的共享:黄浦区已经形成集团化、协作块办学模式,倡导"开放共享、区域共建、促优质均衡发展"的理念,整体提升区域办学品质。我们的课程秉承集团化办学理念,积极推进课程在区域的推广,让更多的黄浦学生体验多元化的课程,共享丰富的课程资源。带着新的思考和规划,我们又大胆向前迈出了一步,联合"卢实小协作块"及周边几所学校,尝试 N 个课程的整合,探讨区域共享。以"徽三"小学"与小伙伴一起赏茶品香"区级共享课程为载体,结合中山学校的"文明礼仪、伴我成长"课程、"卢实小"的"我爱我家"子课程系列、七色花小学"外国学生泡中国茶"、重庆北路小学"书写茶香"、巨一小学"茶艺社团"等,尝试多课合一,探讨课程共享的可行性。

为此,六所学校的分管领导和课程负责人以茶会友开展联合教研,大家根据各校现有的实际情况,结合本校对课程的应用需求、师资配置、课程指导能力、可开展活动的场地等,梳理共享资源,共同商议课程的实施计划、内容和步骤。作为茶艺课程的共享方,"徽三"小学率先和大家分享了教师手册、学生手册和任务单,各校根据已有的资源,探索多项课程跨界共享。为此,我们建立了共享课程微信群,使交流变得更便捷、信息传递更快速、共享区域更宽广。

四、依托新媒体,建立云共享

在新媒体时代,信息技术发展迅猛的今天,我们发现线下的课程已经无法完全满足家长、学生个性化的需求,且受到时间、场地、形式等因素限制,校际、区域之间的共享也存在一定的局限性。2020 年春,正遇疫情来袭,学生在延长版的假期里只能选择居家生活,云课堂就在这样的背景条件下应运而生。线上小课堂的构建,在德育共享课程的基础上进行了再构,从课程内容设计、活动项目安排、课程体验评价等进行了转化,更贴近学生实际生活和成长需求。

表 2-13　"我爱我家"——丽园小课堂云系列

主　题	内　容
防御小妙招	1. 防疫小常识 2. 老师教你 DIY
居家规划师	1. 晒晒我们的规划书 2. 分享宅家一日生活 3. 老师教你用"心"战"疫"
我爱校园	1. 我是丽园小导游(丽园一景) 2. 我是丽园小学生(校服穿着、校园礼仪) 3. 我是丽园小主人(整理小书桌、小书包)

续表

主　题	内　　容
我爱家庭	1. 学做小家务 2. 劳动最光荣 3. 学习家庭礼仪
	1. 分享我的学习宝典 2. 老师教你好方法 3. 丽园"慧"生活
我爱祖国	1. 点赞中国最美逆行者 2. 讲述祖国英雄小故事

　　学校适时推出"我爱我家"——丽园小课堂云系列，为学生的居家学习、生活提供指导和帮助，同时引导学生居家开展课程体验，养成健康生活习惯，培养自主管理能力，注重劳动教育启蒙，感受"家"的温暖，分享"家"的快乐，为"家"奉献力量。丽园小课堂的开设，通过学校公众号进行了推送，让应用学校、区域学校也可以通过微型"空中课堂"的方式，了解我们的课程，并且更加便捷地推广与分享。

图 2-4　我爱我家·丽园小课堂

　　我们将继续以"我爱我家"德育共享课程为载体，汲取集团内各所学校的精品德育课程，如"徽三""茶文化"、"穿越城市"地下网、"复二""红色之旅"实践活动、"巨一""乒乓"文化、上外黄浦"礼仪"、"重北""安全教育"等特色课程。共建共享课程资源,线上线下开展多元化课程体验,让"卢实小协作块"的学生获得更为丰富的课程资源,培育学生有自信、会自立、懂感恩、能创造的良好品质。小当家们的成长会给老师、家长们带来一份份惊喜,也将积极推动课程在区域的共享效能。课程共享刚刚起步,我们在摸索中不断前行。相信会有更多的课程加入我们的共享队伍,每个人都将成为课程的助推者和传播者。

(上海师范大学附属卢湾实验小学　马维莺、王晴红)

聚力探索,鉴史知来

2017年8月,教育部颁布的《中小学德育工作指南》是指导中小学德育工作的规范性文件。文件明确指出课程育人、文化育人是德育实施的重要途径。校史是校园文化建设的重要组成部分,具有独特的育人价值。黄浦区教育源远流长、积淀丰富,汇集了多所百年历史的老校、名校,形成了独特的校史教育资源。我们充分利用区域优势,以教育综合改革为契机,积极整合资源,探索开发"校史寻源"课程,落实立德树人根本任务,推进区域德育特色课程建设,激发学生爱国情怀,促进学生幸福成长。

一、背景意义

(一)"校史寻源"课程开发是培养学生发展核心素养的必然要求

2016年9月《中国学生发展核心素养》总体框架正式发布,共分为三个方面、六大素养、十八个基本点。其中人文底蕴所包含的基本要点有人文积淀(具有古今中外人文领域基本知识和成果的积累等),责任担当所包含的基本要点有国家认同(具有文化自信,尊重中华民族的优秀文明成果,能传播弘扬中华优秀传统文化和社会主义先进文化等)。基于学生发展核心素养的顶层设计,通过开发"校史寻源"课程,进一步推动课程改革,把学生发展核心素养作为课程设计的依据和出发点,着眼于培养学生的人文情怀和责任意识。

（二）"校史寻源"课程开发是落实《中小学德育工作指南》的重要途径

《中小学德育工作指南》提出了中小学德育的五项德育内容,其中理想信念教育的内容包含引导学生继承革命传统,传承红色基因;中华优秀传统文化教育的内容包含家国情怀教育。德育课程是德育的核心,通过"校史寻源"课程实施德育内容,是落实《中小学德育工作指南》的重要途径。

（三）"校史寻源"课程开发是发展区域德育品牌内涵的关键抓手

区域正在通过《黄浦区学校德育特色课程体系建设三年行动计划（2018—2020年）》,积极构建以社会主义核心价值观为引领的黄浦区学校德育特色课程体系,推进区域开展特色课程建设。该课程体系依据上海市大中小幼一体化德育内容"政治认同、国家意识、文化自信、人格养成"的框架,根据区域的特点以及学生成长需求,建构包含"理想信念、家国情怀、时代精神、积极成长"等十二个黄浦区德育特色课程内容子序列,"校史寻源"是与"家国情怀"内容相匹配的系列化德育特色课程之一。开发"校史寻源"课程是对新时期课程改革深入发展的探索和创新,是发展区域德育品牌内涵建设的关键抓手。

二、实践探索

"校史寻源"课程面向全区中小学生,它是把区域内百年老校和具有革命传统学校的校史作为教育资源,深入内涵开掘,形成既保持传统,又适度创新,推动区域中小学开展校史教育,培养学生家国情怀、传承中华优秀传统文化、承担社会责任的一门区本德育特色课程。"校史寻源"课程开发以区校合作的方式主导课程开发,即区教育学院德研室统筹主导,部分学校共同作为开发主体进行资源整合、整体架构,开发出区本德育特色课程,并将开发的课程资源在区域内供各校共享,学校进行校本化改造并实施,从而促进学校校本课程建设。

（一）整体架构

通过走访学校、访谈教师、查看资料,我们从全区 67 所中小学中整理出了 26 所具有百年历史和革命传统的学校,其中有全市历史最悠久的中学、第一所现代学制的小学、以"民主革命堡垒,爱国志士摇篮"享誉沪上的中学以及最早中外合作传授现代科学知识的中学、近代第一所职校,等等。为充分发挥涉及校史教育的人、物、事等资源的育人功能,我们进行"校史寻源"课程的整体规划和系统设计,推动区域开展校史教育。

围绕区域德育特色课程建设的目标和内容序列,我们制定了"校史寻源"课程目标:引导学生了解学校历史渊源、发展脉络和精神内涵,通过对校史中的人、物、事追根溯源,认同并传承区域学校文化,激发学生的家国情怀,明确自身的历史使命,培养担当民族复兴大任的时代新人。

通过对校史文化背后的精神进行挖掘和提炼,我们把 26 所学校校史资源围绕"人、物、事"三大主题,充分挖掘学校历史文脉的基础上,探索建构课程整体框架。

表 2-14　课程单元内容说明

主题单元	内　容　说　明
青春典范	以学校历史上涌现出的杰出人士为榜样,激励学生勇于担当时代责任,锤炼品德修为
抚物追忆	瞻仰或追忆学校中革命旧址或遗址、有纪念意义的物品、特定的建筑等,引领学生厚植爱国主义情怀
往事寻源	通过对学校历史上具有优良革命传统的事件、有重大影响的活动或者历史事件的追根溯源,加强学生坚定跟党走中国特色社会主义道路的理想信念

(二)"校史寻源"课程的开发策略

1. 上下交互,区校两级有序进行课程开发

自上而下:区德研室主导课程开发的研究任务,展开规划课程结构的研究和课程内容的开发措施和策略研究。

自下而上:百年校史和革命传统学校根据自身学校特点,主动参与相对应的课程板块的开发建设。

通过上下交互,引导学校对学校文化、办学理念、育人目标、内容结构、实施评价、课程管理等建设,推动学校课程呈现个性化、特色化。

2. 以点带面,从先行先试到经验推广

每个板块选择个别学校先行开展课程实验,将课程实施中发现的问题反映至区德研室,区校共同研讨相关问题,不断完善和改进课程内容,将实验学校成果推广到在同一板块的其他学校应用。

3. 交流共享,通过多种交流平台,促进教师互动交流与课程资源共享

加强"文文明明幸福行"(网站、手机版 APP、公众微信号)和"德润人心　启航未来"(网站)两大平台建设,为课程资源共享、学生与教师互动交流、课程成果展示

提供新平台。

（三）课程实施运行模式

根据不同学段学生的认知特点和成长需求以及每个教学内容板块的不同侧重,我们分年段细化课程目标与要求,学校可以结合自身实际情况合理安排课时,通过团队活动、校班会、入学教育、主题活动等教育途径与形式开展教学。

"校史寻源"课程的实施,遵循学生思想道德形成过程中"知、情、意、行"的内在顺序和协调统一,我们按照"寻源—激情—践行"的教学流程,设计几种课程实施运行模式。

1. 视频微课

在学校已有的宣传视频的基础上,区校协作选取适合学生学习观看的校史相关内容,再加入课程教学的板块内容和过程设计,编辑制作成 5 分钟左右的视频微课,让学生了解一所学校的前世今生,感受学校的文化内涵。每集视频微课可以作为一次校史教育课,也可作为课程资源,提供给教师用于教学设计。

比如市八中学主题为"从历史走向未来"的校史微课有三个部分:

（1）课前导学问题引入:

"清我心兮,长我识,力自强兮无或息",出自市八中学哪个发展阶段的校歌?

出自市八中学的唯一一位数学女院士是哪位?

（2）校史视频微课学习:

校史沿革——学校的前身是 1861 年由美国人创办的"清心书院"……

专题板块（百年文脉）——百年沧桑、百年巨变,磨砺了八中、打造了八中,赋予了它宝贵的精神财富、深厚的文化底蕴和光荣的爱国传统……

传承创新——代代学子秉承智诚思想,心系家国情怀,延续勤朴作风茁壮成长,为祖国的各行各业添砖加瓦、建功立业……从历史走向未来,从传承走向创新,市八中学坚定地走在时代的前列,永不停步……

（3）课后探究任务思考:市八中学致力于培养"智诚学子",你对"智诚"如何理解?

2. 行走课堂

行走课堂借鉴了时下流行的人文行走方式,采用线上线下相结合的课程实施模式,提升学习效果。学生可以行走到一所或几所学校进行跨校实地打卡学习,并通过微信小程序完成打卡任务。行走课堂包括现场听讲、微信小程序在线答题、实地考察体验几个部分。我们设计分年段的微信小程序学习任务单,由参观与寻源、行走与体验、分享与感悟、思考与探究四个环节组成。参加行走课堂学习的学生可以通过微信小程序,将学习的体验、收获和感悟以照片、图画、文字等形式上传至网站,在交流分享中引发学生道德意识的共鸣。

3. 校史课程链

德育课程链是大同中学首创的课程实施模式,它是一种以认知为前提、以活动课为主线、以社会实践为辅助,将主题教育、社团活动和社会实践有机整合而形成的德育实施模式。"校史寻源"课程采用德育课程链的运行模式,以校史资源为依托,区校合作设计开发,促进学生"知、情、意、行"的和谐统一发展。启秀中学是烈士茅丽瑛学习和工作过的地方,学校把学习茅丽瑛烈士为核心的校史教育设计成一条"循迹"课程链,将预备年级"六个一"的入学课程、初一年级的社团活动、初二年级"且行且学"红色场馆的探访和志愿服务等三类校史课程联通起来,形成环环相扣、层层递进的链式结构课程。

三、实施成效

(一)丰富学生学习体验,增强学生责任感

"校史寻源"课程提供了多种学习情境、多样学习形式,让学生通过校史更具体、更深刻地理解中国历史、中国文化,激发学生爱国情怀,传承文化的责任感和使命感。

市八中学施同学完成了梅溪小学的行走课堂学习后,在微信小程序里留言:从这所学校的办学理念以及办学成果上都感受到了教育是强国的基础,懂得我们读书不仅要实现自我,还要为祖国作出贡献。

(二)推动学校特色发展,提升教师育德能力

校史教育作为德育工作的内容,成为学校注重校本管理、实现特色发展、增强德育实效性的重要方略。区校合作开发中,向明初级中学将原有的比较零散的校史教育课联通起来,使校史教育的内容和课程更为丰富,办学特色更加凸显。报童小学以校庆为契机,将校史课进行系统规划,把校本课程"我为报童唱首歌"从 1.0 升级到 2.0,课程实施从课内到课外,从学校延伸到校外。

课程的开发研究使学科教师与班主任有了展示专业和特长的机会,极大地调

动了教师的育德积极性。梅溪小学的教师们在课题"以梅溪文化为核心,建设梅溪校本课程"的研究过程中,自觉于校本文化的建设,以梅溪精神为共同的价值观。课题研究和课程建设中,教师的教育理念不断更新,研究能力不断提高。

(三)有效融合教育资源,促进课程共享共建

"校史寻源"课程充分体现了区域丰富的教育资源和深厚的文化底蕴,逐渐成为区域德育课程品牌项目。2019 年,在区德育年会上进行了市级展示和推介,不仅得到领导和专家的认可,也引起兄弟区的关注,拓展了区域德育品牌领域。课程开发将全区校史教育资源进行了区域化建设,打破时空限制,构建了可全区学生跨校共享的课程,促进学校校本课程建设,以此实现共享共建。目前,已有几所学校提出了应用"校史寻源"课程的意向。

我们边研究边实践,不断完善课程整体架构,加强课程建设,探索建立课程共享机制,把"校史寻源"课程由 8 所实验校逐渐向 18 所学校推广,未来将向全区中小学辐射推广。希望通过课程,指导全区学校开展校史教育,提升学校育德境界,引领全区学校从"知识普及"型的校史教育走向传承文化的"深度学习"。

(上海市黄浦区教育学院　石嘉伟)

第三章　为有源头活水来

——德育资源一体化整合

大中小德育体系有效衔接，必须加强对德育资源的梳理与整合，为整体落实德育内容服务，为丰富学生的学习经历提供支架。黄浦区各类育人资源积淀深厚，在区域德育资源体系建设样态的架构过程中，三大文化品牌交相辉映，着力打造"多彩学习圈"实践版图，形成了校内外育人共同体。各校也运用好区域德育资源的源头活水，不断探索德育资源一体化整合的新途径、新方法。

一、宏观回应：德育资源一体化整合的现实意义

（一）大中小一体化德育体系建设导向的需求

大中小德育一体化过程要经历小学、初中、高中以及大学这几个阶段，所需要的周期长，衔接过程中德育目标要统一、衔接内容要完整、衔接方法要多变。为了应对这些挑战，在大中小一体化德育体系的建设过程中，需要有与之相适应的德育资源作为保障。

德育资源包括德育人力、德育物力、德育财力、德育知识、德育经验、德育信息等资源。从广义概念来讲，所有进入德育领域的资源都是德育资源。德育资源是特殊的教育资源。本文所指的德育资源主要指经过统筹整合，便于区域内师生开发德育课程、开展德育活动的资源。

当前对德育资源的运用方面，还存在一些需要破解的瓶颈问题，表现为德育资源整合功能有待挖掘，德育资源运用的意识有待提升，德育资源的分布有待均衡，德育资源的内涵有待丰富。所以，在大中小一体化德育体系建设过程中，从区域层面梳理点上的德育资源，要同时发挥三位一体的育人效应，再从跨学段育人的有序

性角度出发,进行德育资源一体化整合,在区域内共享辐射,能够拓展学校育德途径,为落实立德树人的根本任务提供资源保障。

(二) 资源整合为整体落实德育内容服务

德育内容落实需要德育资源为载体,但德育资源与德育内容不是一一对应的,每种德育资源所包含的德育内容都是综合的、多样的,也是整体的。所以在整体落实德育内容的过程中,先要对古今中外各种德育资源进行加工和提炼。

长期以来,我们忽视了对德育资源的整合性建设,仅仅从影响德育效果的单一因素如:德育内容、德育方法、德育途径等角度进行分析。德育是一项复杂的系统工程,在这项工程中,需要所有因素整体协调起作用,这样才能真正推动德育的发展。德育建设必须从宏观、整体、全局角度进行,也只有重视德育资源整合性建设,才能发挥德育资源的整合性价值。

德育资源的提炼和整合是对德育内容的认识不断成长和发展的过程。第一步,建立德育资源库。要了解学校所具备的德育资源,厘清区域内可利用的德育资源,因地制宜、因校制宜、因人制宜地进行提炼和整合。第二步,对接德育内容的育人目标。以促进学生的德性成长这一目标为依据,从整体角度对各类德育资源进行系统性开发。第三步,有效评估德育资源。可以是即时评估,就是在运用资源的过程中,根据学生的兴趣、参与度、领悟程度等因素来判断能否为德育内容服务,也可以是总结反思,即看德育资源是否能有效整体落实德育内容。

(三) 为丰富学生学习经历提供支架

德育资源价值的着眼点就是注重人的道德品质的培养,或者说注重人的精神素养提升。德育资源是丰富的、大量的而且具有开放性的,学校要提供传统教科书之外的具体形象、生动活泼,以及学生能够亲自参与的活动,激发学生兴趣,使学生身临其境,在愉悦中增长知识、培养能力、陶冶情操,形成正确的态度和价值观。

在各相关部门共同努力下,历时16年的"文文明明幸福行"小公民道德建设工程不断得到深化和提升。校园内聚焦核心价值观课程建设,立足课堂教学,给学生提供德育课程体验,实现学校德育课程资源一体化;校园外聚焦整合各类未成年人社会实践资源,依托"黄浦区学生社会实践护照",丰富学生的德育活动体验,实现区域校外教育资源的一体化;家、校、社携手,聚焦广大青少年成长环境,落实未成年人思想道德建设工作联席会议,形成未成年人工作最广泛的支持系统。

二、系统构建:区域德育资源体系建设样态的架构

黄浦区被誉为"最上海"城区,德育资源异常丰富。区域内红色文化、江南文化、海派文化等历史遗迹众多,同时地处改革开放前沿的黄浦也让广大未成年人时刻感受着时代的脉搏和中国的力量。黄浦教育更是源远流长、积淀丰富,汇集了近30所具有百年历史的老校、名校,这些学校基于校史传承与新时代要求,形成了具有特色且可复制和借鉴的德育工作品牌。丰富的校内外育人资源为架构区域德育资源建设样态创造了条件。

(一) 打造三大品牌文化,实现区域校外德育资源一体化

过去五年,我们不断探索,汇聚更多的优质德育资源,关注不同学段和不同发展层次学生的成长需求,广泛深入开展未成年人道德实践活动。

1. 用好红色文化,打造区域品牌

上海市黄浦区是党的诞生地,是国歌的首唱地,也是上海第一面红旗和国旗升起的地方。在黄浦区有120余处红色遗迹,丰富的红色文化资源,为黄浦区学生开展德育活动提供了保障。

近年来,黄浦区积极开展未成年人红色教育活动,努力发掘以"党的诞生地"为代表的红色教育资源,不断引红色、革命的源头活水来灌溉未成年人的心灵,筑牢理想信念之基;同时,努力将红色文化资源转化为广大青少年喜闻乐见的活动载体和文化产品,提升他们在红色教育中的参与度,提升教育效果。

这些红色遗迹中已经有14家单位纳入了"黄浦区学生社会实践护照"之中,向全区中小幼学生开放。基于这些红色遗迹场馆,德研室组织教师设计了社会实践、仪式教育、团课队课等方案,作为共享课程资源、活动资源在区域内辐射。

2. 传承江南文化,树立文化自信

黄浦区以传承和弘扬传统文化为立足点,整合校内外、课内外各类德育资源,"慧"聚"智"传,针对不同年龄段学生身心发展的特点和认知规律,着力构建中华优秀传统教育体系。

区域层面开发了以文庙为代表的"黄浦区中小学海派文化实践与体验活动"的品牌基地。"大世界"特设的非遗传习教室为黄浦区学生传习传承泥塑、顾绣等非遗项目拓展了学习空间,非遗传承人现场讲解、演示技艺技巧,为师生提供了互动、

交流、研讨的非遗学习体验。上海人民滑稽剧团的"海派说唱"、恒源祥公司的"海派绒线编结技艺"等,让学生在潜移默化中感受到本土文化的独特魅力,提升了综合素养。

德研室汇编了《传承与浸润——黄浦区中小学中华优秀传统文化教育实践探索》,用中华优秀文化唤起学生成长的精神动力,燃起追梦、筑梦、圆梦的激情。

3. 发扬海派文化,积极进取创新

黄浦区是海派文化的发源地,也是教育资源的集聚地,"海纳百川、兼容并蓄、追求卓越、勇于创新"是海派文化的独特风格,也是黄浦德育的价值追求。

我们依托街道社区创设了一系列既符合学生年龄特点,又能使他们充分接触社区治理各个环节的实践岗位;走进"海上老字号",体验一天社会工作,感悟为他人服务的幸福;发挥"银学共建"的优势,提高学生的财经素养……

(二) 形成"多彩学习圈",描绘社会实践版图

围绕三大文化品牌,我们开展区域样态探索,初步形成了"赤橙蓝绿学习圈"海派文化实践体验版图。红色文化对接"红色学习圈",主要是指"一大"会址、渔阳里等爱国主义教育基地;江南文化对接"蓝色学习圈",涵盖了当代艺术博物馆、大世界、区图书馆等优秀文化的传习基地;海派文化对接"橙色学习圈"和"绿色学习圈"。"橙色学习圈"包括了银行博物馆、新世界百货等金融财商类教育基地,还有街道社区提供的跟岗服务岗位;"绿色学习圈"则串起了科普探索馆、电信博物馆等科技环保类基地。"多彩学习圈"的设置不仅是简单的类型区分,更是基于不同年段学生的发展需求,为学校开设德育课程、开展德育活动提供资源。与此同时,还确立了多彩学习圈的育人目标。

"红色学习圈"教育目标:增强青少年民族自尊心、自信心,培养对祖国的责任感,追求远大理想,树立崇高信念,把爱国之情、报国之心、兴国之志转化为爱国的实际行动,为振兴中华而努力奋斗。

"橙色学习圈"教育目标:让青少年拥有健康的体魄、阳光的心态,树立正确的职业观、劳动观和人生观,培养他们生涯规划、实践创新的意识和能力。

"蓝色学习圈"教育目标:通过学习艺术的基本常识,提高青少年对艺术的理解力,健全青少年的审美心理结构,传承和发展江南文化,接续江南文脉,充分发挥青少年的想象力和创造力,培养全面发展的人才。

"绿色学习圈"教育目标:使青少年学习自然科学的基本知识和劳动技能,学会科学方法,体验科学探究,理解科学、技术与社会的关系,把握科学本质,养成科学精神,全面培养和提高科学素养。

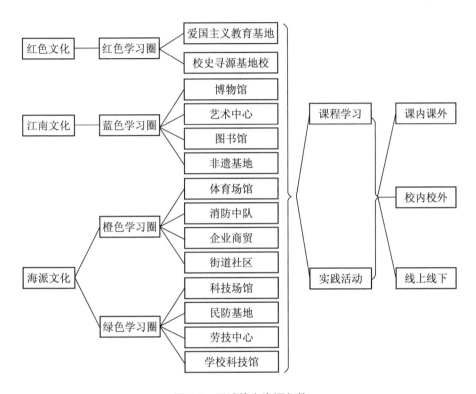

图 3-1　区域德育资源架构

三、融会贯通:德育资源一体化运用的实践路径

　　丰富的德育资源为黄浦学子的学科拓展、社会实践、志愿服务、生涯规划等教育元素注入了新的活力。作为教育综合改革试点区,黄浦区不断整合资源,着力打造海派文化实践体验版图,通过多彩的德育课程、德育活动,让学生获得德育体验。

(一) 课内课外融通,实践无痕育人

　　在德育资源一体化的整合过程中,首先要把目光聚焦在校园和课堂,充分挖掘教材中的育人资源,进一步开发特色课程,丰富学校的文化内涵。

　　学科教材中蕴含着丰富的德育资源,深入挖掘每一门学科独有的德育资源,将情感、态度、价值观的培养与知识传授、能力培养"无缝对接",合理实施德育的内在驱动。上海市向明中学的春假研学活动从课本学习走向课外研究,结合江南历史文化资源,带着学生"跟着课本游绍兴",在三味书屋体验"三味早读";到兰亭学书法,体验《兰亭集序》的翰墨飘香;到秋瑾故居探寻革命的峥嵘岁月……让学校教育与社会教育在一个更宽广时空中得到和谐共振。

学校的特色品牌创建,需要整合多方资源,不断发展和深化,才能富有生命力。上海市市八初级中学的学雷锋活动走过了 40 年历程,精心打造了"勤朴社区"小公民道德建设项目,以学校为主阵地,以丰富多样的学雷锋活动为载体,构建起一个关涉学校课程、主题活动、日常管理和校园文化,不断辐射家庭、社区的公共生活"模拟空间"和公民道德建设"试验场",为初中生的"社会化"提前做好准备,为公民素养的形成创造丰富的教育情境,初步实现了校本学雷锋活动资源的一体化。

学校文化的传承,需要不断丰富它的内涵,才能历久弥新。上海市八中学建校之初就提出"朴与诚"的校训,"诚"是市八中学重要的育人目标,百多年来积累的丰富的教育资源,成为学校的文化脉络。学校以"争创免监考生"活动为载体,利用各类资源,形成合力,探索诚信教育新途径,从课堂内的诚信教育走向课堂外的道德自律自省。

(二) 校内校外携手,共绘育人蓝图

2007 年诞生的"黄浦区学生社会实践护照"(以下简称"护照")通过每年的扩容与改版,目前针对不同学段学生的发展需求,已分学段设有小学版、初中版和高中版,涉及社会实践基地近 40 个,涵盖了区域内爱国主义教育基地、科普教育基地、艺术馆、博物馆及市民学习基地。

在"护照"的推进和实施过程中,我们每学年组织社会实践基地单位召开联席会议,共商育人新方法、新内容、新途径,不断完善"护照"活动内容,形成了校内外育人共同体,为广大未成年人提供了参观寻访、课题研究、志愿服务、公益活动、文化传习、职业体验、体育健身、素质拓展、仪式教育等多种社会实践资源。

各学校也依托"护照"资源,进行了社会实践课程的二度开发,推进"馆校合作",打造校本"护照课程",如大同初级中学的"享趣社会"实践课程、上海市第十中学的"红色记忆　墨印留痕"、上海市清华中学的"上海灯彩",等等。

黄浦区教育局、黄浦区教育学院也在 2018 年汇编了黄浦区社会实践护照区本课程配套文集和配套教案集《实践助力成长》,实现优质德育资源区域共享。

（三）线上线下联动，拓展育人空间

社会已经进入了互联网时代，依托互联网创造德育资源，开展线上线下互动，能够吸引更多的"00后"参与到德育活动中。

我们在已经建设了黄浦区未成年人网络社区（"城市学校少年宫网络版"）的基础上，开通了"文文明明幸福行"（网站、手机版 APP、公众微信号）、"零零岛"（网站）和"德润人心　启航未来"（网站）三大平台，为培育和践行社会主义核心价值观，注入更充沛的生命力。

学生在"文文明明幸福行"活动中，走进社会，观察世界，写下感悟，拍下生活中的真善美，并上传至网站，在交流分享中获得道德意识上的共鸣。至今，已有 40000 余名师生在"文文明明幸福行"主题网站上进行注册，学生以"幸福"为主题的绘画、活动照片、实践活动的足迹、心得感悟等近 70000 条记录在线上得到分享。线上的积极互动与热情分享，为"文文明明幸福行"活动拓展了更广阔的发展空间。

2016 年 12 月，我们开始建设"德润人心　启航未来"网站，这个网络平台主要服务于教师群体。在这里，教师可以获取活动信息，分享活动方案，博采众长，从而更好地引导学生开展创造幸福、践行幸福的有意义的行动。目前，网站开设了"人物风采""案例分享"等栏目，将"区班主任基本功竞赛"的相关内容在平台上及时推送。我们还将统整各校优秀德育校本课程资源，建设区域内中小学优秀德育校本课程网络资源。

来自学校的实践探索

我家门前有条河

苏州河和黄浦江是我们的母亲河，她孕育了一代又一代的人民，上海市裘锦秋实验学校坐落在美丽的苏州河畔。水孕育生命，河带来文明，苏州河作为我们的母亲河，她有着无穷的魅力和丰富的资源等着我们去寻找、去发现、去探索。

一、背景

上海市裘锦秋实验学校以"自主发展,开发潜能"为办学目标,注重开发学生多元潜能,培养综合素养。学校借助地域优势,结合办学目标,积极开发苏州河资源,合理整合,依循"始于课堂、走出学校、融入社会"的思路与策略,携手教师、实践基地、博物馆等各有利因素,最大可能地整合为有益的教育力量,拓宽渠道,为学生综合能力和素养的提升创造条件。

二、实践

(一) 充分调研,分析现况

我们对校内、校外共 90 人进行问卷调查,其中有 60 名小学生、15 名中学生、15 名成年人。根据数据分析,发现无论是学生或是家长都对苏州河既熟悉又陌生,例如"您在上海居住时间",被访问的对象有 76.6% 是在上海生活 5—10 年及以上,所以也对苏州河有一定的了解;"是否知道上海的母亲河",仅有 18.8% 的人不知道苏州河是上海的母亲河,大部分都略有所知,特别是一些年长的被访者,都比较知晓,调查活动起到一些普及作用,也带动了活动的影响力。

(二) 制定目标,明确方向

结合学生特点,选取以苏州河为中心的有趣的植物、动物、场馆、建筑等为主题,让学生摸得着、看得到。有了这些贴近生活实践的主题,使课程目标的制定更具生动性和实践化。不同年龄段学生,目标、要求侧重不同。在低年级尽量以主题活动形式开展,体现"浅""近"的特点;中高年级则以项目化学习推进突出"深""广",让不同年龄段的学生通过自主学习、实践、探究能够达到的目标,是适合学生个性发展。

低年级:知道苏州河是我们上海的母亲河,能通过观察河边的树木、小植物、小动物了解苏州河的美丽,能制作树叶拼贴画和生态瓶,初步获得参与探究的体验。

中年级:了解苏州河的水质情况,会做一些简单的水质测试小调查、小实验,会写小实验报告并能在实验中发现问题,在他人的帮助下自己解决问题;体验合作探究的乐趣,感受人与自然和谐相处的重要性。

高年级:了解苏州河的发展历史,调查河边的建筑、桥梁等,通过寻访、调研等形式在自主探究中发现问题,大胆质疑,向问题挑战,自己寻求解决问题的办法;增强环保意识,提高审美能力,体验环保的重要性。

(三) 实践途径,有序推进

1. 根据已有基础,梳理整合资源

课程资源:学校是区科技特色学校、区绿色学校,现有"Q少年·乐成长""拓拓乐园——藏书票""绿色小天使""环保·科技·模型"等适于开展研究的已有校本课程,结合校每学年的科技节、健身节、读书节和艺术节,可分年级开展活动。

教师资源:有相关班主任、学科教师和五大辅导员(少先队、科技、艺术、体育、心理);都是较为成熟并具有一定科研能力的教师,大多参与市区课题或自己领衔课题;课程参与成员有校级领导、中层干部、区学科中心组成员、区骨干教师、校特色教师等。

场馆资源:学校设有科技专用教室"V科苑";共建单位九子公园毗邻苏州河和学校,结合开展保洁护绿、志愿者服务等活动;为了更好地开发好苏州河边的区域资源,除了挖掘校内所有人、事、物资源外,我们与博物馆、展览馆等场所积极联系,形成共建、共享,目前已达成合作意向并开展活动的基地有八处。

表 3-1 苏州河区域与学校实践活动共建共享资源表

序号	基地名称	区 域		延伸资源	性质属性
		沿河本区(黄浦区)	沿河他区		
1	自然博物馆		静安区		馆校共建
2	黄浦剧场	✓			馆校共建
3	中国劳动组合书记部		静安区		馆校共建
4	九子公园	✓			园校共建
5	四行仓库		静安区		提供场所
6	苏州河梦清园环保主题公园		普陀区		提供场所
7	航海博物馆			浦东新区	提供场所
8	Project WET 水资源教育全球项目			浦东新区	项目支持

2. 合理设计内容，丰富学生体验

"我家门前有条河"以"课程和资源"为立足点，以"主题或项目"为出发点，以"兴趣和体验"为生长点，以此实施；每学年重点在11月份开展，结合校科技节的各项活动，分在四周进行。一、二、三年级各三课时，四、五年级各四课时：

表 3-2　分年级实施内容、课时、活动、评价表

年级	主题	具体内容	课时	资源（活动）整合	评价
一年级	河边找美景	漫步苏州河，欣赏沿河美景，感受母亲河的美丽	1	苏州河 德育活动	活动手册
	创意树叶画	制作树叶藏书票 制作树叶拼贴画	2	藏书票课程 科技节活动	制作展示
二年级	生物小世界	认识水生或河边植物和动物	1	自然博物馆 黄一中心"蓝色国土"德育共享课程	活动手册
	奇妙生态瓶	了解生态瓶原理，自制生态瓶	2	自然、劳技课程	制作展示
三年级	走进水世界	知道水资源保护的意义	1	"绿色小天使"课程	活动手册
	为河道体检	观测水质，测试水的纯净度	2	苏州河 自然、探究课程	实验分析
四年级	行走河上桥	走访河边桥梁或其他建筑	2	道法课 苏州河	活动手册
	探寻梦清园	参观考察，体会母亲河的今昔对比及人们为之付出的努力	2	梦清园	实践报告
五年级	回望河边事	走访场馆，了解在河边发生的历史事件，见证上海的成长	2	黄浦剧场、四行仓库、中国劳动组合书记部、九子公园	交流分享
	畅想新未来	绘制未来苏州河的美景或建筑，激发热爱母亲河和上海的情感	2	劳技课程 科技节活动	制作展示

考虑到不同年级学生年龄特点，从一纵一横出发，纵向为五条年级序列，依次由浅入深：植物、动物、水资源、建筑、场馆等；横向课时一般以先学习感知，再实践操作和体验制作的模式进行。

3. 开展多元评价,促进综合发展

(1) 对学生的评价。

采取多样的评价方法,既重视活动结果的评价,更重视过程的评价;开展学生之间的互评与自评,鼓励学生通过活动充分表现自己,促进发展。

积分制评价:根据参与社会实践具体情况,进行累计积分,按一定比例评选"实践小达人"。

表 3-3　积分制评价表

学生姓名	每项1分,参与的打"√",记1分						共计
	资料收集	水质检测	生态瓶制作	寻访梦清园	参观场馆	感受分享	

过程性评价:以过程性为主的、动态的发展性评价:学到了什么? 最大的感受是什么? 什么对你启发最大?

展示型评价:根据参与的实践活动,给予对成果或作品的自我评价。

表 3-4　展示型评价表

学生姓名	作品(成果)名称	实践过程	积极性程度
			☆☆☆☆☆

感悟型评价:说一说在实践学习和合作展示过程中的收获。

表 3-5　感悟型评价表

学生姓名	内容1	内容2	内容3
	知道了苏州河历史、发展,更加热爱苏州河、热爱上海	能关注环境保护,从自身做起,增强其社会责任感	学会了考察、收集资料、各类小制作的方法;愿意和伙伴探究合作、懂得在实践中的行规礼仪
	☆☆☆☆☆	☆☆☆☆☆	☆☆☆☆☆

(2) 对教师的评价。

教师按要求制定计划、落实进度、完成目标和任务、进行评定。

教师在活动实施中,注重反思交流、开发研究、案例积累。

三、成效

德育课程"我家门前有条河"的实践与研究,立足校情、生情和地情,充分调动一切有效方式进行,丰富了整个活动的内涵与外延。

(一) 资源的整合,拓宽了多彩的实践天地

学校充分利用地处苏州河沿岸的地域优势,结合科技节、读书节等校园文化活动,引导自主开展系列实践活动。学生从对苏州河的认知到对未来的期许,自然融合,相得益彰。协同"梦清园""航海博物馆""WET 世界水资源协会"等场馆或组织,通过活动协作,促进综合素养的提升。

值得一提的是,在"WET 世界水资源协会"的大力支持下,学校筹建了一个水资源教室,定期组织学生开展"水循环串串乐""模拟生态瓶"等足不出校的体验活动,让更多学生获益。

(二) 活动的综合,丰富了课程的学习体验

课程内容逐层递进:认知—制作—寻访—考察—参观—畅想。在体验实践中逐步形成了社会实践活动的各类形式,即:通过小调查(对母亲河知晓程度及对苏州河环境调研等),小寻访(参观、查找了解探究苏州河名字的由来、今昔变迁、河上桥梁、河边建筑、历史事件等),小制作(生态瓶、净水过滤装置、PPT 或小报等),小讲演(拍摄视频、成果巡讲)等途径,通过走、访、寻、写、画、演等形式,丰富活动体验,激发各类潜能。

(三) 大胆的实践,激励了探索兴趣的培养

在一系列的主题活动中,学生获益匪浅,从跟着学、学着做、相互帮的初期活动,逐步能从生活和活动中产生问题、提出质疑,并主动寻求答案,并自主形成了学习模式,教师也逐渐从站在学生身前"拉一拉",过渡到站在身旁"扶一扶",直至最后站到身后"放一放"的改变。

(四) 多元的评价,提升了学生的综合素养

学生充分感受到母亲河的魅力,有课堂评价、活动评价,还通过学生自评互评、教师家长点评、从课堂延伸至社会的综合评价,形成一套学生成长小档案。通过交流、展示、讲演,分享收获,激发对母亲河美好未来的愿景和期待。

四(1)班陈同学:现在的苏州河是一代又一代人好不容易保护和改善的,我们应该好好保护它。

五(1)班冯同学:使我们的苏州河更加美好!

三(3)班耿同学:我觉得我们人类不仅要保护苏州河,整个大自然都要受到保护。

四(3)班陈同学:人人都要爱护苏州河,不要再让她"受伤"了!

……

(五) 有效的推进,收获了课程的发展延伸

1. 学校发展

"我家门前有条河"的课程牵一发而动全身,带动了学校、家庭和社会的联动合作,校方大力支持、老师协同努力、学生家长积极参与,不仅丰富了学校 Q 课程体系,还在 2018 年 12 月参与区域共享德育特色课程展示。

2. 教师成长

参与课题的老师在研究和实践中,通过不断地学习、反思、实践、交流、完善、再实践、再交流、再反思和完善的过程,形成了齐心合力的研发精神、沟通合作的良好氛围,在两年实践中,提升了科研工作能力,培养了务实敬业精神。2018 年"我家门前有条河"的实践方案入选《实践助力成长:区学生社会实践护照区本课程配套文集》,形成经验,辐射更多学校和学生。

同时,在参与了"黄一中心协作块"德育共享课程"我们的蓝色国土"后,进一步激发了我们的探索,结合"我家门前有条河"的相关内容,青年教师陈嫕汝进行了一次实践教学:由海及河,借助水质测试实验、数据对比分析、思维导图构建等形式帮助学生理解"生命四大元素",进一步激发师生探寻的兴趣。

3. 学生收获

在参与过程中,学生能从问题出发,大胆质疑和寻求答案,培养了用于探究的科学精神。在上海市学习科学研究所举办的"始于好问题"的征集活动中,学生们纷纷撰写相关征文,最后从全市千余份作品中,我校入围了十个好问题,而与"我家门前有条河"相关的就有五篇分获市一、二、三等奖和鼓励奖:

一等奖:王同学《污水是如何过滤和净化的》

二等奖:张同学《密封的瓶子里能养鱼吗》

三等奖:顾同学《苏州河·梦清园》

鼓励奖:彭同学《保护环境就是爱护自己》 王泽阳《探究母亲河今昔》

特别是王同学参加上海市"始于好问题"学习探究活动获一等奖,并在黄浦区教育学院向全市专家领导、师生代表汇报。

此外,"我家门前有条河"实践活动项目参与了2019年中福会少年宫主办的"全国青少年美境行动",师生共同撰写的设计方案和实施报告获全国双一等奖。

四、展望反思

(一)延伸与完善

实践活动,可以进一步结合文化节日(端午节等)、共话今日苏州河等主题,发挥学生的积极性主动性,参与活动的策划、组织和实施;在实践的基础上可以纵深发展,拍摄一些微视频、举办一些微展览,提供学生展示和交流的舞台,并逐步在各年级中寻求生长点和实践点。

(二)借力与提升

实践活动,充分利用馆校合作资源,尝试"自然博物馆"的"博老师研习""馆本课程与校本课程的共同开发探索"以及学生的各类实践活动,进一步拓宽实践经历和丰富感受。

(三)挖掘与丰富

实践活动,积极联络、利用、开发苏州河边其他各项资源,以这条银光闪闪的母亲河串联起更美好的学习体验。

(上海市裘锦秋实验学校 吕 敏)

统整校内外实践资源,培育雷锋式小公民

上海市市八初级中学的校园内伫立着一座雷锋像,这是学校的精神,也是学校的文化,一直见证着学校的发展。市八初级中学(前身"多稼中学")始终延续自

1980 年开展的学雷锋活动的优良传统,40 年来,学雷锋的内涵不断被演绎、被诠释,常驻常新。学雷锋活动开展年份虽长,但是面对新的形势要求以及学生、教师队伍的变化,学雷锋活动的内涵亟待深化。

一、背景

长期以来,学校先后开展过大量形式多样的学雷锋活动,也将一些学雷锋"传统项目"进行了保留和升级,可以说是常学常新。但是,依然存在项目呈散状分布,缺乏一定的系统性思考;部分活动的形式不能"推陈出新",无法吸引学生;活动往往以学校为主体,缺乏协同育人的思考。更为重要的是,学校大量学雷锋的活动资源、学科资源、实践资源和文化资源整合不够,无法发挥出更佳的育人合力。

近年来,学校根据黄浦区教育综合改革的总体要求,将与学雷锋相关的校内外育人资源进行有效统整和进一步发掘,改变了过去学习先进人物"高高在上,难以落地"的俗套,强调用平凡的榜样引导人,用朴素的语言激励人,用朴实的行动鼓舞人,用平凡的事迹教育人。努力做到教育的素材贴近生活,教育的目标贴近实际,教育的方法贴近学生。为此,我们聚焦公民教育和责任教育,以情境式教育为主要途径,依托各类学雷锋活动载体,精心打造了"勤朴社区"小公民道德建设项目,使学生在实践体验中,感悟责任意识,寻找雷锋精神的真谛,同时通过活动使自身的责任意识不断内化,使自己的行为逐渐符合法律和道德规范的要求,为成为一个合格的小公民,为日后踏上工作岗位,走上社会做好精神、行为、技能等方面的准备。

二、实践

北京师范大学班建武教授曾对德育一体化有过这样的描述,他指出:"从纵向的角度看……要能够在目标、内容、方式方法等层面真正实现纵向衔接,以确保德育在时间维度的连续性和螺旋式上升……从横向的角度看,德育一体化所要的对象就是不同德育主体、德育资源的系统推进问题,重点是在立德树人根本任务的引领下确保各种教育力量价值导向的一致性。"①这一观点与我校的实践不谋而合,

① 班建武.德育一体化"三问"[J].教育家杂志,2020(3).

经过对校内外资源的整合和梳理,学校构建了"勤朴社区"这一小公民道德建设活动品牌。

"勤朴社区"以学校为主阵地,以丰富多样的学雷锋活动为载体,构建起一个涵盖学校课程、主题活动、日常管理和校园文化,不断辐射家庭、社区的公共生活"模拟空间"和公民道德建设"试验场",为初中生的"社会化"提前做好准备,为公民素养的形成创造丰富的教育情境,初步实现了校本学雷锋活动资源的一体化。具体来说,在纵向和横向两个维度构建了项目实施的目标体系和内容体系。

(一)纵向——教育目标螺旋上升

1. 总目标

发扬和传承雷锋精神,通过开展学雷锋主题教育活动,培养遵纪守法、爱党爱国、身心健康、自立自强的社会主义国家合格小公民。因此,"勤朴社区"紧紧围绕"如何做一名合格公民"展开,着力提升学生的责任意识、规则意识和民主意识,培养他们未来在社会公共生活中的人际交往能力、社会适应能力、责任担当能力、自我发展能力等合格公民必备的素质。

2. 分年级目标序列

表3-6　活动的主要内容和目标

年级	学雷锋活动的主要教育内容	公民教育培养目标
预备	了解并认同学校学雷锋活动的传统,在老师的帮助下了解雷锋精神的内涵,能确定一位雷锋式的人物作为自己的榜样,并能在家庭、学校、社区进行初步实践	责任担当
初一	通过实践,能将雷锋精神融入自己的日常行为,能参与班级组织的学雷锋小队,并能定时、定点参与学校、社区组织的学雷锋活动	人际交往
初二	在前一年段的基础上,能将雷锋精神用于指导自己的学习、生活,同时能在实践中体验和反思,并以这些内容进行青春期自我教育	自我调适
初三	在前几个年段的基础上,进一步将学雷锋作为自己的自觉行为,学会对自己的行为负责,树立高度的责任感,并以此积极应对人生第一个真正意义上的重要选择——中考的挑战	自我发展

(二)横向——校内校外有机整合

学校不断融合校内外育人资源,构筑起跨界校园内外的"勤朴社区"框架下的学雷锋实践活动项目群。围绕培养学生生活习惯、学习习惯、人际交往和公共规范四项教育内容,通过构建模拟"勤朴社区",形成了班级公共生活、学校公共生活和社会公共生活三大教育情境,构建了"体验的岗位""践行的平台""自主的载体"和"分享的媒介"四大实践平台,形成了"3×4"整体框架。使学生在实践和体验中传承雷锋精神,自觉守规则,提升责任感,实现学校"尽育人之责、育尽责之人"的办学思想,使实践项目群从"形"到"意"不断丰富、立体起来。

表 3-7　"勤朴社区"学雷锋实践活动项目群"3×4"整体框架图

	体验的岗位	践行的平台	自主的载体	分享的媒介
班级公共生活	"公益岗位"班级志愿服务项目	"班集体特色发展"项目(行规部分)	"四会一课"自主管理项目	"四会一课"自主管理项目
学校公共生活	"三周三节"校园文化圈志愿者项目	"系标准领巾,敬规范队礼"少先队队列礼仪大赛/值周中队/"市八初中好作业"项目	"金钥匙"少代会改革项目	"FAR 幸福微论坛"项目
社会公共生活	学雷锋志愿者服务项目	"乐行上海"德育实践课程群——"护照之旅"项目	"乐行上海"德育实践课程群——"幸福作业"项目	市八初中学校微信公众号

1. 体验的岗位

在我们的"勤朴社区"中,让每一位学生提前拥有一个"社会角色",并承担义务和享受权利,从中感悟权利和义务的辩证关系,培养规则意识。班级层面,依托"公益岗位"班级志愿服务项目,设立班级"九大员"(书报员、膳食员等)服务岗位,既锻炼生活劳动技能,又增强主人翁意识。每名学生都在班级里担任一定的职务或者担负一定的"公益岗位"职责,力求班级中每位学生"都有事情做,都有责任担,都有舞台秀",通过实践体验,增强他们的责任感。"不当家不知柴米贵",当学生也成为管理者,他就会学会换位思考,多为管理者着想,当他们再次成为被管理者时,就能更加自觉地执行规范。学校层面,依托学校课程体系中的"三周三节"校园文化圈,以招募志愿者的形式,让更多学生参与到活动的策划和组织工作中来。

2. 实践的平台

学校层面上,举办一系列竞赛和活动,不断提升学生在生活习惯、学习习惯、交往礼仪及公共规范方面的规则意识,提供学生体验社会角色的平台。班级层面,通过"班集体特色发展"项目的推进,将岗位实践与责任教育具体到每周、每月和学期。社会层面,学校与小东门街道"阳光之家"建立长期共建合作关系,每年均有一个班级的师生定期到"阳光之家"与社区智障人士开展文体活动、节庆活动,通过与智障人士的互动,形成平等待人、关注他人的观念。

我们的各支学雷锋小队,每周五放学和寒暑假都会走进敬老院和孤老家中,慰问老人,或帮忙做家务。学校红十字会组织成立后,我们成立了专门的红十字志愿者服务队,并且与街道、社区结对签约,建立固定的服务点和服务对象。通过募捐、义卖等献爱心活动,教育学生要尊重他人,关注身边的弱势群体,树立帮扶弱者、尊重生命的正确道德观。学校周边的中国银行黄浦支行、电信博物馆、隧道科技馆、豫园小商品市场党总支、小东门街道"阳光之家"等共建单位,也为我校学生的帮困助学、社会实践、科普教育等提供了许多优质资源和实践的机会。

我们开发的"乐行上海"社会实践课程与拓展型课程开发、场馆资源开发相结合。学校有效地整合区域内各类教育资源,现已初步与电信博物馆、隧道科技馆、航海博物馆、银行博物馆、小东门街道"志强"社工进行了合作,打造出五门德育实践类微型课程。我们还依托小东门街道龙潭居委的资源,在学生中开展"挂职居委干部"的体验活动,并把该居委打造成我校的"学雷锋社区服务实践体验中心"。我们鼓励学生边服务、边思考、边实践、边探究,在志愿活动中,培育爱心,了解现状,发现问题,寻找解决方案,开展课题研究,从而培养学生对这座城市的感情以及作为上海市民的自豪感和使命感,进而为学生自觉遵守社会公德打下了坚实的基础。

3. 自主的载体

创设各种机会让学生个体有机会参与管理、提出建议。"金钥匙"少代会改革项目不断优化学生参与学校管理机制,少代会代表实行常任制与定期提案制。通过这项活动,让更多的学生参与到学校管理中,让更多学生的意愿能得到充分表达,把校园自主管理的"金钥匙"交给学生,树立他们的主人翁意识。这样的活动达到了两个目的:一是为学生搭建了平台,使他们参与学校管理,培养了他们的责任意识;二是学生参与制定学校的行为规范制度。目前,学校所实施的多项行规制度都是经过少代会反复讨论才最终成型的,充分表达了学生意愿的制度也一定能得到大多数学生的认可和自觉执行。

学生还参与制定和修订《市八初中学生日常行为守则》《市八初中学生自律条

例》；班级层面推进"四会一课"(主题班会、班干部会、周行规自评会、月度管理总结会以及主题谈话课)自主管理项目，实现学生的自我教育和自主管理。

4. 分享的媒介

除了网站、校报校刊、广播站等校园媒介外，学校还将升旗仪式的功能进行开发，形成"FAR 幸福微论坛"项目，邀请学生、教师、家长以及校外人士分享自身在成长、学习、就业、社交、家庭等领域的经历。就其中的关键词"规则"，多位演讲者从职业道德、社会公德、家庭美德、学习方法、竞技规则和校园安全等多方面进行分享。

三、成效

(一) 学生素养

作为一所生源一般、资源有限的公办初级中学，学校连续三轮获评市级行规示范校，学生在学习习惯、生活习惯、集体规范、社会公德方面的表现广受社区居民和家长的好评，效果初步显现。

学生对学校、班级的认同度、归属感普遍增强，学校管理"参政"意识强。学校少代会提案质量逐年上升，学生更多关注课堂质量、作业有效性、校园安全、学校规章制度等内容。其中，每年都有学生提案被采纳，并予以实施。班级层面，基本实现了班级公约共同制定，班级事务共同商议，班级活动共同策划，"师生共同体"正在形成。

学生发现问题、解决问题的能力大幅提升，学生对自主管理由"意愿强烈"阶段发展至"能力匹配"阶段，校园、班级民主氛围浓郁，现代教育治理的雏形正在形成。

(二) 师德师风

我校为了进一步传承雷锋精神，成立了市八初中青年教师"勤朴"研习会，党团员及青年教师与学困生结对，进行义务的辅导，锻造市八初中崇高师德群体的形象。校长室、党支部、工会高度认识到学雷锋的深远意义和影响，不断教育和引导全体教师"岗位学雷锋、课堂重互赏、事事讲奉献、处处做表率"，把岗位成才、服务学生作为崇高师德的最好体现，"不让一个学生掉队"，努力做学生喜欢的教师。同时，教工团支部组织青年教师学雷锋志愿者服务队义务参与区残联组织的"智力助学"活动，青年教师"勤朴"研习会每学年与学困生结对帮教，既辅导功课，更关心其道德品质的培养,从而使广大教师在坚持中逐步养成学雷锋的自觉性,在活动中不断得到教育和提升。

未来,学校还将进一步落实全国教育大会精神,落细《中小学德育工作指南》的各项要求,厚植学校"勤朴"文化,围绕"责任教育"办学理念,紧密结合中考改革和初中生综合素质评价的推出,开展着眼于学生终身发展的研究,深化学雷锋内涵和外延,将"勤朴育人"工程不断拓展、深化。

(上海市市八初级中学　陈　晔)

春和景明,学行天下

在草长莺飞的时节,学生春游外出踏青、放松心情,这样的程式已成为"过去式"。在以"创造教育"闻名的上海市向明中学,春假已有了实质性的改变,被赋予了崭新的内涵和外延,而春假,就是研学旅行的"向明符号"。

一、活动简介

《黄浦区学校德育特色课程体系建设三年行动计划》作为进一步加强区域德育特色课程体系建设的顶层设计和机制保障,促进了区域德育工作的科学性、规范性和实效性。为了落实《三年行动计划》,向明中学不断深化德育资源的开发,把春假研学活动向品牌内涵发展。

春假研学活动以跨省市研学旅行为载体,以社会实践为导向,以游览祖国大好河山和汲取中华优秀传统文化为核心,以课题研究性学习和探索为特征,以培育适应社会需要的必备品格和关键能力为重点,以提升社会责任感为要义,突出创造实践能力培育的主题,以体现创造育人、实践育人、自主育人的"向明精神",让师生从学校的"小舞台"走向社会的"大平台",从"向明人"变成"社会人"。

春假研学活动开设以来,向明师生的足迹遍布北京、南京、扬州、绍兴、宁波、无锡、杭州、苏州、厦门、西安、安吉、天目湖、宜兴等地。师生开阔眼界、增长本领、研有所成、学有所获、旅有所长、行有所感。

如今,春假研学活动已成为向明师生的最爱。学生在校三年,学校组织高一高二阶段两次研学旅行,每个学生有两次参加学校组织的社会考察和实践的机会。目前,向明中学被列为上海市"研学旅行"的试点学校。向明中学经过九年施行春假研学活动的积淀,形成的一整套行之有效的做法,成为"研学旅行"的"向明模式"。

二、资源的运用

充分开发、利用研学旅行活动资源,对丰富研学旅行活动内容、增强研学旅行的教学活力具有重要的意义。春假研学活动依靠各种资源而进行,着眼于让学生增长见识和丰富知识,注重系统性、知识性、科学性和趣味性,为学生全面发展提供良好的成长空间。

(一) 历史文化资源

我国很多城市历史悠久、文化灿烂,有丰富的教育文化资源,为历史文化类主题研学旅行的开展提供了相当的便利。我们整合历史文物、历史遗址、遗迹等资源,让学生走进博物馆、走近革命英雄,通过各种喜闻乐见的形式,寓教于乐地加强爱国主义教育,深化对红色历史的感知以及对民族文化的思考。如南京的雨花台烈士陵园、大屠杀纪念馆、中山陵等提供了很好的可资使用的资源。如"跟着课本游绍兴"旅行活动,在鲁迅故里,学生们到三味书屋体验"三味早读";访沈园感怀《钗头凤》,感怀这座爱情名园;到兰亭学书法,体验《兰亭集序》的翰墨飘香;到秋瑾故居探寻女侠斗争的峥嵘岁月,寻找散落在城市中的红色记忆。学生表示:"当书本中的场景一一展现在眼前时,我们对鲁迅、对鲁迅作品以及那个年代渐渐熟稔起来,鲁迅不再只是一个刻板的文学人物,而更像一位严肃但不乏亲厚的长者。"

面对祖国大好河山,学生由衷产生了敬仰之情。参观河姆渡遗址博物馆时,主体建筑造型根据河姆渡 7000 年前"干栏式"风格,构筑出高于地面的架空层,人字形坡屋面上耸起 5～7 组交错构件,象征着 7000 年前榫卯木作技术,再配以土红色波纹陶瓦、炒米黄墙面,显得古朴、野趣,与河姆渡文化融为一体,这一切让学生非常感慨,而在河姆渡文化遗址博物馆举行集体仪式,则又增添了一份神圣感。

（二）地理人文资源

地理人文资源可以归为五类：（1）场馆类实践资源，如地质博物馆、科技馆、天文台、规划馆等。此类资源专业化程度高，适合高一自然地理和高二人文地理专题研学；（2）技能培训资源，如户外拓展训练基地、军队夏令营基地等。此类基地适合野外生存（气象常识、生物识别、医疗急救）和体能训练，适合作为高一入学前的前期培训基地；（3）自然综合实践资源，如世界自然文化遗产、国家地质公园、国家森林公园等。此类基地最适合高一年级自然地理综合考察，综合程度高；（4）人文专题实践基地，如特色小镇、工业园区、生态农场等。此类基地适合高二年级人文地理专题研究；（5）区域综合实践基地，在不同尺度的区域内综合考察人地关系，此类基地适合高三年级综合实践。

在指导学生如何选择主课题、子课题以及做课题研究方面，班主任章薇老师充分发挥地理老师的特长，将旅行研究课题与学科特点紧密结合起来，开展了相应的主题活动。章老师指导班级学生另辟蹊径，从南京特产雨花石是地球岩浆活动产物入手，了解到南京还有一些有名的火山地貌，建议学生将主题定为"南京地质考察之旅"，实地考察一些独特的地貌类型，从中了解一些地质演变、地壳运动的知识，真正使研学旅行成为学生们的第二课堂，在实践中去体味课本的知识。

（三）绿色生态资源

自然生态研学实践教育作为研学实践的一个类型，越来越受到学校和学生们的关注。学生们在老师指导下进行自然观察，开展课题研究，收获了不一样的自然体验。通过绿色生态教育活动，开展环保知识学习，强化生态环保意识，加强青少年学生生态文明教育。

有一个研究小组以宁波为例，对"城市病"作了深入的考察和深刻的分析。近年来，各地区遭遇不同程度积水的现象不断增加，在人口密集的城市区域尤其严重。逢雨必涝现象已成为一种城市病。宁波正是这些城市中的一个，其位于我国海岸线中段，浙江宁绍平原东端，属于典型的亚热带季风气候，雨量较为充沛，存在汛期降雨量集中的现象，4～9月降雨量占全年的70％，特殊的地理位置和气候使宁波市极易受洪、涝、潮三重威胁。城市排水不畅，导致城市基础设施被损坏，阻碍城市交通正常运转。尤其是2012年"海葵"台风、2013年"菲特"台风和2015年的"杜鹃"台风，造成中心城区出现了大面积、长时间的积水，造成了巨大经济损失。

另一方面，在台风暴雨频繁袭击的同时，降水量虽然貌似充沛，宁波却属于水资源短缺地区,多年人均水资源占有量只有浙江省人均水平的 60％,全国人均的 55％。根据《宁波市水资源公告》,2014 年宁波污水处理回用量及雨水利用量为 0.32 亿立方米,只占全市供水量的 1.4％。同样,城市水质整体状况有待提高。城区内奉化江干流、姚江干流及甬江干流的水质均为Ⅳ—劣Ⅴ类,城市内河湖水系水质同样严重不达标,城市雨水径流污染严重。

前两年住房和城乡建设部对外印发了《海绵城市建设指南》,提出海绵城市建设。这将意味着我国未来的城市建设要转变观念。"海绵城市"建设对宁波这样降水量充沛,却又资源型、水质型缺水的城市具有更加重要的意义。

因此,学生通过春假前往宁波,并通过各种类型资料的学习,分析并得出建设海绵城市给宁波发展带来的具体好处。充分利用海绵型城市理论进行城市建设,结合城市雨洪系统和自然生态恢复,解决城市内涝问题,构建绿色生态海绵城市理论。并且通过分析宁波的优缺点,提出建设性的改进意见。同时,他们还比较了德国、瑞士、新加坡、美国等做法,视野开阔。

三、活动成效

春假研学活动让学校教育与社会教育在一个更宽的时空中得到和谐共振,产生着立体发展的影响。

(一) 责任意识:"春假活动"催生的"水涨船高"效应

"春假活动",学生通过亲身体验和实地考察,激发了强烈的社会责任感,增强了振兴中华的信念。

通过在研学旅行期间组织学生深入历史名城参观考察,培养提高学生认识社会、探究社会问题的实践能力。充分利用历史名城悠久的自然和人文资源开展民族精神教育,让学生了解中华民族灿烂的历史文化,感悟民族文化的博大精深,培养学生强烈的民族文化认同感;通过对名城自然风貌的考察,让学生领略自然景观的美感,培养对祖国大好河山的无限热爱,激发强烈的爱国情怀。

(二) 师生关系:"春假活动"营造的"你中有我"效应

"春假活动",让师生关系在更大的时空中得到调整、融洽。经过观察,大家发现研学旅行使得传统的师生关系发生了显著变化。

首先是教师在研学旅行中的地位变化。因为一项研学课题的确立源于自身兴趣,源于扎实的基础学科知识,源于对社会人生的感受。教师一改课堂之上高高在上的权威形象,无论是年轻教师还是年长教师,都能较快适应指导者的角色,这在数次旅行中是一个有趣的现象。所谓指导,就是班主任和相关老师帮助学生删减部分研学路线,集中精力,挑出具有研究价值的课题,并随队指导。这对高中老师来说,有一种指导大学生论文的感觉。

其次是学生在研学活动中的地位发生变化。传统学习过程,学生往往是被动接受知识,尤其是传统教育,更多的是灌输。学生在学习过程中,无法体现出自身的主体地位。而研学旅行这样大规模的活动,若没有学生高度的主动性、积极性和自觉性,是难以开展下去的。换句话说,研学旅行得以坚持下去的基础,其实是学生的主动积极的精神。积极学习,主动学习,如何成为全体学生的共同发展目标,这一点同样值得深思。

再次是研学的成果改变了传统作业的形式,其过程是师生合作的集中体现。旅行成果让学生们开阔了视野、陶冶了情操、增长了知识、锻炼了能力、收获了书本上、课堂里学不到的东西,成为学校创造教育课程的有机组成部分。这样的作业形式,其实正提示需要对传统课堂的作业进行反思。

(三) 关键能力:"春假活动"产生的"自觉磨砺"效应

"春假活动",为学生创造实践能力的提升提供了天然的场所,有利于学生综合素质评价的实施。根据目前的研学成果来看,学生在四个方面的能力得到培养。

一是问题探究能力。因为研学旅行主要是以考察的方式来完成的,根据行前已准备好的资料与计划,学生们严格按照课题要求,前往不同的目的地,做着不同的调查。虽然这个过程并非如以往一般,全是愉快的玩乐,但学生们所学到的知识却远远多于以往。在调查中会碰到许多问题,他们学着思考、探究与分析,收获了许多关于历史、文化、政治、地理方面的知识,感受了不同的城市人文情怀,领略了城市别样风采。

二是自主选择能力。研学旅行本着以学生为主体的宗旨,由学生自行策划、组织,学生自己决定活动地点、活动方案和活动结果呈现的形式。在确定考察地点后学生以历史、文化、人物、民风、民俗等内容为主线,自己设计考察路线,同时通过书籍和网络查找信息,选取有价值、有深度的研究课题,围绕主课题确立每组学生的子课题。

三是想象创意能力。在各班的报告中充分发挥他们的创作想象能力,如《楹联文化漫谈》,历史剧《故乡的亲人》《诗词歌赋辉映古都》,他们在对古诗词、历史、文化的探究中感受到这座古老城市沧海桑田后所积淀下的那份文化内涵。

四是团队合作能力。在整个出行过程中,学生们集体意识非常强。大家都很自觉地跟随着自己小组,遇到困难也一起解决,许许多多的点点滴滴令学生们印象深刻。

春假研学活动,是一本大"书",资源在这里汇合,文化在这里集聚,教育在这里生发。向明中学的春假研学活动越来越受到关注,《文汇报》以整版进行了报道,引起良好的社会效应。

一山一水、一草一木、一事一物、一情一景皆教育,研学路上有课程,美好的课堂在路上。

(上海市向明中学　王　欣)

诚实求学,信守一生

从 1996 年到现今,我校开展"争创免监考生"的教育活动,已经走过了 24 个年头。1996 年,上海市第八中学开始实施"免监考班"制度,由全班学生集体向学校提出申请,并在经过长时间的考察之后在全校范围内公开命名,凡被命名的班级在以后的考试中即实行免监考,2004 年第二学期,把争创"免监考班"变革为争创"免监考生",由学生个体通过自主选择、努力追求、积极争取获得"免监考生"称号,当班级 80％的学生都获得"免监考生"称号时,则该班可命名为"免监考班"。本活动实施 24 年,在内涵和形式上不断丰富和发展。

一、免监考:学校文化之新花

孔子曰:"民无信不立",历经千年文明,"诚信"依然是立身待人、治国理政之本。"诚信"作为社会主义核心价值观的组成部分,对当代青年学子依然是人格养成教育的底色。《上海市学生民族精神教育纲要》的总体目标中强调以国家意识、文化认同、公民人格教育为重点，在公民人格教育的过程中，要把社会责任、诚信守法、平等合作、勤奋自强作为重点内容。黄浦区的德育架构中，"公民人格"也把诚信教育作为其重要内容，这为我校设计学子培养目标与路径提供了有力支撑。黄浦区为此提供了丰富多样的教育资源，利于我校校本化的落地与实施。

我校在一百多年前建校之初就提出"朴与诚"的校训，"诚"一直是我校重要的育人目标。学校积累了丰富的教育资源，具有延续不断的教育传统。新世纪以来，我校以"智诚"教育为目标，全面倡导"争创免监考生"活动，旨在落实社会主义核心价值观，培养学生的社会责任感和诚信守法的意识；引导学生自觉承担个人对他人、集体和社会的责任和义务，将社会责任感体现在人生的价值目标和行为方式中；将中华民族传统中的诚信观念与现代市场经济的信用要求结合起来，把学生培育成诚实守信、勇于担当的"智诚"学子。

本活动最初以班级为单位，强调集体申报，集体共同成长。实施过程中，发现集体申报难以体现个体独立意志，反复权衡后，实施以个人名义申报"免监考生"的做法，不再刻意强化班级整体统一要求的概念，让学生们在更加宽松的环境中学会自主选择，真正独立自主地走向人格完善，把"做诚实守信的八中学子"真正转化为自身的内在追求。活动强调操作的规范性、可复制性，注重过程而避免以人数多寡论成效，追求过程的自然发生而不提倡运动式的突击，我们还整合学校各类德育资源，构建了以"诚"为特征的校本德育课程。

二、免监考生：学校文化之硕果

（一）申报条件

"免监考"从字面上讲，就是考试时无人监考，但这并不是"免监考"争创活动的全部内涵。争创"免监考班""免监考生"，就是要帮助每一名学生树立对学习、对成绩的正确思想，在班级中建设积极健康的学风和班风，最终促使每一位学生完善自我，用诚实积极的心态来对待生活，其本质在于要学生恪守诚信为人的道德原则。因此，对每一个参与争创"免监考"活动的班级和个人来说，重要的不只是考试无人监考，而是争创过程中整个人格的养成和提升。鉴于此，我们的申报条件如下：

1. 热爱祖国，热爱人民，热爱社会主义，热爱中国共产党。

2. 诚实守信，待人真诚，明辨是非，有错就改。

3. 学习态度端正、目标明确。

4. 严格遵守课堂纪律,勤于思考,勇于探究,上课时不做与课堂学习无关的事,不影响他人学习。

5. 学习习惯良好,独立完成各科作业,不偷懒、不抄袭。

6. 无考试测验作弊记录。

(二) 操作流程

近年来,学校在"百年智诚"办学理念的引领下,构建并完善了以"诚"为特征的学校德育教育模式。我们以"争创免监考生"活动为载体,开展诚信教育。在不断深化的过程中,我们制定了《上海市第八中学"争创免监考生"实施办法》,阐释了争创目的、申报条件、操作程序,明确了"免监考生"的权利和义务,形成了一系列规范可行的长效操作程序。具体流程如下:

1. 动员宣传:全体学生对照《上海市第八中学"争做免监考生"实施办法》有计划、有步骤地学习、体会,各班班委、团支部认真组织班级团员学生进行学习和讨论,以此提高思想认识水平,加强自律意识,为成为一名"免监考生"奠定基础。

2. 申请:凡要申报的学生在确定自己已符合"免监考生"条件的基础上,向学校递交有本人签名和家长签名的申请书,正式向学校提出申请。

3. 考察:学校在适当的时候,向全校师生公开申报个人的申请,并宣布对申报个人实施全方位的考察。该生座位表和作业本上均贴有绿色诚信标签。

4. 公议:考察期满后,学校将在该年级学生和教师中进行公议和公示,广泛征求意见。若该生在公议时第一次未通过则自动列入下一批争创免监考生名单中,第二次未通过则不再列入争创免监考生名单。以后该生可重新提出申请。

5. 命名:在各方认同后,学校召开全校大会命名,并授予上海市第八中学"免监考生"称号,学生在全校大会上授免监考生证书并宣誓,座位表和作业本贴红色诚信标签。以后校内每学期的中考、大考,该学生即实行免监考。凡免监考生人数占班级总人数80%以上的班级,学校即命名其为"免监考班"。

6. 复议:成为免监考生后,将定期接受全校师生复议,若在复议中没有通过,将核实相关情况后撤销其称号,免监考生不实行终身制。

(三) 资源整合

我校在黄浦区教育局的支持下,利用各类资源,形成合力,探索诚信教育新途径。我们利用各种资源,创造各种教育契机,让每一位学生都知晓在八中成为一名免监考生是学校倡导"以诚养德"的校训的一条具体措施,每一位八中学子都必须明确免监考生的权利和义务,积极争取成为这方面的榜样。

在实施过程中,我们利用学校随处可见的墙面,把学生的原创格言发表在视线可及之处;我们还引入所有任课老师、每一位家长等教育资源,形成教育合力,参与推荐、评价等,让这一活动深入学生生活的方方面面,润物无声浸润其间;食堂的节粮宣传、垃圾分类、爱心义卖活动、星级荣誉班争创等,都与争创免监考生活动紧密相连。此活动不再是孤立的一个活动,而是学校随时随地、深入人心的行为准则、评价标准。2012年我校开始进行男生特色教育研究,争创免监考生活动与男生特色课程"偶像生成学习领域"资源深度整合,诚信这一核心理念在活动与特色课程中同时得到落实和内化。

在具体管理流程上,我们注重学生申请的便捷性和实效性,每一位学生只要做好了争创免监考生的准备,在任何时候都可以向学校提出争创免监考生的书面申请,学校在接到申请后会给每位学生一份"申请批复",同时在该名学生的作业本上贴上绿色的诚信粘贴纸,在他所在班级的座位表上涂上绿色的标记,表明这位学生已经进入了免监考生的考察期。

在环境营造上,学校面向全体学生开展了"免监考生诚信徽章"征集、诚信格言撰写和评选、学生自编诚信小报、诚信通讯等活动,还开展班级诚信班徽设计、以"诚信"为专题的主题谈话课等活动。在推进过程中,学生的创造力得到体现。让学生自主地参与进来,发挥了他们的主观能动性。目前学校使用的这枚由师生共同设计的诚信荣誉章由隶体阳刻的"诚"字和篆体阴刻的"上海八中"四个字构成,颇具古典气息,与八中的百年老校的人文气息十分相称。徜徉在八中的教学大楼中,随处可见张贴在教学大楼中的历届免监考生撰写的原创诚信格言,它们成了校园中一种"此时无声胜有声"的教育资源。校团委、学生会干部主编的《诚信通讯》稿件均由学生在课外阅读过程中采编。

在学生评价中,我们也把免监考生争创与上海市高中生综评系统结合,要求学生把这些争创经历写进典型事例中,呈现学生精神成长的重要节点。市、区、校三级各类评优、推优入团等,是否免监考生是其中关键评价因素。黄浦区也提供教育资源,搭建智诚学子展示平台,先后参加了"文文明明幸福行"系列活动等,与校园资源完全整合。教育无痕,社会资源的引入更使得学生在追求自律的过程中增加了一份责任感。

三、诚信满校园:学校文化之沃土

学校在此项活动的开展过程中,充分考虑到了一个成功的德育活动必须坚持"过程有学生参与、形式为学生接受、成效让学生认同"的理念。我们力争本项活动惠及全体学生,成为所有"市八"学子共同的行动指南和价值选择。

(一) 推动了青年学子的道德自律自省,利于学生人格养成

争创"免监考生"活动不仅是考试时进入不同试场的标志,而且是进一步优化学生学习行为的激励机制。通过诚实守信的系列教育,也全面带动了学校德育工作的整体推进。"免监考"不仅仅是对考风的承诺,更是对学习态度和心态的考验,因此学校将课堂纪律、课堂表现、作业情况等项目都列入"免监考生"的考核范围。而这,恰恰是比"考试无人监考、无人作弊"更难做到的。我们希望诚信的品格贯穿学生生活、学习的方方面面,成为他们为学做人的基本信条。学校为了进一步倡导学生们的自主学习意识,培养他们的道德自律意识,从 2004 年第二学期起开展了争做"免监考生"活动,切实加强诚信教育。实施以个人名义申报"免监考生"的做法,不再刻意强化班级整体统一要求的概念,让学生们在更加宽松的环境中学会选择,把"做诚实守信的八中学子"转化为自身的内在追求。

(二) 师生见证你的成长,诚满校园

提出申请的免监考生考察期一般为至少一个学期,在考察期到期后,学校德育室会通过班级评议、全体任课教师评议、家长评议等多个渠道了解该名学生的诚信表现,做出是否同意该生为免监考生的决定。

每一位被命名的免监考生都会在学校的升旗仪式或者大型活动中,面对庄严的国旗和全校师生举起右手庄严宣誓,做出诚信的承诺。学校还将会把免监考生的荣誉章在宣誓仪式上由校领导、班主任、任课老师、免监考生代表等亲自给这些学生佩戴,并赠送一句诚信格言或者一本书给该学生。

被命名的免监考生在今后的测验考试中可能会被安排在无人监考的环境中经受考验,更多的是在有人监考的考场中起到榜样示范作用。在一个学期后这些新命名的免监考生如果还想保持这个荣誉称号,他们就将向学校提出"免监考复议申请",再一次接受学校广大师生和家长的评议。

学校将课堂纪律、课堂表现、作业情况等项目都列入"免监考生"的考核范围。我校的班主任老师和广大任课老师充分发挥指导者和监督者的作用,形成强有力的舆论氛围和监管机制。从一开始的学生自主申报到舆论氛围和监管机制等外力约束,到后来每个人自觉地去遵守这些规章制度,使这些规章制度内化成自己的行为习惯和自身素质,这样的一种转变过程本身就是一次极好的自主德育过程。

我们还就此举行了全市中学生论坛,上海各大新闻媒体也对此进行了深度报道,引起了本市和全国教育专家的广泛关注。多年来,各大媒体陆续对我校争创"免监考生"活动予以报道,这不仅是对我们工作的肯定,也为全市各中小学践行社会主义核心价值观提供了一个鲜活的范例,起了良好的示范作用。

(三) 与时俱进,探寻完善优化的路径

近二十年,此项活动在学生中产生广泛影响力。随着社会发展,我们也主动梳理、积极思考、寻求完善优化的路径。尤其是在高考新政下,如何与学生的综合素质测评自然对接,过程更贴近学生,为学生的终身发展奠基,是我们继续思考的课题。我们还利用网络技术,开发网上师生评议平台,便于老师和学生公正独立地判断评价;我们也在全校范围内征集《实施办法》修订意见,完善免监考生的权利与义务;我们还强化"免监考生"宣誓仪式的神圣感和整体师生的参与度,比如全校师生为免监考生设计原创书签、明信片等,作为礼物赠送给新的免监考生,比如设计免监考生 logo,又比如把免监考生的争创和学校其他德育活动相整合,互为表里等。我们还希望拓展德育教育空间,利用区域德育教育资源和平台,与黄浦区德育教育深度融合,与学生综合素质评价、志愿者服务进一步整合。总之,我们在此项活动的内容和形式上都能有进一步的丰富和发展。

争创"免监考"活动已成为我校"诚信"教育的切入口,是我校"学子人格锻造工程"的锻点,生动地体现了我校"自主德育"的成果。二十多年来,争创"免监考"活动在我校已形成了学校校本德育的特色。每一次,当"免监考生"在升旗仪式上庄严宣誓时,那掷地有声的声音深深震撼着每一个八中学子的心灵。纯净的考风、学风在八中校园已初步形成,"以诚为本,以信立人"的思想在每一个八中学子的心中生根、萌芽;"诚实求学,信守一生"的理念成为八中育人的目标。

(上海市第八中学 李群华)

"护照"在手,成长可求

社会实践活动能让学生走出校门、离开书本、融入社会,是培养学生创新精神和实践能力的良好载体,亦是提升学生综合素养,实施素质教育的有效途径。近年来,作为上海市第二、第三轮课程领导力项目研究学校,上海市大同初级中学在充分挖掘上海市,尤其是黄浦区丰富的社会实践资源的基础上,自主设计了"享趣社会"实践课程。"享趣社会"实践课程由横向并列的三大模块"身边寻访""寒暑之旅""春秋研学"组成,把学生四年初中学习生活中双休日、寒暑假、春秋游等所有社会实践全部纳入课程体系。三大模块中的"寒暑之旅"模块充分利用了"黄浦区中学生社会实践护照"中的基地资源,在场馆寻访中使学生的社会实践完成了由活动到课程、由被动参加到主动探究的质变过程。

一、梳理资源,建构实践活动课程框架

多年前,每逢寒暑假,学校德育室都会根据区德研室的要求,组织学生寻访"黄浦区中学生社会实践护照"上的实践基地。然而,彼时没有明确的活动要求和寻访任务,学生前往规定的场馆后在"护照"上敲章证明即可。至于场馆的选择,也只是以就近为主要原则。久而久之,这种无目标、无任务、无体系的社会实践活动自然无法吸引学生,学生往往被动参加、消极面对。学生不重视,班主任对此也颇有微词,家长更是不屑一顾。每次场馆寻访,总有家长帮孩子想出各种"堂而皇之"的理由来逃避。

"残酷"的现实让我们产生了这样的思考:任务式的敲章、走马观花式的应付,这样的社会实践能在学生的心目中留下多少印记? 如此流于形式的寻访活动,意义又何在? 于是,学校德育室携手政史地教研组开展了一场关于"场馆寻访,何去何从"的大讨论。

讨论中,老师们集思广益,各抒己见,大家都认为场馆寻访是非常有意义的社

会实践活动,应该继续开展和推广。不少老师认为,以往蜻蜓点水般的参观活动不仅耗时耗力,而且达不到任何教育的效果。只有让学生带着探究任务寻访,他们才会积极、主动地投入其中,才能收获事半功倍的实效。而对于寻访的场馆,大家更是达成了共识:"黄浦区中学生社会实践护照"集聚了黄浦区各类实践基地,资源丰富,就从这里面确定。于是,老师们对照"护照",结合六至九年级学生认知特点和学科知识储备,选择了三山会馆、民防科普教育馆、上海博物馆(青铜馆)、中共一大会址纪念馆、文庙、世博会博物馆以及上海历史博物馆作为六至九年级寒暑假寻访场馆。

至于每个年级具体安排哪些场馆,德育室和教研组长反复商榷,除了顾及每个年级学生的年龄、心理特征之外,还充分考虑了每一个场馆的育人功能。如三山会馆是上海唯一保存完好的晚清会馆建筑,会馆是社会发展的产物,也是城市发展的见证,在这里人们可以了解会馆对上海经济发展和移民城市所起的作用。同时,三山会馆也是上海工人第三次武装起义的遗址之一,陈列着上海工人三次武装起义的图片和文字史料。因此把三山会馆作为六年级学生的寻访场馆,既能让他们了解城市的发展史,又能走近中国革命史。再如七年级的学生在第一学期的历史课上学习了《夏商周的更替》和《青铜器与甲骨文》后,对商朝的历史和青铜器的复杂工艺有了初步的认识,而上海博物馆的青铜馆内恰好收藏着镇馆之宝"大克鼎"及其他诸多的青铜器。组织七年级学生前往上海博物馆青铜馆,通过参观实物,能让他们深切感受青铜制作的复杂技艺,认识商朝所创造的青铜文明是当时世界上比较领先的文明成果,理解灿烂的青铜文明是早期华夏文明的重要组成部分,从而激发起强烈的民族自豪感。

场馆确定后,如何将寻访活动设计成为实践课程,又成为摆在老师们面前的一道难题。德育室又组织学科教师、班主任开始了一场"头脑风暴"。大家首先横向组合:在各教研组内,认真梳理、罗列各年级寻访场馆中可能涉及的学科资源;然后纵向交流:各年级班主任共同研讨,挖掘出本年级寻访场馆中的德育内涵;最后政史地教研组教师汇总各方意见后走进场馆,亲身实践体验,在充分了解场馆资源的基础上,设计各年级学生"场馆寻访"任务单,进而形成一门门微型课程,并为每一门课程确定了相应的主题。

至此,"寒暑之旅"场馆寻访实践活动课程框架初步建构完成。

表 3-8　"寒暑之旅"场馆寻访实践活动课程框架

年　级		六年级	七年级	八年级	九年级
寒假	课程	寻根上海	灿烂文明	经典儒学	城市记忆
	寻访场馆	三山会馆	上海博物馆(青铜馆)	文庙	上海市历史博物馆
暑假	课程	生存技能	开天辟地	世博情怀	
	寻访场馆	民防科普教育馆	中共一大会址纪念馆	世博会博物馆	

二、实施课程,优化完善实践活动环节

课程实施过程中,我们将目光聚焦于活动任务单的完善与优化上。因为只有任务单设计得有趣、合理、可操作,才能吸引学生的眼球和兴趣,寻访活动也才能达到预期的效果。我们进行了学生和家长的访谈,听取他们的想法和建议,并在此基础上对活动任务单进行修改和调整。以三山会馆的活动任务单为例,1.0 的版本设有会馆简介、交通提示、探究主题、老城厢保护金点子(浮光掠影、耳闻目睹、心有所悟、脑洞大开、延展所思)等板块。令我们没想到的是内容如此丰富的任务单却被学生普遍反映篇幅太长、任务太多。家长也认为对于六年级的学生而言,完成这些任务颇有难度。于是,我们对任务单进行了修改,2.0 版本略微缩短了篇幅,删减了部分学生和家长都认为较难的题目。然而,这还是没有得到学生的认可,他们认为填空、选择题可以完成,但其他的题目还是一个字——"难"。于是,我们又再次修改了任务单。3.0 版本的任务单不仅只有一张 A4 纸大小的篇幅,而且仅设有"场馆印记""浮光掠影""脑洞大开"三个板块。其中填空、选择之类的题型取消了,取而代之的是让学生自主选择的开放型探究活动。这些活动,学生可以凭借已有的知识积累和丰富的想象独立完成,也可以和同伴组成小队,制订方案,通过互助协作共同完成。从 1.0 到 3.0,任务单上观察发现、主观感受之类的题型被可供学生根据自身兴趣、特长选择的探究活动所代替,学生参加社会实践活动的快乐指数得到了极大的提高。

寻访活动结束后,学生需要把已完成的任务单上传到学校数字化平台"学生成长记录"。老师登录平台,对学生的探究成果进行评价。起初的评价方式为设计任务单的老师直接在平台上打分。但随着活动的开展,我们逐渐认识到评价的形式、

评价的主体和评价的样式都应该是多维度的。因此,除了老师之外,我们还让学生开展相互评价。评价的方式也不再仅仅是一个单纯的分数,更多的是采用描述性的语言,让学生知道他的闪光点和需要提高的方向。同时,社会实践活动成果的呈现也比活动最初时多样,任务单不再是唯一的呈现形式。我们通过校、班会课组织学生进行作品展览,分享探究成果,体会过程收获,改变了以往实践活动的虎头蛇尾、有始无终的现象。

三、活用资源,丰富拓宽实践活动内容

从 2017 年至今的三年时间里,我们坚持在假期中开展"寒暑之旅"场馆寻访活动。在此过程中,我们定期进行学生访谈,开展问卷调查,聆听学生及家长对活动的想法和意见。根据他们的建议和场馆开放等实际情况,我们对各年级寻访的场馆进行了调整。除了最初定下的九个场馆之外,"护照"中的公安博物馆、中共二大会址纪念馆等也都成为学生的寻访之处。

我们还把学校的德育活动与"寒暑之旅"实践活动相结合。2019 年恰逢新中国成立 70 周年,我们在暑假中开展了"红色人文行走"主题教育活动。要求每个年级从"护照"中选择红色教育基地,设计行走路线和任务单。中共一大会址、周公馆、孙中山故居纪念馆、黄浦剧场、渔阳里、外滩历史纪念馆等爱国主义教育基地,都成了各年级争抢的热门场馆。在寻访了这些红色场馆后,学生们对党和国家的发展历史有了更深刻的了解和认识,爱党、爱国之情在行走中油然而生。

2019 年,《上海市初中学生综合素质评价实施办法》及《上海市初中学生社会实践管理工作实施办法》先后出台。根据文件精神,每个学生必须在初中四年完成 136 课时的社会考察。在制订我校学生社会实践工作实施方案时,我们首先把"寒暑之旅"场馆寻访活动纳入其中,保证每一个按要求参加活动的学生都能拥有 28 个课时。虽然这 28 个课时只占总课时的五分之一左右,但对于学业繁忙的学生而言却是弥足珍贵的。以后,我们仍将根据实际情况调整场馆资源,但有了"黄浦区中学生社会实践护照"的保障,相信一切都不会是问题。

回首这三年以来的"寒暑之旅"寻访活动,我们欣喜地看到了学生们对于社会实践活动的态度转变,也深刻感受到了他们在活动中的成长:有的学生形成了问题

意识,学会用科学方法找到问题的解决方案;有的学生思维品质提高了,创新意识得以激发;还有的学生在活动中学会与同伴沟通合作,人际交往能力增强了……而这,都得益于"黄浦区中学生社会实践护照"为我们提供的良好的实践资源。小小的一本"护照",既是学校开展社会实践活动的坚实后盾,又是学生提升素养、健康成长的贴心伙伴。正所谓:"护照"在手,成长可求!

（上海市大同初级中学　潘春琳）

合力打造,助力成长

上海市清华中学作为一所有 80 年历史的老校,一直秉持"厚德博学"的办学理念,特别注重中华优秀传统文化对学生人文素养的熏陶与渲染。学校确立了以校内人文类拓展型课程开设为主阵地,以校内外综合社会实践活动为主要载体的课程实施路径与策略,通过整合校内外资源,不断丰富学生的学习经历,以满足不同学生身心发展需求,助力学生健康成长。

一、借助外力,促成"非遗"进校园

2014 年,为贯彻教育部《完善中华优秀传统文化教育指导纲要》和《上海市中长期教育改革和发展规划纲要》精神,落实立德树人根本任务,共同加强青少年中华优秀传统文化教育,培养中华优秀传统文化的继承者和弘扬者,上海大力推进"非遗文化进校园"活动。在瑞金二路街道的牵线搭桥下,国家级非遗项目"上海灯彩"落户清华校园。

为了更好地用好"上海灯彩"资源,学校和街道携手攻关,于 2014 年成立了上海灯彩清华中学传承工作室,得到了上海市工艺美术博物馆、黄浦区文教结合办、黄浦区教育局、黄浦区文化局和黄浦区社区学院强有力的支撑,形成了专业部门提供指导、博物馆提供专业师资、街道提供后勤保障、学校提供场所及生源与课程支持的工作格局。

众人拾柴火焰高,在大家的共同努力下,2015年学校被授予上海市首批非物质文化遗产传习基地和上海市十佳非遗校园传习基地。历经五年的实践探索,"上海灯彩"被打造成了市、区具有一定影响力、较成熟的德育特色课程。反思"非遗进校园"之路,从项目引入到课程本土化实施和发展并不是一蹴而就,而是学校多年来整合校内外资源、坚持开放办学、社会共育机制所结的硕果。

二、积聚众智,打造"非遗"特色课程

(一) 共建共享,纳入学校长远规划

学校把"非遗"文化建设纳入学校校园文化建设的总目标,制订三年规划,成立"上海灯彩"课程工作小组,通过学校的整体部署、总体规划、重点实施,保证此项目有序推进;通过与共建单位密切合作、保障资源、精心培育,促进项目保持持续良性发展。同时,通过三级管理、分工负责,保障课程规范有序地开展和实施。

(二) 深度合作,建设校本"非遗"课程

"上海灯彩"项目引进后,学校与各共建单位深度合作,根据学校校情以及学生成长需求开发具有学校特色的拓展课程。

1. 创建校本"非遗"课程

学校成立了"上海灯彩"课程研发小组,在市、区相关专家的指导下,制定了"上海灯彩非遗课程实施纲要",明确了课程目标、课程内容框架、课程实施计划及评价等内容;聘请国家级非物质文化遗产"何氏灯彩"的第三代传人何伟福老师担任课程总指导并担任授课老师,面对六、七、八年级开设"上海灯彩"校本课程,传授"上海灯彩"手工技艺,传承"非遗"文化。

2. 馆校合作开发校本教材

学校与黄浦区文化馆共同开发、编制校本教材《上海灯彩》,深度合作挖掘与分享"上海灯彩"课程资源,共同探索适合初中学生特点的"上海灯彩"课程建设思路。

3. 为"传习人"配备助教

学校把"非遗"传习人请进课堂,必然要在传统的教学模式、方法上进行改革和创新,这需要相关教师与专家学者的共同努力,使得"上海灯彩"传承的资源更广泛、形式更多样、教学模式和方法日趋成熟。学校配备一至两名老师当助教,专家着重技法教授,助教主抓课程安排、学生管理、资源配置和个别辅导,双剑合璧,共

同助力课程系统化的开设。

4. 拍摄系列微课

在"非遗"传习人何老师的大力支持下,学校计划五年内完成中华优秀传统文化系列课程"上海灯彩"系列微课的录制,形成"上海灯彩"云端课程学习资源包。其中,微课"折叠钓鱼灯"被评为2018年上海市中华优秀传统文化系列课程"空中非遗课堂"一等奖,微课"熊猫灯"被评为2019年上海市中国系列课程"非遗空中课堂"二等奖。这两节微课在2020年"学习强国"上海学习平台"中小学课堂"栏目中进行了分享。

5. 区内共建共享

2019年,"灯与影的艺术——上海灯彩"课程成为黄浦区首批德育共享课程,携手区内三所学校成立了"上海灯彩"课程联盟,本着"共享、共建、共发展"的理念,四校合力,共建共享,相互促进,通过打造一组与各校特点相匹配的"上海灯彩"特色活动课程,让"非遗"文化在区级共建共享中薪火相传。

(三)"宝塔式"培养,"非遗"文化有传人

在学生培养上,学校采取了"宝塔式"培养模式,从面向全体学生的普及培养,到满足兴趣的多元选修,再到特长学生的专业提升,使课程学习与传习逐步深入,层层递进,达到"非遗"文化的普及与提高效果,为有兴趣爱好的孩子搭建成长舞台,使"上海灯彩"这一优秀的中华传统艺术后继有人。

在何老师的精心指导下,学校多次获上海市"我是小小非遗传习人"比赛团体一等奖,累计32人次在市、区"我是非遗传习人"评选活动中获奖。2019年,"上海灯彩"学生团队参与"梦想·美丽中国"上海市学生艺术设计大赛获得优秀奖,有七名学生获上海市艺术比赛二、三等奖。在活动中,"非遗"小传人学到的不仅是技艺,更树立了文化自信,在实践中促进了整体协同发展。

(四)校内外携手,进一步丰富"非遗"课程

为了更好地传承中华优秀传统文化,学校再次携手共建单位,打造与之匹配的"非遗"活动课程,倾力搭建"非遗"实践平台,积极培养热爱传统文化、具有传统美德和创新力的传承人。

元宵节期间,学校组织全体学生参与"我心中的最美花灯"制作与评比展示活动,通过动手动脑实践在学生心中撒播保护和传承"非遗"文化基因的种子。"非遗"活动周,学校通过"非遗"讲座、"非遗"读书活动、"非遗"征文、"非遗"亲子DIY

创作等多种活动方式寓教于乐,促进学生对"非遗"文化的认同。

校园艺术节中,"非遗"小组的学生们化身"民间手艺人",制作出一个个活灵活现的作品,为全体师生奉献了一份精美的艺术视觉盛宴,让更多人感受"非遗"的艺术魅力。校园科技节中,创新小组的学生们则与国家级"非遗"传习人何伟福老师结成对子,进行"非遗"文化创新的积极探索,"非遗+科技"也让传统的"非遗"文化散发出更加迷人的科技魅力。

寒暑假期间,学校组织学生巡访"非遗"基地、寻访"非遗"传人、参与申遗活动、参加"非遗"小传人志愿服务活动和"我是非遗小传人"比赛活动等,通过不断丰富"非遗"课程的载体渠道,传承优秀民族文化。

此外,学校少先队率先从学生干部着手,成立"非遗"小传人志愿服务小队,通过"以一带十",在更多学生心中种下一颗"非遗"保护和传习的种子。学校还把"上海灯彩"课程与家庭教育相结合,在家长学校中开设开展亲子DIY活动,通过"一个孩子带动一个家庭",让"非遗"文化在家庭中闪光。

三、拓宽渠道,扩大"非遗"影响力

学校通过组织学生参与中华传统文化海外交流活动、市区艺术交流和比赛活动等,让学生在活动中理解"非遗"文化,感受"非遗"魅力,增强民族自信和文化自信。

(一)加入校际联盟
学校自2016年加入上海市非遗联盟学校以来,通过校际联盟课程展示、主题汇报、经验分享等文化交流活动,让更多学生熟知上海灯彩,同时也让校内更多孩子借机走出校门,在"非遗"传习的过程中不断丰富自己的学习经历,提升自己的综合实践能力。

(二)区内共享成果
作为黄浦区市民学习基地,学校坚持"非遗"的普及性、公益性、开放性、创新性等原则,把"上海灯彩"课程纳入街道、社区和区内中小学校共享课程,定期举办公益讲座和课程体验,开展"非遗"传习活动。

(三)打造市级品牌
学校精心设计品牌活动项目"上海灯彩DIY"。寒暑假前,通过易班博雅网发

布、微信平台推送等方式,告知市民和中小学生"上海灯彩"体验课程的预约方式,让更多人共享"非遗"成果,参与到"非遗"保护和传承中来,营造"非遗"传承的良好社会氛围,推动"非遗"文化在市民特别在青少年学生心中生根发芽。2015年至今,学校活动项目"上海灯彩DIY",吸引了来自上海市各区100多所中小学校近2000人参加,这一项目被评为"上海市优秀暑期项目"。

(四)借助媒体宣传

作为上海市中华传统文化研习校外实践基地和上海市非遗进校园十佳传习学校,学校充分整合媒介资源,借助媒体来扩大影响力,拓展育人空间。2018年,学校拍摄制作"上海灯彩"宣传视频,利用"文化和自然遗产日"契机在上海教育电视台公开播映。在上海市文教办的力荐下,学校党支部书记蔡霞受邀参加上海人民广播电台新闻广播FM93.4"教子有方"栏目,进行了"传统文化如何浸润校园"的宣传。

(五)注重文化交流

自2015年起,学校每年参加"上海市中华优秀传统文化主题月展示活动",把"上海灯彩"课程作为接待韩国大邱竹田中学来访团的国际交流课程和安徽金寨留守儿童团的公益文化课程。连续三年,"上海灯彩"课程走进大世界"非遗"传习教室,国家级"非遗"传习人何伟福"手把手"教来访市民制作花灯,一起回味"小辰光"的味道,受到市民的喜爱。

"上海灯彩"课程的成功打造离不开各社会力量的大力支持,也离不开社会共育机制这一沃土。"非遗"课程的开设,不仅加强了学校对"非遗"文化的普及,培养了一批民间艺术小传人,更重要的是让学生在体验感悟中,树立了向真向美向上之理想;在动手实践的过程中,感受到非物质文化遗产的特有魅力;在传承学习和协同合作中,提升了学生的创新精神、责任担当意识与人文审美等综合素养。也许,"非遗进校园"的意义远远不止于此,毋庸置疑,它必将在学生的人生成长之路上留下浓墨重彩的一笔。

(上海市清华中学　彭红艳)

走进楹联文化，践行非遗传承

"云对雨，雪对风，晚照对晴空。三尺剑，六钧弓，岭北对江东……"舞台上，一群"敬初"少年手捧一本《声律启蒙》，在老师的谆谆教导中诵读、品味，感受中华语言的魅力。这是 2019 年 9 月上海市敬业初级中学师生参加上海市"我是非遗传习人"传统演艺类决赛现场的一幕。这个获得银奖的节目——表演唱《声律启蒙》，也可以看作学校开展楹联文化教育的一个缩影，打造校园文化特色的一个品牌。

上海市敬业初级中学是上海市"非遗进校园"优秀传习基地、上海市楹联学会联教基地学校、上海市楹联学会老西门分会楹联文化教育点、黄浦区"非遗进校园"试点学校。学校积极探索研究以楹联文化为核心的非遗文化教育模式，充分挖掘楹联文化德育资源，开设中国系列课程"墨香书联"等非遗课程，开展各类传统文化体验活动。无论是在资源开发、读本编撰，还是师生成长、示范辐射等方面都取得了一些成绩，也赢得了良好的社会声誉。

一、背景

党的十八大以来，习近平总书记多次在重要场合发表关于传承与发展中华优秀传统文化的重要论述。在 2017 年两会上，教育部部长陈宝生在谈到传统文化进校园的话题时强调要进一步加强校园文化建设，让校园成为学生学习、交流和体验中华优秀传统文化的乐园。近几年，《完善中华优秀传统文化教育指导纲要》《关于实施中华优秀传统文化传承发展工程的意见》《上海市文教结合工作三年行动计划（2016—2018 年）》等国家及上海市相关重要文件的相继出台，进一步推动中华优秀传统文化的传承与发展，有力增强了中华优秀传统文化的凝聚力、影响力、创造力。

"十三五"期间，黄浦区教育学院德研室积极整合区域内的德育资源，形成了以"家国情怀""文化认同""公民人格"和"世界眼光"四大模块为主的德育内容体系。敬业初级中学依托"非遗进校园"这一育人平台，充分发挥楹联文化教育的优势，使资源利用最大化,同时也和区德育内容体系中"文化认同"模块的学生培养要求相一致。

学校楹联文化教育的开展,是源于黄浦区老西门社区提出的"人文老西门"的理念以及有着传统经典人文情怀的《老西门人文地图》。利用假期,学校的志愿者服务队开展了"人文老西门"的探寻之旅,不管是龙门村的前世今生还是普育里的石库门建筑及楹联文化、小桃园清真寺、敬业中学、上海文庙等人文景观,通过学生的视角和探寻,让"人文老西门"焕发了新的生机。

正是有了这样的开始,学校和上海市楹联学会老西门分会达成了楹联文化教育的合作意向,借助楹联学会的专业资源,将优秀非遗文化渗透于学校的德育活动及课程体验之中,让楹联文化能真正走进学生的心灵,培育具有"诗情画艺"特质的"敬初"学子。

二、实践

(一)校社携手共创楹联读本

在敬业初级中学"楹联文化教育点"正式签约之前,学校与上海市楹联学会老西门分会携手合作,共同创编了一本学生楹联读本《雏凤联画谱新音》。读本中的32幅楹联作品出自上海市楹联学会会员之手,以"社会主义核心价值观"和"优秀的家训家风"为主题。和楹联相对应的绘画作品则来自学校四个年级推选出的学生之手。在语文和艺术教师的共同指导下,学生们用联配画这种通俗易懂的形式,编写楹联读本。绘画和楹联主题切合,相映成趣。

2015年3月9日,敬业初级中学举行了"楹联文化教育点"签约揭牌暨《雏凤联画谱新音——社会主义核心价值观楹联欣赏读本》首发仪式。全校每位学生都拿到了这本凝聚着合作双方智慧与心血的学习读本。教室里、课堂中,学生们手执书册,细细品读,学习和领悟楹联文化凝练的语言风格和深刻内涵,感悟"人文老西门"的情怀和中华传统文化的魅力。签约仪式后,学校的楹联文化教育系列课程也正式拉开了序幕。

(二)借助"东风"描绘"敬初"生活

自从《雏凤联画谱新音》这本学生楹联读本在"敬初"校园中亮相后,它也成为学生们茶余饭后津津乐道的好读本。因为其中有学生自己的作品,所以无形中也调动了学生们学习楹联的积极性,这对学校开展"楹联文化"教育活动可谓开了个好头。

如何继续挖掘学生们学习楹联的兴趣和潜能呢?学校想到了丰富多彩的校园活动,借助这一东风,让学生们用楹联来描绘精彩的"敬初"校园生活,岂不是一举两得之事?于是,学校开展了"寻找最美楹联"活动,学生们把在参加学校活动中的点滴感受,以楹联创作的形式展现,由学校教师及楹联学会的专家组成评审组进行评选。大家在积极踊跃投稿后,一副副由学生们自己创作,又贴近校园生活的楹联作品新鲜出炉了。其中有表现英语节活动的"英语辩论拼口才,思路严密展风采",有开展文庙小导游活动的"孔子庙谱写青春,明伦堂放飞理想",还有记录春游活动的"红鹮鸟一身红火迎游客,松鼠猴上蹿下跳表欢喜"。虽然这些楹联作品无论内容还是格律都略显稚嫩,但它们却是学生勇于实践、从无到有的良好开端。通过评比,优秀楹联作品被授予"体悟文化奖""忠实记录奖""乐享活动奖"等称号。学生们的楹联首秀成功。

在学校的各类重要活动中,也处处显现鲜明的楹联文化教育特色。"赛楹联 书春联 闹元宵"活动中,"敬初"的教学楼被"中国红"装点,煞是好看。各班的"书法小达人"们来到专用教室,铺纸碾墨,在喜庆的大红纸上撰写学生们自己创作的楹联,楹联撰写完成后,学生们还把它张贴在教室门上,为这个中国传统节日增添了更多文化的气息。此外还有一年一度的嘉年华汇演活动、区城市少年宫活动、"中华优秀传统文化主题月"活动、"非遗进校园"欢乐开学日活动、"六一游园乐 文化嘉年华"活动以及翁曙冠奖学金"诗情画艺""敬初"学子评选等活动,学生们在丰富的活动体验中学习传统文化,感受传统文化的深厚魅力。

(三) 专家引领构建系列课程

学校在充分挖掘内力的基础上,还借助外力资源,聘请上海市楹联学会的专家作为指导教师,对师生开展楹联知识系列培训,校园里楹联文化学习研讨的氛围也愈来愈浓厚。

如"楹联文化进学校"专题研讨会围绕"教师在楹联文化教育和中华传统文化中的作用与地位"这一主题展开研讨,为学校楹联课程的打造指明了方向。"楹联中的'敬初'生活,楹联中的'诗情画艺'"专题研讨,把关注的视角落在了学生创作的楹联作品中。在激发学生学习楹联兴趣的基础上,如何提升学生的创作水平,专家的一对一指导成为学校宝贵的教育财富。学校两届德育论坛——"聚焦德育课程建设,成就学校文化品质"及"文化的力量"的召开,从学校、年级、班级、课程管理及教师发展等不同层面,对学校楹联文化教育和中华传统文化的实施进行了总结与提炼。

2019年,学校开发并由本校教师授课的"墨香书联"楹联文化系列课程入选第一批上海市学校"中国系列"课程。该课程是由楹联和书法两部分内容组成,是一门书文双美、艺趣相生的楹联系列课程。为了进一步完善和拓展非遗课程的深度和广度,学校依托上海大世界传艺中心、上海慈爱公益基金会和上海皓古文化艺术馆等社会资源,陆续合作开设了"太极""段锦""布艺""柳编""风筝制作""文房四宝""五谷杂粮画"等多门各具特色的非遗课程,打造校本"诗情画艺"多彩课堂。学校还与上海大世界传艺中心合作编撰"非遗进校园"系列课程读本,拍摄制作"走进非遗传习人"微视频。在2019年9月30日的嘉年华汇演中,学校隆重举行了"非遗进校园"课程读本首发仪式,并为五位非遗传承人颁发了指导教师聘书,这一成果也是学校和社会德育资源共享的最好体现。

正是因为有了这些德育资源,学生才能多方位参与到非遗文化的学习中,近距离感受传统文化之美,从中寻找到自己最感兴趣和最擅长的传习点,最终学会选择、体验分享、获得成功,收获属于"敬初"学子独有的"诗情画艺"。

三、成效

随着以楹联文化为核心的学校非遗文化教育不断深入推进,学校的非遗特色课程也如同一张闪亮的名片,在四年多的教育实践中渐渐崭露头角。"敬初"师生在资源共享、体验学习、示范辐射中提升人文素养,弘扬并传承中华优秀传统文化。

学校积极开展市级课题"中华优秀传统文化之楹联文化教育的实践与研究"的实践研究,进一步提升了"楹联文化"在学校课程建设中的重要作用,该课题荣获市德育研究协会成果二等奖。学校充分利用非遗文化教育的德育资源和优势,让非遗传承从校内走到校外。"走近楹联""墨香书联""文房四宝""柳编"等课程分别走进大世界非遗传习教室、上海市第十五届教育博览会、每年在文庙举行的祭孔大典,并多次在韩国釜山教师代表团、中国台湾学生代表团、贵州遵义教师代表团等接待中进行展示。2018年,学校荣获黄浦区非遗"进四区"成果展最佳魅力奖。

2019年11月,在接受市教育责任综合督政关于未成年人思想道德建设工作检查时,学校的楹联文化教育工作也得到了专家的一致认可和好评。

学校还充分发挥基地教育实践功能,从2016年起作为黄浦区市民学习基地,每周日为社区居民开设"楹联书法""段锦"等非遗课程,将传统文化教育的影响不断扩大。教师、学生、家长在历年市、区"我是非遗传习人"评选活动中屡次获奖。黄浦区文化和旅游局对学校在开展非物质文化遗产传承传播工作也给予了高度肯定。2019年12月,学校被推荐参加了上海市"非遗在社区"示范点的评选活动。

如今,学校在积极创建"班级育人共同体"的教育进程中,继续着力打造以楹联文化为核心的非遗文化课程建设,思考德育资源的进一步整合、完善和推广,让楹联文化和非遗传承在新时代中焕发出更强的活力和生命力。

(上海市敬业初级中学 周洁旻)

红色记忆,墨印留痕

版画校本课程是我们上海市第十中学的德育课程、特色课程。经过长达十年的版画教学实践,已形成了较为成熟的版画教学校本体系。2009年,以全国教育科学规划课题"市十中学版画校本特色的实施研究"为载体,全面规划和推进了版画教学。我校学生人人了解版画,个个尝试制作版画,学生的作品曾先后获得过全国及上海市的几百项等第奖,美术教师的作品也曾先后入选全国及上海市的多个画展。

对于如何让学校德育实践活动与学校版画特色课程有机结合,如何整合好校内外的德育资源,我们做了以下探索。

一、背景

早在2014年,上海就成为全国唯一获批开展教改综合实验的城市,明确提出"构建大中小一体化德育体系"。国家和上海市中长期教育改革和发展规划纲要提出"坚持育人为本,德育为先",把"立德树人"作为教育的根本任务,为教育"培养什么人、如何培养人"指明了方向。

我们上海市第十中学是一所有着悠久历史的学校,历经了百年积淀,逐渐形成了"正思、勤学、笃行"的核心文化,确立了"做更好的自己"的办学理念,旨在培养"为人忠实、作风朴实、学习扎实、身体结实"的"市十"学子。我们学校坐落于黄浦区老城厢,周边的德育资源非常丰富:黄浦区是党的诞生地所在区,也是共青团的发源地、国歌的唱响地、解放上海第一面红旗的升起地。中共一大会址是中国共产党理想启航的地方。这些独一无二的红色资源和悠久绵长的红色文化构筑了黄浦的城区底色。深耕厚植的红色文化资源为版画特色课程提供了丰富的教育内容,为开展德育实践活动创造了条件。

二、实践

(一) 红色人文行走,感受红色文化

我校学生手中都有一本黄浦区社会实践"护照",护照中的红色学习圈里就包含了上述的这些爱国主义教育基地。由此,我们结合学生社会实践活动及我校版画教学特色,通过举办一场以"红色记忆　墨印留痕"为主题的学生版画作品展及展示活动,引导学生以版画作品的形式表现黄浦革命印记,传承红色基因,从而丰富学生体验,弘扬红色文化。于是,我校于2019年8月成功申报了"逐梦新时代·黄浦新荣光"主题活动项目——"红色记忆　墨印留痕"。

我们学校有一大批敬业爱岗的青年教师,在完成这个项目的过程中首先由学校德育室发动青年教师在假期带领学生走访黄浦区社会实践活动红色革命基地,例如高二年级的一些学生走访了上海市历史博物馆,围绕上海抗倭战争展开了研究。他们通过参观古代上海与近代上海展厅,感叹上海历史的悠久与中华文化的博大。在资料收集的过程中,他们也深刻领悟到传承民族精神的重要性。

我们学校有版画专业水准相当高的美术教师,早在2003年就编写并由上海书画出版社出版了《版画》《课堂版画》两本版画教材,在完成项目的过程中,美术教师们详细介绍了开展本次活动的创作要求,鼓励学生对照黄浦区学生社会实践手册,选择其中红色学习圈的相关红色爱国主义教育基地,在双休日深入其间,从建筑的外形到建筑的内部,从里面介绍的文字册页到各种实物陈列品,一一仔细观察,熟

悉和了解"党的诞生地",收集资料作为版画创作素材。

(二)开展版画教学,描绘红色记忆

从 2019 年 9 月开学起,美术教师们就根据各学段学生对版画制作的掌握情况,开始推进不同的版画教学内容。

如在预备及高一年级中逐步推进撕纸和线刻版画,这两个年级的学生刚刚进我校,基本对版画一无所知,所以着重让他们了解纸版画中的撕纸的技法。撕纸是纸版画制作中比较简单的技法,它利用卡纸可以分层且各层光滑度不同的特点,用刀刻,用手撕,完成制版过程,然后拓印完成版画作品。通俗的解释就是利用纸张的光滑和毛糙拓印出不同深浅色,而纸张的毛糙度不一样,毛糙的纹理不一样,印出来的深浅自然也不一样,于是就有了学生对肌理的初步认识。

如图 3-2、3-3 所示,学生作品《黄浦剧场》和《渔阳里》的表现采用的就是撕去背景突出建筑主体的方式表现,撕去的背景由于变得毛糙拓印效果呈现淡色,保留的光滑的纸张拓印效果呈现深色,再加上用圆珠笔以线刻的方法刻画的细节,画面效果就有了黑白灰的层次。

图 3-2 学生作品《黄浦剧场》

图 3-3 学生作品《渔阳里》

再如在初二、初三及版画拓展型课中主要推进黑白木刻版画课堂教学。在黑白木刻中首先指导学生根据选择的画面用刮蜡划分出了黑白灰三个层次。如把天空部分设计成白色为主,把建筑设计成深色为主,细节为灰色,那么在表现的时候天空大部分可以用圆头的雕塑刀刮去,模仿的是用圆口刀刻制的效果,墙面和地面中保留黑色的部分不动,剩余部分即画面中的灰色部分。灰色部分是草图设计中的重点,这部分比天空处理得暗,但比整个建筑亮,也可以是用圆头的雕塑刀刮去,但是略微留下部分黑色,模仿的是用圆口刀刻制略留刀痕的效果,使这部分颜色略暗,也可以用大小不同或者疏密不同的点等方法表现,只要能表现出需要的灰度即可。

如图 3-4 所示,是每个学生针对同一幅构图用不同的方式来表现,然后把完成的几幅草图放在一起,选出一幅效果最好的放大成的木刻版画。

图 3-4　学生木刻版画作品

就这样,在不同的年级指导学生学习各种版本的版画制版方法、版画的创作思路和创作方法,侧重鼓励学生大胆利用各种媒材和方法表达自己对红色革命基地的感情,以版画作品的创作为手段,让爱国主义精神根植于学生的心中,然后完成一系列以黄浦红色革命基地为素材的版画创作作品。

此外,不仅美术教师,其他学科的教师及学校职工也积极参与到本次项目的主题版画的创作中,老师们利用双休日,收集创作素材,交流创作构思,在各自的创作作品中表现自己的爱国情怀。

三、成效

(一) 利用市、区平台,发挥辐射作用

在学校领导的大力支持下和美术教师们的不断努力下,近年来已经形成了"综合版画""木刻版画""丝网版画"等不同种类的小型版画课程群,出版了《版画》《课堂版画》两本版画读物,成为学校具有影响力的特色课程,也成为区域共享课程,版

画特色项目在市、区层面产生了较大的影响。

2014年，学校成功申请了上海市中小学第二批创新实验室——版画创意实验室，版画制作的设备更加完善，空间布置更加合理，为学生及版画的推广提供了更好的场所。2015年，我们美术教师的"趣味版画"区级师训课程也顺利申报成功。2019年，"趣味版画"市级师训课程也顺利申报成功，在市、区层面开始发挥我们版画特色的辐射作用。我校的美术基础型课、版画拓展型课及区域的教师版画培训全部进入了版画创意实验室进行学习和培训。同年，我校又成功申请成为中华优秀传统文化研习暨上海市非遗进校园优秀传习基地，教师们在全校营造人人知晓、人人热爱、人人学习传承"非物质文化遗产——黑白木刻"的浓厚氛围，力争把我校建设成为一个文化底蕴深厚、具有"市十"特色和时代特征的非物质文化遗产传习示范基地。在此基础上，总结推广，发挥校园传习辐射作用，把"非物质文化遗产进校园、进社区、进街道"活动深入持久地开展下去。通过课堂教学、定期对外开放、区域内教师培训等活动带动周边中小学传习黑白木刻，依托街道、社区等平台开展学生学习黑白木刻的实践活动。

（二）举办版画邀请展，弘扬红色精神

为弘扬"党的诞生地"革命精神，延伸教育触角，打造红色文化品牌，扩大影响力，2019年11月18日下午"红色记忆·墨印留痕"我校师生版画作品邀请展于黄浦区文化馆盛大开幕。这次画展共展出100幅作品，我校师生与海上知名版画家们一同通过版画作品描绘了黄浦作为党的诞生地所在区的飞速发展和人们的幸福生活，用画作讲好初心故事。本次画展也通过开幕式上的现场互动活动，向前来观展的市民、学生普及版画，在感受美、表现美、鉴赏美、创造美的过程中提高审美并满足人们的精神文化需求，了解黄浦的红色革命历史，表达爱国情怀。开幕式上我校党支部书记、校长朱晓薇指出，学校教育的根本任务是培养德智体美劳全面发展的社会主义建设者和接班人，立德树人、以美育人是学校教育应有的使命。根据中共中央、国务院颁布的《新时代爱国主义教育实施纲要》的文件精神，爱国主义是中华民族精神的核心，这次画展，我校师生正是聚焦中国共产党的诞生地黄浦采集素材，以学校的特色版画描绘黄浦新荣光，讴歌逐梦新时代，营造浓厚的爱国主义教育社会氛围，为庆祝中华人民共和国成立70周年增光添彩。

（三）感受革命传统，提升人文底蕴

在我校领导的大力支持下，本次活动取得了成功，美术教师的业务素质也得到

了提高,参加活动的学生们更是深有感触:

> 在版画创作和举办画展的过程中,不仅体验到了制作版画的乐趣,也学习到了很多,看见了那么多大画家的作品,有机会向他们学习,感受到不同的画作给人带来了截然不同的感受。

> 画展也向大众普及了什么是版画,让大众了解感受版画之美,让大众感受到一个个大画家、小画家的爱国之情,参加展出作品的我们都多了一份自豪之情。

> 这次画展让我们感受到艺术之美、版画之美,觉得应该多多了解关心艺术,修身养性,陶冶情操,丰富自己的精神生活,扩充自己的艺术世界。这次画展对我们在各个方面,无论是版画创作、对艺术的理解,还是参加活动的经验,都有很大的帮助。……

总之,伴随着新时代的到来,我们将进一步贯彻落实习近平总书记强调的"做好美育工作,要坚持立德树人,扎根时代生活,遵循美育特点,弘扬中华美育精神,让祖国青年一代身心都健康成长"的讲话精神,为培养德智体美劳全面发展的社会主义建设者和接班人努力奋斗。

(上海市第十中学　顾萍萍)

探索新型评价,助力学生成长

培养德智体美劳全面发展的社会主义建设者和接班人,要求我们基层学校在构建学生培养体系的过程中坚持落实立德树人的根本任务,不仅关注学生知识和技能堆叠的厚度,更关注意志品质和涵养的高度。在实施教育的过程中,如何把现有的德育资源进行梳理、整合和开发,更好地发挥三位一体的育人效应,拓展学校育德途径,是我们一直在思考的。

近年来,在我们曹光彪小学"品格培育"的背景下,我们积极整合区域内现有的德育资源,巧用新媒体技术,尝试开发符合时代节拍的网络德育资源,把各种德育要素和德育资源融合成有机的统一体。我们运用"小思徽章"APP,探索新型评价方式,将其与学校道德教育、少先队教育和家庭教育等相结合,开展校本化系统教育,为培育和践行社会主义核心价值观注入更充沛的活力和生命力,让学生在有效评价的正面引导下,达到全面而有个性的发展。

一、"大珠小珠落玉盘"——整合线上线下资源,探索重构品牌活动

我校所处的黄浦区,有着悠久的历史和丰富的人文资源,是上海市爱国主义教育特色区域,这样的地域优势也为我们开展活动提供了良好的舞台。因此,我们合理巧用社会教育资源,设立校外实践活动基地,让学生在实践中体验成长。其中,围绕市、区德育内容模块"政治认同"中"加强革命传统教育,增强爱国情感,弘扬民族精神"这一内容,我们将被誉为"霓虹灯下新一代"的武警上海总队一支队十中队,作为我校爱国主义教育的实践基地,定期组织学生去校外实践基地开展教育活动,聘请国旗班的武警战士作为我们的校外辅导员。每年的"六一"前夕,我们还在实践基地举行隆重的二年级新队员入队仪式,并设计开展一系列有武警战士参加的、校内校外资源相整合的"快乐队建我成长、争做可爱红领巾"特色主题教育活动。这一活动也渐渐地融入了我校的仪式教育,成了每年坚持开展的德育特色活动。

数年活动开展下来,我们发现:运用学校周边"霓虹灯下新一代"武警战士的资源,对孩子们进行革命传统教育和爱国主义教育,可以让他们更直观地了解祖国和家乡的光荣历史,感受身为中国人、上海人的自豪,对于激发他们的爱国热情、引导他们树立正确的理想信念和人生观有着显著的帮助。那么,随着学生们有了更多的活动时间和空间,是否可以依托互联网,运用新媒体技术手段,开发新的德育资源,开展线上线下互动,创造更广阔的空间,吸引更多的"00后"学生参与德育活动呢?身处"微时代"的我们,开始探索运用新媒体资源,借助其开放性、互动性和多元化的特点,赋予这一原有的品牌活动以新的生命力。

"快乐队建我成长,争做可爱红领巾"主题活动,以二年级加入少年先锋队组织为契机,在整个学期中,以学校品格养成中的"爱国家、爱集体"为重点,整合学校、家庭和武警中队的有效资源,围绕认知队的性质、作风等少先队基础知识,以争章为评价手段,实施教育。

线下,我们利用区域德育资源,借助"优秀武警叔叔"这样的好榜样,通过学习

先锋牢记传统、星星火炬激我奋进、鲜红领巾、光荣集体等一系列实践体验活动,帮助孩子们认识红领巾,了解少先队,增强爱国情感,传承革命精神。

线上,我们开发网络资源,借助第三方平台,突破传统评价方式,引进"小思徽章"APP作为争章活动的评价载体。老师们可以用手机里安装的"小思徽章"APP,通过扫二维码对学生的表现进行即时评价,授予各类奖章,培养他们友爱互助、团结向上的良好品行,争取用积极的态度和行动加入队组织。这样即时的、富有仪式感的评价极大地激发了学生们的争章热情,有效地提高了原有活动在学生中的影响力。

二、"行之愈笃知益明"——有效运用新媒体,改进评价激励方式

媒体是指传播信息的工具。新媒体是相对于传统媒体(报刊、广播、电视等)而言,利用数字技术、网络技术、移动技术,通过互联网等渠道以及电脑、手机等终端,向人们提供信息的一种新的媒体形态。它除了具有传统媒体的舆论导向、文化传播等功能,更增添了开放多元、互动交流的特性和功能。我们以"小思徽章"APP这样一种新的媒体形态为评价手段,研究新的工作策略和内容,积极拓展德育新阵地,创设线上线下并进的德育资源渠道,以适应学生和社会的需求。

首先,我校学生和老师一起设计了特有的"小思徽章",将校标、吉祥物等元素融于其中,增强了徽章的标识感和辨识度。接着,启动仪式上,每位学生都拿到了自己独一无二的徽章和二维码,学校将学生各方面的在校表现,根据"快乐队建我成长,争做可爱红领巾"主题教育活动中的相关评价标准,结合校本化评价维度,将各个奖章的操作性定义细化,评价者用"小思徽章"APP进行即时评价,授予奖章,具体见表3-9。

表3-9　"小思徽章"评价表

徽章名称	操作定义	评价者
星星火炬章 (二年级)	学习队章,了解队的知识,认知"六知六会"	小辅导员
	了解队的作风,学习武警精神,对武警叔叔进行一次小采访	中队辅导员
	学习队的礼仪,认真参加少先队入队仪式	大、中队辅导员

经过一段时间的实践,我们听取老师和学生的意见,将每个奖章的内容用描述性的语言更加细化,尝试了学期"八星评价",让每个孩子在每个阶段都有努力的小目标,具体见表3-10。

表3-10　八星评价表

时　间	二年级(星星火炬章)
二、三月	★学习队章,了解"六知六会" ★为集体做一件好事
四月	★参与民主选举 ★学习正确佩戴红领巾、敬队礼、呼号、唱队歌
五月	★参观武警营地,与武警战士面对面,学习队列、听讲故事 ★学习写《入队申请书》
六月	★说说改正的一个小缺点,取得的一项小进步 ★记录养成的一个行为好习惯,掌握的一项劳动小技能,争得"动手做"章
合计	八星★

每月,我们会对使用情况进行一次小结与反馈。各班的老师会通过自己的账号,从数据和图表中对班级的整体情况和某些学生的特殊情况进行分析和小结。而学校层面,除了奖励表彰一些表现优异的学生外,还会对各个班级进行进一步的了解和指导。我们发现,运用以信息技术为载体的媒介来记录学生们的行为与表现,让德育评价变得更为科学与灵活。

初见成效后,我们将"小思徽章"APP的使用从二年级"快乐队建我成长,争做可爱红领巾"少先队活动课程拓展到了全校各个年级的少先队活动乃至学科活动中,并将此作为学生行为规范的评价手段,助力学生好习惯的养成。

表3-11　学生行为规范评价表

徽章名称	操　作　定　义	评价者
好朋友章 (一年级)	能使用礼貌用语与伙伴交往,在集体中交一至两个好朋友	家长、伙伴
	主动关心帮助身边的小伙伴,为集体做一件好事	团员、中队辅导员
	与伙伴合作完成儿童团主题会,感受相互帮助、共同进步的关爱	中队辅导员

续表

徽章名称	操 作 定 义	评价者
星星火炬章 （二年级）	学习队章，了解队的知识，认知"六知六会"	小辅导员
	了解队的作风，学习武警精神，对武警叔叔进行一次小采访	中队辅导员
	学习队的礼仪，认真参加少先队入队仪式	大、中队辅导员
礼仪章 （三年级）	知晓"十个道德好习惯"，并以实际行动努力成为文明有礼的好队员	队员、中队辅导员
	认真参加"六比六赛六要求"队风队纪评比活动	大、中队辅导员
	在"走进上海博物馆"课程中，学习参观礼仪，能文明参观	中队辅导员、 任课老师
自动章 （四年级）	了解自动章达标目标，在中队中寻找小岗位，努力为中队建设贡献力量	队员、中队辅导员
	寻找身边的闪光点，自觉学习好榜样，分享进步感言卡	队员、中队辅导员
	在"欢乐上海行"课程中，自动参与课程策划，自主完成学习任务并展示交流	中队辅导员、 任课老师
自理章 （五年级）	能每天收看新闻报道、阅读报刊书籍，学会搜集和整理信息	家长
	养成健身好习惯，每天锻炼半小时	家长、任课老师
	在"品味上海"课程中，根据自己红领巾小社团所学，设计完成作品，服务他人	中队辅导员、 任课老师

一段时间后，我们还根据使用反馈，将"小思徽章"APP操作界面进行了全面升级。新版的小思徽章颜值提高了，选章更个性化了。最为重要的是，老师可以通过手机端随时查看数据，打开"评价分析"页面，了解个人发章情况，进行对比，提升个人评价能力。此外，还增加了"学生受关注度标记"等彩蛋功能，提醒评价者更好地关注不同层面的孩子。

三、"最是橙黄橘绿时"——活用资源拓展空间，促进德育创新发展

学生们认为，"小思徽章"APP的运用，帮助他们在日常校园生活中更自觉地遵守行为规范、更积极地参与各项活动，让每个人都能拥有获得感。

　　"小思徽章"是一个神奇的徽章。我们每个人都有一枚类似于校徽的漂亮徽章，上面有每个人独一无二的二维码，它可是我们的"荣誉墙"哦！每天，老师会根据我们的表现，通过手机上专用的 APP 扫描给我们颁章。每次颁章时还有音乐，仪式感爆棚。积累数量前 50 名的学生，将会得到心愿卡，可以实现自己的小愿望，真是太有趣了！

　　自从有了"小思徽章"，大家的行为都在悄悄地改变。例如：在"光盘行动"中，从开始的五人，不断增加到了十几人。十分钟劳动的音乐一响起，大家都自觉到自己的岗位上劳动。学生们在需要帮助时会说"请"，在得到帮助后会说"谢谢"。我觉得，这些改变都离不开"小思徽章"对我们的督促和帮助。"小思徽章"像一名无形的老师，提醒我该做什么，不该做什么；又像一位好朋友，鼓励我努力改正缺点；更像一本成长手册，记录我进步的点点滴滴。（《我的新"朋友"》 小作者：刘同学）

　　线上线下相结合的新型评价，让孩子们对即时的奖励和表扬印象更加深刻，有效地推动了我校学生好习惯的养成和参与活动的积极性。而对于老师们来说，看到孩子有好的表现，随手就能将其反馈出来，更多地记录了学生的过程性行为，大大增加了对孩子评价的全面性和真实性。这样大面积的互动，也使全校老师都成了孩子们的辅导员和评价者，而不只局限于自己的学科教学，改变了以往任课老师参与评价较少的局面，使每个人都成为一名德育工作者。我校也在实践中被评为新一轮上海市文明单位、市行为规范示范校和市红旗大队。

　　当今社会，已经进入了一个信息时代。我们发现新问题，研究新问题，以"新媒体"这一独特的视角开展实践，拓宽了德育资源空间。实践中，为了充分展示现代城区学校在信息技术方面的优势，我们在"小思徽章"APP 之外，还运用"彩虹窗""光彪通信""光彪领巾号""光彪家长荟"等各种信息平台及校园网"优行点击"等栏目的建设和利用，为学生提供展示、交流的平台，利用新媒体的即时性和大数据的优势及时了解家长、学生的想法，及时反馈与改进教育中的问题，不断提高教育的有效性。主要形成了以下几点经验：

　　其一，队本化运用，增其影响性。我们从二年级入队教育入手，从队员实际出发，把握时代背景，有效运用新媒体，以新颖的争章评价活动为载体，探索提升队组织影响力的有效途径和策略，帮助队员更加爱党爱国，更好地发挥了少先队组织的实际效能。

其二,低龄化运用,增其独特性。当今社会,网络日渐成为学生表达、交流、学习以及娱乐活动的重要载体,运用也已经越来越低龄化。我们考虑到每个年龄阶段的孩子对网络的需求和运用是有差异的,探索了小学阶段各个年级的新媒体运用应当具有的独特性和针对性,以帮助学生在道德方面健康发展。

其三,校本化运用,增其系统性。我们根据我校中心城区小学学生心理、认知等方面的特点,从学校实际出发,以童为本,突出"童趣"和"童心",开发德育资源,以新颖的载体,探索了提升学生参与德育活动积极性的有效途径,为德育活动注入了新的活力,成为学校教育的有效延伸和良好载体。

教育是培养未来人的领域,因此我们必须不断学习、思考、改变,以超前的眼光去触摸未来。让我们从"小思徽章"APP开始,有效运用新媒体技术,让更多的新资源成为我们身边可用的有效教育方式和内容,让未来触手可及,让现代化的校园充满教育的幸福感。

(上海市黄浦区曹光彪小学　朱育菡)

第四章　千树万树梨花开

——德育队伍建设一体化推进

加强区域德育队伍建设,是加强和改进未成年人思想政治教育和维护学校安全稳定的重要组织保证和长效机制,对全面贯彻党的教育方针,把中小学生思想政治教育的各项任务落到实处,具有十分重要的意义。我们对如何推进德育队伍一体化建设做了有益探索。

一、凝心聚力:德育队伍一体化发展的意义与内涵

(一) 德育队伍一体化的意义

习近平总书记在全国教育大会上指出,教师是人类灵魂的工程师,是人类文明的传承者,承载着传播知识、传播思想、传播真理,塑造灵魂、塑造生命、塑造新人的时代重任,要坚持把教师队伍建设作为基础工作。2018 年 2 月,中共中央、国务院颁布《关于全面深化新时代教师队伍建设改革的意见》,这些重要论述为新时代加强教师队伍建设指明了方向,教师队伍建设"极端重要性"的战略地位成为全社会共识。教师队伍建设至关重要,而教师队伍一体化建设的推进显得尤为迫切。只有推进德育队伍一体化建设,才能形成育人合力,才能更有效地加强对未成年人的思想道德建设。同时,加强德育队伍一体化建设,形成一支高素质、专业化的大德育队伍也是时代的要求。

(二) 德育队伍一体化的构成

黄浦区认真贯彻执行习近平总书记的指示,完善顶层设计,努力构建新时代背景下的一支有理想信念、有道德情操、有扎实学识的大德育队伍一体化的工作格局。

传统意义上的德育队伍通常指德育分管领导、德育教导、团队干部、班主任、思政课教师等。在一体化的理念下,黄浦区这支大德育队伍由三部分构成:一是指教育系统内部每一位教职员工;二是指在教育系统全员基础上重点分管、分类实施的队伍;三是指教育系统以外的协同落实德育工作的队伍。一体化队伍涵盖了各学段、各学科、各部门,即形成全区育人共同体。

近几年来,黄浦区这支德育队伍持续壮大,结构不断优化,形成人人参与、人人育人的高素质大德育教师队伍。

(三) 德育队伍一体化的内涵

为推进德育队伍一体化建设,循序渐进螺旋上升,黄浦区把这项工作作为一项工程来推进。这支队伍成员的素质、素养应该是全面的、多样化的,如良好的师德师风、育德能力、管理能力及协同能力等需要一体化培育、提升和发展。

1. 师德师风

2014 年 9 月,习近平总书记视察北京师范大学,发表了"四有"好老师重要讲话,强调要加强师德师风建设,坚持教书和育人相统一,坚持言传和身教相统一,引导广大教师以德立身、以德立学、以德施教。师德师风也是教师专业素养的一部分,进一步加强师德师风建设,显得尤为重要和迫切。

师德,就是符合教师职业特点、教师应遵守的道德规范和行为准则。主要包括:思想政治道德、爱岗敬业奉献、教书育人、为人师表和健康向上的心理意志品质等。师风,就是教师的行为作风,教师在处理日常事务中表现出来的思想观念和行为品质。

有高尚的师德,才能有无限宽广的胸怀,关爱学生,甘于奉献。高尚的师德能为知识的运用指明方向,教师自身的人格就是一本活教材。

2. 育德能力

师德是教师之根,师能是教师之本,两者相辅相成、相互促进,缺一不可。因为师爱只有通过师能才能得以兑现。

育德能力,是在培养学生道德过程中应具备的能力,即培养学生品德的能力。育德能力不应该仅仅是班主任的能力,也应当是学科教师的基本能力。教师首先要有育德意识,比如教材中蕴含着丰富的德育资源,这些宝贵的资源有隐性的和显性的,然后教师应该知道如何抓住这些素材加以利用。我区红色移动课堂——顾老师讲红色故事,依托红色遗迹资源,打造思政移动课堂,开展了"文文明明访遗迹，红色行走续传奇"青少年人文行走活动，这就是对教师育德能力很好的诠释。

3. 管理能力

要使德育工作顺利、有序地开展，就必须不断地提高自身的管理能力。管理工作中要树立全新的管理理念，具备全局意识和发展眼光，不仅仅局限在教育系统中，要以全区的整体发展为基础，明确管理工作的任务和目标，有效实施和开展管理工作，为教育提供良好的保障。

4. 协同能力

协同能力即协同一致地完成某一目标，包括与其他政府部门合作，多方联动，打破教育部门为主、各自为政的局面，对区域教育有综合、全面的认识，与各部门相互配合，融合多种教育资源、教育力量，站在学生终身和谐发展的角度协同合作。只有构建协同教育，才能最大限度地发挥教育的功效。

二、多元共生：德育队伍一体化开展工作的思路与机制

（一）思路：跨界协作，协同育人

打造"经典黄浦，精品教育"，办人民满意的教育，全面深化素质教育，离不开一支高素质的德育队伍。要从战略和全局的高度，充分认识新形势下德育队伍建设是十分重要和紧迫的。近年来黄浦区十分重视区域德育队伍建设，这支队伍是中小学生健康成长的引领者，是中小学思想道德教育的骨干，是实施素质教育的重要力量。

黄浦区积极探索构建一体化的大德育队伍。全区上下一条心，拧成一股绳，统筹推进，提倡人人是德育工作者，通过卓越教师、双名工程、德育实训基地、班主任工作室等提升德育队伍的育德意识和育德能力。关注对教师内在教育力量的挖掘和培养，发挥教师的能动性，满足教师发展需求，为教师提供各种学习机会和条件。

敬业初级中学和黄浦学校的班级共同体、高中走班后的班级管理共同体为解决教师层面"最后一公里"提供了鲜活的经验和做法。

（二）机制：规范有序，合力推动

协同育人是新时期德育队伍一体化建设的重要内容，加强未成年人思想道德

教育,需全员参与,从全过程和全方位着手育人,提高德育工作的实效性。为了达成这一目标,我们建立了政府支持、机制完善、资源整合、部门联动的工作机制,起到事半功倍的作用。

1. 管理运作机制

建立以局长为组长的德育工作领导小组,协调中小教科、德育室、团委等部门,各委办局参与的联席会议制度,定期对区域德育工作予以全方位、立体化的分析、反思、总结,形成一个高效的教育集体。根据工作实际,着眼未来发展、加强顶层设计、注重系统建构。

2. 合作联动机制

以总体协调、多措并举等措施系统推进协同育人的联动机制,确保德育队伍体系内各部门的日常管理和服务工作。

比如:为加强我区未成年人心理健康教育工作,成立了由黄浦区文明办、区教育局、区卫生局、卫健委、妇联主办,区教育学院、社区学院、卢湾高级中学等单位承办的"蜻蜓心天地",为此项工作提供各项支持,包括人员支持、专业支持和经费支持。

"蜻蜓心天地"同黄浦区教育学院德研室还在区卫健委的大力支持下,为30余所中小学的上千名家长提供如何与青春期孩子沟通的集体辅导,内容涉及青春期生理变化、心理发展等各个方面,广受家长好评。

3. 保障奖励机制

逐年加大对德育工作的经费投入,设立德育工作专项经费,用于开展各项德育活动和培训,并保持逐年增长。

如区域家庭教育指导师、生涯规划师、学校心理咨询师等都由政府出资,确保了德育队伍素养的提升。

——坚持名师工作室的带教制度,发挥学科带头人、骨干教师的示范带教作用,以点带面,培养一批骨干。

——坚持大赛制度,以赛促训,提升教师的专业技能。

——建立分管校长、德育教导、青年后备干部的德育专项培训制度,创新培训形式,提高实效,建立一支高水平的德育管理者队伍,保证德育队伍向专业化方向发展。

这些机制的建立,有效保障了德育队伍一体化的有效运行。

三、专业发展:育德能力一体化培训的途径与方法

要真正落实好立德树人根本任务,德育队伍的素养是关键。要从育德能力一体化的角度,通过课程培训、大赛、科研、市级平台等途径,使区域内更多教师育德能力得以提升,而师德教育始终贯穿教师教育全过程。

(一) 课程培训,满足教师的需求

课程设置上我们加强顶层引领,使培训走向系统化、规范化、有效化,提高培训效率。在了解教师育德水平与育德需求的基础上,采取多层次、多渠道的培训模块,将师德课程列为教师培训课程的必修模块。

1. 梯队培训

在培训过程中,通过有效开展梯队培训,对处于不同发展阶段的教师提供相应的培训与指导。

校级层面,以学区为基本单位,建立以校本研修为主要形式的校本培训体系,使教师的专业发展借助学校之间的合作等有效手段,促进区域内教师专业发展,建设区域内教师专业成长共同体。

如卢湾学区为进一步探索小、初、高一体化育人模式,提升班主任专业素养,搭建了"卢湾学区班主任联合工作室"这一学习平台,紧紧围绕"提升学区内青年班主任队伍专业化发展,提高青年班主任建班育人水平"这一核心目标,提升班主任的专业素养,为学区教育和谐发展提供有力的人才保障,推进德育队伍成长。

又如复兴东路第三小学依托"中队辅导员工作坊"为培训模式的专业研修成为辅导员专业成长的一种探索,开创了全市中队辅导员培训模式的先例,激励辅导员们不断前行,推动工作室主持人与学员共同成长。

区级层面,设有师德、知识技能、信息能力提升、自主研修模块课程,以科学理念引领教师的发展,以实践操作提高教师的育德能力,以研究反思促进教师的成长。

2. 专题研修

开设专题研修,如家庭教育指导师、生涯规划师、心理健康咨询师、青春健康项目等专题,参与人员有班主任、任课教师、社区学院教师、社区工作站社工、家长、家委会主任等。例如,黄浦区卫健委自 2014 年以来与"蜻蜓心天地"及黄浦区教育学

院合作,为区域学生家长提供名为"沟通之道"的青春期健康知识家长培训,内容涉及青春期生理变化、心理发展等各个方面。三年来,为区域几十所学校上千名家长提供培训服务。

3. 网络课程

除了线下的培训,我们还关注线上的培训,利用网络资源,选取符合自身需求的课程,实现个性化学习,推动培训内容在工作中的有效"落地"。

(二) 技能大赛,助力教师成长

教师育德能力的提高,既需要教师自身努力,也需要各方搭建专业成长平台,提供教师专业发展的"助推器"。

每年举办一次班主任基本功竞赛,两年举办一次心理教师竞赛,为教师搭建多元成长平台,激发教师自我发展的内驱力,提升教师的育德能力。

每次大赛不仅仅关注结果,更关注比赛的过程、内容和精心设计的每个环节。如班主任大赛,区级层面为各校德育教导主任和班主任代表开展相关培训。学校积极倡导、组织全体班主任参与区级班主任基本功竞赛,根据区班主任基本功竞赛要求,开展2—3次校本培训,注重开展形式多样的培训指导、经验交流、理论研讨和表彰奖励等工作,达到以赛促训、以赛促建的效果。

大赛中,设计了参赛教师与专家十五分钟的面谈,参赛者通过对自身的教学设计、实施的回顾和总结,与专家交流、探讨。经过思想碰撞,促使其对原有问题再探索,这是一个再认识的过程,也是一个自身提升的过程。这正是大赛的目的所在,重在参与,重在提高。

大赛只是个载体,旨在引领教师提升育德能力。大赛聚焦教师的教育智慧和艺术,显现教师对教育行为的理性思考,这是一种引领和导向,引导参赛老师做一名智慧型的教师。通过大赛,一批有着先进教育理念、敏锐教育机智的优秀教师脱颖而出,有效地促进了区域层面教师骨干队伍的高地建设。

教师基本功竞赛为教师专业成长打开了一扇窗,激发了教师的专业思考和工作热情,使教师产生了职业尊严感和专业成长的强烈要求。有校长说:"原先是学校要求教师向专业化方向发展,通过几年的大赛,成为教师自我发展的需求,教师基本功竞赛成为教师成长的加油站。"

我们将教师基本功竞赛这种形式向深度发展,更好地为教师提供有针对性的指导、引领和培训,精心打造教师专业成长的星光大道。

(三)科研助推,从优秀走向卓越

我们以课题研究推动教师发展,以科研提升教师的育德能力,鼓励教师积极参与课题研究,如上海市德尚课题、上海市德育研究协会的课题、思研会的课题等,不断为教师搭建研究平台。课题研究能够将现实中的问题转化为研究的课题,通过一个个课题的研究,推进德育队伍的建设,培育种子教师,建设骨干高地。

如黄浦区中小学心理健康"医教结合"项目研究,除了项目组内部的定期研讨,还邀请专业的精神科医生或专家,每学期为项目研究人员以及区域心理辅导教师提供相关的专业培训;邀请上海市精卫中心医生为区域心理辅导教师开展个案督导。三年来,经"精卫中心"医生督导的中小学心理辅导个案有 20 余个。以项目为引领,参与研究的教师通过不同途径的学习实践,专业素养与能力都得到了提升。

(四)多元平台,专业提升的沃土

区域内的德育队伍都有对未成年人进行思想道德教育的职责。我们搭建沟通、研修服务平台,实现资源共享与信息互通,打破部门壁垒,为教师专业发展创设良好的环境。

如历史学科德育协同研究中心与高校紧密合作,开展协同研究,与华东师范大学教育学部教师教育学院、华东师范大学历史系、上海师范大学人文科学院历史系紧密合作。高校的专业支撑,各个区教研室的学科引领,一线优秀教师的通力协同合作,是开展研究、深入发展的基础。协同中心从原先的 15 所学校实践基地扩展到了 30 所学校,形成了一批历史学科德育骨干力量。

借助四个学段的市级班主任工作室,以"研修的平台、成长的阶梯"为宗旨,充分发挥工作室示范、引领、辐射和孵化功能,带动校、区、市优秀班主任群体共同成长。

黄浦区还有四个上海市德育实训基地:赵其坤教师艺术人文素养培养与研究德育实训基地、赵其坤艺术学科德育实训基地、上海市班主任工作研究实训基地、上海市地理学科研究德育实训基地。依托这些基地,培养优秀后备力量,加快区域骨干队伍的建设。

上海市"双名工程"种子计划黄浦德育基地通过专业学习、项目研究,在自身成长的同时对周边产生了良性的辐射等。

来自学校的实践探索

走向"共同体"的班级建设

在黄浦区教育综合改革进程中,上海市黄浦学校通过"班级共同体"这一班集体建设的新模式,优化学校德育管理,追求教育过程和结果的最佳化,落实学校"为学生的终身发展和幸福奠基"的办学理念。经过十年的育人实践,学校逐渐从生源质量不理想、教育质量不突出的困境中走出,学生对学校的喜欢度、家长对学校的认可度、学生的学业质量、学校的声誉不断提高,学校整体办学水平稳步上升。

一、构建班级共同体的愿景

学校基于学生成长发展的需要,基于班集体建设现状的需要,基于学校办学目标的需要,提出了"班级共同体建设"这一班集体建设的新模式。

"班级共同体"成员要素不仅是班主任和全班学生,而且包括本班级的全体任课教师和家长,在多方共同愿景下形成的积极向上的班集体。共同体是由"生生""师生""师师""家校"共同组成,并相互作用形成合力的一个系统,其中班主任发挥了协调、组织等重要作用。共同愿景即为班级共同的美好目标,是班级共同体成员共同的奋斗方向,其中融入了老师和家长的育人思想,又结合了学生年龄特征、班级特点等因素。学校主要开展了以下活动来构建班级共同愿景。

我的班级我的家——引导学生形成共同的愿景。

我的班级我来管——用辛勤汗水实现共同愿景。

我为班级争荣誉——带领学生为实现愿景而拼搏。

我的舞台我创造——在活动中凝聚大家的共同愿景。

参与携手创和谐——家长参与班级管理,共育良好品行。

会诊互助求发展——教师团队以个性化诊断助力学业质量。

在"班级共同体建设"中,班级建设不再是班主任一个人的事,出现了更多老师、家长的身影,班级成员团结起来,营造了积极向上的舆论气氛和拼搏向上的团队精神,教育目标更为学生乐于接受,从而形成了一个以班主任为核心的"师生共同体"、班级学生之间的"伙伴共同体"及师生亲子之间的"家校共同体"。

（一）营造和谐的人际关系

在"班级共同体"建设中,我们将人际关系建设纳入其中,特别强调"家"的感觉,强调伙伴之间、师生之间、家长之间的亲情关系,学生们在共同体中感受亲情、学会交往、磨炼意志、增长才干、增强责任意识,更重要的是提升学业水平。

家长也是共同体的重要成员,学校重视与家长形成合力,成立了班级、年级、校级三级家委会。他们了解、配合、参与学校各类教育活动,参与班级管理,就连学业质量这样的深层问题也融入家长的智慧。

（二）探索师生、亲子的共同"会诊"

通过"班级共同体"中师生、亲子的共同"会诊",对班级行为规范、思想动态、学习情况、学生的学习行为等进行分析诊断,特别是对学生出现学习成绩波动等情况,找到波动的原因,寻找解决的办法,共商对策。

二、发挥"班级共同体"的效能

"班级共同体"不仅关注温馨和谐的班级软硬件建设,更关注教育的合力、学生的学习品质。通过"班级共同体"建设,班集体建设不断创新内涵、发挥效能,形成了一系列卓有成效的工作机制,带动了德育工作和学校教育教学整体工作的开展。

（一）丰富班集体建设的内涵

在"班级共同体"创建中,成长和进步的不只是学生,还有教师、家长和学校,学生感受到学校生活的快乐,教师体验到成长与成功的快乐,家长由旁观者转变为参与者,学校办学内涵得到明显提升。

1. 联合家访

每年寒暑假,"1＋X"教师团队会共同走进学生的家庭,关注不同家庭社会背景的学生,进行家校沟通与家庭教育指导,通过家长有效的支撑,校内校外共同激发学生学习动力与学习自信,改进学习方法。

一次期终考试后,班主任、语数英老师一起来到了九(2)班金同学家,他们不是来告状,而是来了解这次孩子退步的原因。当"书房里传来母亲的笑声,老师们同母亲交流完我的优秀事迹后,我听到了老师们对我成长提出的建议：希望父母能够尊重我学习跆拳道的意向,这让我与父母的关系更加融洽了；他们帮我退掉了两门补课,给了我回顾和整理一周学习内容的时间。"这次家访后,金同学迅速恢复了学习状态。

2. 集体会诊

班主任牵头的"1＋X"教师共同体,每学期开展两次"会诊"。老师们针对每个学生的不同个性特征和基础情况,建立学生个人档案。诊断的目的是改进学生的学和教师的教,通过"班级共同体"的活动,激发学习动力与学习自信,改进学习方法,促进班级形成互助和谐、比学赶帮的学习氛围,使波动的成绩逐渐稳定下来。家长也直接参与班级活动与班级管理,他们感受着老师的敬业与艰辛,更好地成为学校的配合力,提升学业水平。

办公室里一群老师正围坐在一起为小 A 的情况争论不休,语文老师认为小 A 学习困难,而在数学老师的眼中她是有很强的逻辑思维能力的好学生。班主任似乎发现了问题的症结,小 A 的学习习惯良好,只是在记忆能力上有所欠缺,也许调整学习策略就能有所突破。

在多位老师的协助下,我们努力帮学生找到了提高学习效率的突破口,使原本不爱学习的孩子变成了一个能努力跟上班级学习步伐的孩子,使成绩经常出现波动的孩子也能逐渐趋于稳定。我们常常对学生说："你进步了,这是一件多么令人高兴的事!"其实,我们也不妨和老师们说说："我们的学生进步了,我们和他们一样高兴!"

班主任作为牵头者,要组织任课教师参与班级管理、班级活动和学业指导,并发挥任课教师的主动性,树立打好"团体仗"的信心,把全面的质量关放在日常的教育教学中,共同稳定学生情绪,鼓励学生扎实学习,提高学业水平,促进良好班风、学风的形成。

3. 个性化学习方案

教师根据学生的实际情况制订个性化的学习方案,通过与家长和学生的反复沟通,使学生更好地具备自我认知能力和责任意识,在实施个性化学习方案中,教师更关心每一位学生,师生间、家校间增进了理解,有利于培养学生的自信心和责任感,也有利于学生良好学习动机的形成。

临近质量监控,学生要对自己的学业成绩做预测,教师也要对每个学生的学业成绩做预测。经过学生、教师、家长三方的商议,将预测后学生可能达到的成绩敲定下来,目的是使学生更好地具备自我认知能力和责任意识,使教师更关心每一位学生,使每一位学生都得到更加公平的教育机会。学生锁定这一指标,就有了目标概念,通过个性化学习辅导,师生一起采取行动缩小预测与实际水平的差距。有了明确的目标,在实现个性化学习方案中,师生间、家校间增进了理解,结成了紧密的同伴关系,从而增强了学习动力。

"学生成长档案"记录了学生在道德品行、学习、师生交流、学业会诊、集体活动中的收获、进步及达到的成就,客观真实地反映学生的成长过程,以开放平等、客观公正的学习环境鼓励学生发展个性特长。

(二) 德育是学业质量的保障

学校在教育教学管理中,建立了"1—422 学业质量保障评价体系",将"课程标准的细化"作为第一任务,将学业质量保障分解成"做预测、定指标、行诊断、施干预"四个阶段,由"学生和教师"两个方面,"教育和教学"两条线,共同保障教育的质量。学校的教育质量包括教学质量和对学生品德修养的培养,保障学业质量不是某个教师单枪匹马的行为,而是在"班级共同体"这个团队中进行。

"班级共同体",现已成为学校德育与智育的结合点与突破口,德育与智育的互相渗透,形成了教育合力,德育发挥了对学业质量的过程化管理的功能。近年来,在质量保障体系的运作下,学生学业成绩有了明显进步,更多学生体验到学校生活的快乐,更多教师体验到成长与成功的快乐,学校办学内涵得到明显的提升。

(三) 整合学校教育管理

"班级共同体"的建设,大大拓宽了班集体建设、管理的模式,构建了校本化的德育体系、营造了育人文化。作为落实学校办学目标的一种载体,它成了整合学校教育管理的一个平台,如:"班级共同体"为学校的发展规划提供了依据,办学定位要尊重学校传统和实际,要依据学校教师学生的现状;"班级共同体"为课程教学和教师队伍发展提供了发展的空间,要尊重教育教学规律,用全面的质量观促进每个学生都享有公平教育的权利;"共同体"的氛围也对优化学校内部管理起到了一定的促进作用,家校间的良性互动也为学校外部环境调试起到社会支持的作用。

建设"快乐温馨、合力向上"的班集体是我们的共同愿景,黄浦学校的"班级共同体"建设,正顺应学校教育改革发展方向,为提升学校的整体办学水平打下扎实有效的基础。

（上海市黄浦学校　黄　莺）

青春同行共成长

——格致中学青年成长导师队伍建设的实践与思考

菁菁校园,勃发着成长的生机与力量,青年学生和青年教师的成长有着奇妙的并行与交汇。青春同行,为梦想助添动力;成长有我,让发展共生双赢。

一、背景

随着高考改革新政的落地,分层走班成为高中教学的重要模式,"3+3"选科方案使得语数外之外其他学科背景的班主任与部分学生增加了失去教学交集的可能,强调全过程记录成长、全方位发展素养的综合评价体系对育人者提出了更高要求。相比以往,新时期的学校教育在学业之外更关注学生的身心健康和生涯发展,学生个体对心理辅导、研究性学习和生涯指导等方面的需求显著上升。学科教学的缺位、专业能力要求的提升、个体指导的巨大需求,使得以班主任为管理主体的传统行政班管理逐渐显现出其局限性,学生德育管理面临着新的任务和挑战。

《上海市学校德育"十二五"规划》专门提出"成长发展导航计划"和"人生导师培养计划",并指出要"努力建设一支政治坚定、业务精湛、师德高尚、结构合理的中小学德育骨干教师队伍"。《上海市学校德育"十三五"规划》更明确延续了"提升全体教师的师德与育德能力,促进教书与育人的紧密结合,形成全员育人的工作格局"的德育工作队伍建设要求。现代"导师制"源于11世纪的英国,近年来,也偶见于国内中学。然而,这种跨文化、跨学段的"移植"最终往往因为导师身份职责不明确、报酬不合理、资源不充分、效果不明显而不了了之。在新时期,高中学校能否通过借鉴、优化"导师制"来实现成长导航、推进队伍建设、落实全员育人,值得探索。

在此背景下,格致中学呼应基础教育改革、适应学校新发展,积极建设青年成长导师队伍,探索导师与班主任双轨制德育管理模式,以满足学生个性化成长和青年教师育德能力培养的需求。

二、实践

(一)目标与思路

"青年成长导师"项目从一开始就以学生和青年成长导师的"共生双赢"为目标。一方面,随着教育以人为本、着眼人的终身发展的理念越来越深入人心,学校在追求全面发展的育人目标的同时,也更加关注如何因材施教以确保学生的身心健康和实现个性化成长;另一方面,教师的专业化发展是推进教育改革的重要保障,而青年教师育德能力的培养是其中的重要组成部分。面对班主任岗位有限和新高考综评方案带来的学生管理难度提升的现实,项目将"实践育人"作为青年成长导师队伍建设的核心抓手,积极创设各类实践平台,倡导在实践中提升育德能力。

(二)过程与方法

在建设"青年成长导师"队伍的过程中,学校确保项目在现实的土壤中诞生、在实践的平台上发展、在实效的原则下运行,从而实现了培养归属感、提升责任感、获取成就感,进而催化德育成长力,驱动项目自新力的建设成效。

1. 启动:营造温馨氛围,形成归属感

"青年成长导师"项目的参与对象最初为高一学生和教龄五年以下的本年级任课教师,随着项目效益的凸显和需求的增长,导师人选逐步扩展为 35 岁以下的全校青年教师。如何使得"青年成长导师"与带教学生的非传统组合具备凝聚力,从而避免导师制流于形式的常见弊端,是项目从一开始就重点考虑的问题。

为此,学校在高一开学一个月后向新生发放"我喜欢的成长导师"意向征询问卷,在汇总学生、导师和班主任三方意见后,为每位学生选配一位导师,每位导师也建立起一个不超过十人的学员团队,以双向自愿选择确保最佳匹配。

学校每年为新高一结对师生专门召开"青春同行 缘来有你"导师见面会,宣读结对名单、颁发聘任证书、邀请导师精彩亮相,让学生留下美好的"第一印象"。与此同时,还在校园里专门布置导师团队的"全家福"照片墙,在整个校园营造一种温馨氛围,使得来自不同班级的团队成员和原本可能还不够熟悉的结对师生形成

团队归属感。

2. 行动：实施全面导航，提升责任感

"青年成长导师"项目从创设伊始就有着明确的任务与使命：助力初高中衔接——包括学习方法的指导和高中生活的适应，关注学生心理健康，培养学生高尚品行。因此，每位成长导师都肩负着一定的日常职责，既要关心学生的学习生活，又要关注学生的成长发展。

学校举行每月例会了解履职情况，并进行每学期一次的全员等第考核。导师定期开展团队和个别交流活动，通过日常小聚、考后谈话、特别疏导等各种形式了解学生发展近况、调节学生心理状态、提供学涯和职涯导航，用爱心、细心和责任心呵护学生的成长。

3. 创新：打造实践特色，获取成就感

除了日常管理，学校还积极创设实践平台，实行任务驱动。如德育处发布的导师团队公益活动，鼓励师生通过探讨和协作形成行动方案并付诸实践，涌现了很多精彩的个案，如：黄佳音老师团队的"心理小卫士"心理知识普及活动，王枝娟老师团队的"传播爱心　传承文明　回报社会"敬老院慰问行，徐笑老师团队的"知乎月报"公益宣传活动，朱佳敏老师团队的"以旧换新　低碳环保"活动，李千钧老师团队的公益微电影，周逢春老师团队的"绿色校园　低碳生活"白皮书，闫文治老师团队的"和谐校园　发现身边的美"活动，姜惠敏老师团队"寄给未来的你"明信片邮寄活动，胡雨婷老师团队的"校园环保创意贴"，等等。通过师生协作，迸发出无限的创意，也传递了满满的正能量。

每年5月的第三个星期五下午，学校都会精心安排大型主题团队素质拓展活动"奔跑吧，格致"。活动贯穿"百年格致校史""书香校园""劳动最光荣"等年度主题，通过"沙里淘金""齐心协力"等团队协作活动，促进青年导师与学生在合作中增强团队凝聚力，锻炼自身能力，也积累德育管理经验和技能。

通过发布公益项目、课题比赛、高校特色游等任务，学校引导青年成长导师发挥所长，同时鼓励学生发展个性特长，从而在实践中达成了"共生双赢"。

4. 研究：推进专业发展，催化生长力

项目不仅重视青年教师德育实践能力的培养，还通过有意识地发布阶段性德育研究任务，鼓励青年教师思行并进，推进德育专业化发展，催化生长力。

2015年，学校举行了"我与学生共成长"成长故事交流会。14位青年导师——

上台,生动的讲述、真挚的情感、大胆的反思,讲述了他们的经历和感受。《心的交流 爱的陪伴》《同一个梦想》《等》,王枝娟老师的《成长纪念册》《一起成长的日子》《守夜人两三趣事》……从团队建设到个别教育,从突发事件到特殊学生,每一个故事都记录了青年导师陪伴学生成长、引领学生前行的足迹,更融入了他们对自我成长的感悟与反思。

2016 年,"花开有时"青年成长导师个案交流会如期举行。《如愿》《隐形的双手》《没有压力的压力》《天空中最亮的星》《服务与成长,文学与熏陶》等精彩个案无不生动而深入地传递了青年导师们在育人过程中萌发出的深刻思考。2017 年,《我为青年成长导师项目提建议》小论文比赛又拉开了帷幕……

青年导师们还积极撰写社会主义核心价值观的案例,并成功申报多项学科与德育相结合的课题,逐步树立起德育专业化发展意识,显现出蓬勃的德育生长力。

5. 评价:探索有效机制,驱动自新力

学校始终注重协调"青年成长导师"项目的科学性与人文性,注重探索科学合理的评价机制,力求做到量性评价与质性评价相结合、过程性评价与结果性评价相结合。

一方面,学校定期召开"青年成长导师"项目组会议,了解团队活动的数量和内容。另一方面,学校通过班主任、任课教师、学生和家长了解他们对项目的感受和建议。每当导师任期满一学年后,德育处都会向全体学生发放调查问卷。几轮问卷调查结果均显示,90%以上的学生表示自己"需要成长导师",全体学生为导师打出的平均分超过 9 分(满分为 10 分)。学生们还为成长导师项目的活动方式等提出了积极的建议,显现出了对项目的热情与肯定。

五年多来,学校通过例会、问卷、访谈等形式建立多元反馈渠道,不断探索有效评价机制,驱动项目自我完善、自我更新。

三、成效与展望

目前,上海市格致中学"青年成长导师"项目已进入下一轮实践,项目实现了两校区全覆盖,导师工作得到学生和家长的高度肯定,导师津贴纳入学校绩效核算,成长导师与班主任双轨制管理成为学校德育管理的主体模式,并取得了良好成效。

首先,营造了校园中人人都是德育工作者的良好氛围。随着"青年成长导师"

项目的推进,全体行政领导和教职员工都加入了导师团队。学校形成了从校长到实验员人人乐当学生导师、个个助力学生生涯发展的喜人局面。

其次,增强了高中学生与青年教师的适应性和成长力。通过项目的策划和实施,学生与青年教师两个主体共同寻获对新身份和新环境的适应,对个性的发现、发展与发挥,对新阶段发展点的确立和发展力的积蓄,真正实现"共生双赢",也为学校德育工作的开展转型注入了新动力。

再者,提升了青年教师立德树人的理念和能力。更多青年教师在教好书的同时主动思考如何育好人。项目为青年教师提供了更多德育实践岗位,也促成了更多的专业学习与发展,为德育人才梯队建设打下了坚实的基础。以格致中学奉贤校区45位青年教师为例,五年多来有21位青年教师获得了生涯规划师资质,七位教师获得了心理咨询师资质,三位教师获得了家庭教育指导师资质,10位青年教师走上班主任岗位,14位青年教师加入市、区、集团的德育和班主任研修团队,两位教师成功立项市级德研课题,十余位参与市、区级德研课题及发表相关论文。

青春同行共成长,格致中学"青年成长导师"项目将聚焦新形势,进一步在实践中提升项目效益,让更多的青年教师与学生在菁菁校园中相伴成长、共生双赢。

（上海市格致中学　周雯婕）

幸福来敲门,德美在校园

教师是立校之本,师德是教育之魂。陶行知先生曾经说过:"学高为师,德高为范。"良好的师德、高尚的师风是做好教育的灵魂。十年树木,百年树人,教育为重,德育为先,这是师德建设重要性的深刻体现,要想达到高质量的教育,就必须拥有一支高素质的教师队伍。

一、背景

师德是为师者的职业道德,修养则是人的综合素质。习近平总书记在谈及做

"四有好老师"时说到"老师是学生道德修养的镜子",师德修养是为师者要时刻培养高尚的职业品质和正确的职业态度,使自己的学识和品德不断充实和完善,它的内涵和标准非常广泛。如:给学生仁爱之心,激励学生、安贫乐教,有宽广的胸怀、执着于事业,无私奉献、以身作则、热爱学习,等等。为师者的作用是对学生"寓教于无形"。因此,学校在师德建设中提出了打造一支心美至善、行美至真、智美养德的教师队伍的目标,以此提升教师的职业幸福感、归属感和成就感,通过成就教师来成就学生。

主题的灵感来源于一部美国电影《当幸福来敲门》,由此产生了"幸福来敲门"师德建设项目,以此来达到德美在校园的目的。近年来,学校逐年引进青年教师扩充队伍,在师德建设的道路上,更希望能用高尚的师德带动、影响新教师,以此为契机从管理上开始正师风、播师爱、颂师德。

二、目标与思路

卢湾中学以学习为主导、以活动为抓手,拓展师德修养的建设途径,深化师德修养的建设内涵,开展了"欣赏他人,悦纳自我""卢湾中学教育十日谈""点燃教师激情,绽放世博精彩""敬业守纪铸师魂,滋兰树蕙垂德范""师德三字经""不朽的师魂"影视学习"弘扬师德　共创和谐"征文"百师百字师德宣言"展示等系列活动,教师们承诺:在细微之处付真情,在教育之中践诺言。

根据《中小学教师职业道德规范》的具体要求,我们制定了《卢湾中学师德规范细则》,规定了卢湾中学教师最基本的行为准则,这是每一位卢中教师的道德底线标准。在严守底线的基础上,我们制定了一系列的分项细则(如表4-1所示):

表4-1　《卢湾中学师德规范细则》分项细节

基础守则	类　别	条　　目
《卢湾中学师德规范细则》	校园环境	《卢湾中学办公室管理规范》
	行为举止	《卢湾中学教师文明用语 30 条》《卢湾中学教师着装规范》《卢湾中学教师师德宣言》
	教育教学	《卢湾中学教师教学规范》《卢湾中学教师作业批改规范》《卢湾中学教师质量考评体系规范》

三、过程与方法

（一）心美至善，理想在奉献中永恒——"幸福来敲门"之幸福驿站

对于行走在精神高地上的教师来说，要播撒阳光到别人心里，首先自己心中要有阳光。有幸福的老师，才有幸福的教育。学校的核心理念是生命和幸福，通过成就教师来成就学生。

"幸福驿站"是由卢湾中学党支部、工会和教工团联合组织，以校园幸福生活为主题开展教师精彩校园创意生活的系列活动。"幸福驿站"的主题为"幸福"，灵魂是"创意"，载体是校园生活的精彩呈现，活动整合校内外资源，捕捉最流行的生活时尚元素，结合发达的网络资讯，提升教师的职业幸福感，激发教师的活力与创造力，成为教师缓解职业压力时愿意停靠充电的幸福驿站。"幸福驿站"在潜移默化中融入了学校"平等、自由、包容、尊重"的基本文化内涵。工会组建了乐活厨房、卢羽飞扬、时装风采、巧手盘扣、妙笔生画、品鉴达人等教工社团，通过系列创意活动敲开教师幸福人生之门，使卢湾中学在教师心中不仅是工作的代名词，更是相互交流学习、分享幸福生活的场所。

为贯彻落实教育部关于"廉洁文化进校园"的相关要求，学校将廉洁教育与师德建设、行风建设相结合，号召教师签订《廉洁从教承诺书》，签约率达 100%。在教师群体中掀起了一股抵得住诱惑、撑得住信念、守得住清贫的廉洁之风。签约活动后，许多教师自发地利用课余时间义务帮助学困生补课，有针对性地进行个性化成长辅导，提高他们的学习兴趣，帮助他们获得成功，使一些学生取得了长足进步。

（二）行美至真，师爱在细节中闪耀——"幸福来敲门"之幸福法则

"一枝一叶总关情"，教师的一个关切的眼神、一句温暖的话语、一次亲切的抚摸，都可能影响学生的一生。卢湾中学倡导"一度温暖，百分百爱心"，坚持教育理念通过细节传递，将优良的师德形成于细节之中。"幸福法则"的构成核心是"师爱"，载体是传递细节，理念是将师德建设能够形象化和具体化。

法则一：大拇指教育。教师的每一个动作，每一个笑容都带上了教育的符号。倡导"大拇指教育"，反对"食指教育"，用赞美、夸奖和肯定代替对学生的不尊重。

法则二：一度温暖，百分百爱心。学法指导的贴心度、情感渗透的温暖度、师生关系的融洽度……每一个细小行为的背后都是一百分的爱心，这样的行为足以温

暖每一颗心灵。"一度温暖,百分百爱心"体现的正是一种责任和担当。

法则三:十六个知晓。学校要求每一位教师做到"十六个知晓",即:知晓学生的姓名含义,知晓学生的生活习惯,知晓学生的个性特点,知晓学生的行为方式,知晓学生的思维方法,知晓学生的爱好兴趣,知晓学生的困难疑惑,知晓学生的情感渴盼,知晓学生的心路历程,知晓学生的知音伙伴,知晓学生的成长规律,知晓学生的家庭情况,知晓学生的上学路径,知晓学生的社区环境,知晓学生的家长思想,知晓学生的家长愿望。让师德建设形象化、具体化。

(三) 智美养德,师德在锤炼中前行——"幸福来敲门"之幸福 N 重奏

教师的幸福更多的还源于他们在教学实践中的成就感与满足感,在成就学生中成就自己。师生共同的幸福,才能奏响学校发展的旋律。为此,我们推出幸福 N 重奏,核心是师能,途径是师德内化为实践动力,从而实现师德转化为师能,师能再转化为师德。

1. 生涯导师——学生幸福成长的"GPS"

受导学生档案制度。导师应对每位受导学生建立档案,内容包括学生家庭详细情况,学生道德品质、心理健康和学业跟踪档案。

家访联络制度。建立不定期的家访联络制度。导师必须对受导学生本人及其家庭有清晰的了解并对其家庭情况进行简要分析,密切与家长联系,指导家庭教育,共商教育对策。

谈心交流制度。导师应坚持与受导学生进行个别谈心交流并做记录。

通过导师制度,更多需要被重点关注的学生受到了长期、有效的关注,拉近了学生与老师之间的距离,助力学生成长。

2. 课改探索——幸福在课堂上习得

"无边界思维坊"和"酷课·创学"课题组是卢湾中学推进教学改革的两驾马车,在区域内有着较大的影响力。它由卢湾中学最具活力、最有创造力的两个中青年骨干教师群体组成。他们的身影一直活跃在学校教学改革的前线,不计报酬、甘于奉献、孜孜以求、乐在其中,不断地在教育教学中创造奇迹,让学生在课堂上收获更多的快乐和成功。其中,"无边界思维坊"打破学科边界、家校边界、时空边界、学校与社会边界,开创的"无边界课程",受到上海电视台、新民晚报、搜狐网、新浪网等各大媒体的关注,得到了全国同行的认可。如"音乐可视化"课程利用数学方式具化音乐概念,收获了惊艳的教育效果。

师德是学校的灵魂,卢湾中学的教师始终把"心美至善、行美至真、智美至明"当成自己的职业追求,丰富的活动强化了教师内省、自律、慎独的意识,唤起了教师职业内在的师德尊严,成为每位教师衡量自我的内心尺度。教师们站在新的历史高度,重新明确现代师德的内涵,审视崇高师德的价值,用高标准的师德观念规范自身的行为,提高自身的素养,锻造新一代的师魂。他们的一言一行,都彰显着崇高的师德精神,散发着隽永的人格魅力,体现出无边的师德大爱。"让每个孩子的心灵充满阳光,在教育中享受生命成长的快乐"已成为卢湾中学教师们坚定的信念。用人文关怀学生,用真诚打动学生,用行动感染学生,用自信鼓舞学生,用爱的渡船将学生送到希望的彼岸。

四、成效与展望

师生建立一种个性相融的和谐关系,它能够增强学生的学习信心,使他们乐于学习,从中获得满足感和成就感。良好的互动可以为师生提供愉悦、融洽的心理环境,在这样的心理环境中,师生间是积极的、相互促进、共同成长的。在管理上取得了一系列成效后,在今后的师德建设中,我们将尝试更新观念,进行多元评价。在教育教学中,应该真实地表达自己的情感,充分尊重和信任每一名学生,允许他们拥有发言的权力并努力接受他们的所思所想。学生只有得到了应有的尊重、重视,才算获得了一种成功的体验,这种成功体验会激发他们的思考,促使他们摆脱老师霸权的阴影,从而主动和教师结成民主平等的和谐关系。

2017 年 2 月,学校师德案例《滋兰树慧 德美校园》被推选为教育部师德建设优秀案例,我校成为上海市唯一入选的学校。学校从管理上正师风、播师爱、颂师德,"幸福来敲门"项目让老师们在细微之处付真情,在教育之中践诺言,叩响幸福教育的大门。教师在与学生的沟通中,提高沟通能力,逐渐学会管理学生和处理事务,这也是教师成长的重要内容。师生在沟通中达成共识,协调情感与行为,以满足学生身心发展需要为目的,以开放式、互动式为主要模式缔结师生关系,实现真正的共同成长。

(上海市卢湾中学　吴元元)

格致教育集团心理教师队伍一体化建设实践探索

2014 年 11 月,根据黄浦区继续推进区域学区化集团化建设,提高优质教育覆盖面的要求,上海市格致教育集团成立。2018 年初,为提高教师专业发展水平,集团组建涵盖所有学科及班主任的格致教育集团名师工作室,由集团校内资深教师领衔担任主持人,聘请校外知名专家学者担任特聘导师,带教青年教师。教心工作室自此成立,由黄浦区心理学科带头人、格致中学心理教研组长周隽老师担任主持人,卢湾一中心小学余珏老师担任副主持人,指导带教曹光彪小学、格致初级中学、明珠中学、同济黄浦设计创意中学和格致中学奉贤校区教龄不满十年的心理教师。

一、学习共同体:一体化构建

一般学校通常只有一位心理教师,无法形成教研组备课组,日常工作中缺少可以随时请教、学习和观摩的同事。而且心理健康教育又是一项专业性极强的工作,虽然可以寻求校外教师的帮助,但有疑惑不能及时询问,遇困难无法及时解决,也是心理教师时常面临的困扰。这种缺乏及时支持,一切都要靠自己摸索和学习的情况,就很容易让心理教师产生人单力孤感。集团教心工作室的目标就是通过名师基地建设这个平台,构建"学习共同体",加强校际研修,成为集团成员校心理教师的"娘家人"和"靠山",积极提高心理教师的专业发展意识和能力,促进集团心理健康教育水平的整体提升。集团教心工作室主要做了三件事:

(一) 共同学习交流的微信群:你不是一个人在战斗

工作室微信群是一个成员们可以随时随地进行工作讨论和分享的安全空间,大家可以交流专业的资源和信息。例如在疫情期间,我们也是"停课不停学",在群里分享了《抗疫期间中小学生及家长心理防护手册》和《疫路心防——用温暖照亮前方》两本专业指导书的免费网络版,聆听叶斌、耿文秀、林贻真等专业心理学家、心理咨询师的讲座。

在谨遵专业的保密原则的前提下,大家无论遇到什么烦恼、困惑和难题,都可以在微信群里随时提问,其他教师毫无保留地分享自己的经验和建议。大家群策群力,在交流和讨论中获得心理和专业上的支持。这种有组织依靠、有专业支持的"集体归属感",有助于增强心理教师尤其是年轻心理教师的自我效能和工作效果。

(二) 请进来、走出去:助推专业发展

由于工作的特殊性,心理教师上岗不仅要有教师资格证,还要有心理咨询师资格证书,再加上现在社会发展带来的学生教师家长的心理困惑越来越多、越来越复杂,心理教师的职后培训也需要及时更新。但相对其他学科,心理培训费用高昂,培训期间又无人代课,学校很难支持心理教师参加经常性培训。这些都会制约心理教师的个人成长和专业发展。

专业的发展需要专业的引领,工作室每学期都会根据一线成员们的需求,邀请市、区心理专家来为成员们开设专题讲座。小型团体的讲座更能契合工作室老师的实际需求,专家的贴身指导和成员的体验互动也更为充分。

这些讲座中,既有增强课程与咨询理论素养和实践水平的专业讲座,也有舒缓身心、唤醒内在生命力的减压体验(见表4-2),让经常吸收来访者"心理垃圾"、容易能量枯竭的心理教师们,在提升专业自信的同时,也要留出时间和精力关照自身的身心健康,缓解工作压力。

表4-2　2018—2019年度教心工作室专业讲座一览表

时　　间	内　　容	主讲人
2018.11.19	参观复旦大学心理健康教育中心、冥想体验	复旦大学心理健康教育中心副主任朱臻雯老师
2018.11.21	"学生综合素质评价背景下的学校生涯教育"专题讲座	上海市教育科学研究院、上海学生心理健康教育发展中心杨彦平博士
2018.12.3	参观徐汇区未成年人心理健康教育辅导中心、"校园心理危机预防与应对"专题讲座	徐汇区未成年人心理健康教育辅导中心主任陈瑾瑜老师
2019.4.2	OH卡牌心理培训	上海市教育科学研究院普通教育研究所教育心理研究室主任沈之菲教授
2019.4.17	"新时代背景下的家校合作"专题讲座	徐汇区未成年人心理健康教育辅导中心主任陈瑾瑜老师
2019.10.9	"萨提亚模式在学校心理健康教育中的应用"专题讲座	虹口区教育学院心理教研员王红丽老师
2019.11.20	"心理课中的活动设计与设问"研讨活动	光明初级中学连莺老师、平和双语学校吴晨虹老师

(三) 集体磨课:突破"舒适区",提升专业成长

心理课和其他学科有非常大的不同,它需要学生在亲身体验中"悟"出教学的目标,这就对主题活动的设计和教学流程的安排有较高的要求。同时,不像大多数学科有标准答案,学生对于心理课教学内容的回应可能五花八门甚至千奇百怪,课堂生成性资源常常会超出教师的预设,这对教师尤其是年轻教师的经验储备和临场反应是一个相当大的挑战,所以就导致有的教师不敢提问、追问,导致课程就在教师预设的框架下运行,忽视了学生个体的需求。再加上心理课从小学到高中都有开设,如何设计让学生眼睛一亮的主题活动,如何避免"理想很丰满、现实很骨感"的教学窘境,如何设问、追问,如何既让学生乐意参与又能静下心来产生触动并真诚分享,如何将课堂生成性资源与教学设计有机结合……这些,都是年轻的心理教师经常面临的难题。

所以,无论是准备市、区心理健康活动课大奖赛,还是各种公开课、评选课、展示课,"痛苦折磨"的磨课过程是必不可少的。教心工作室磨课的重点主要落脚在课程的设计、课堂生成性资源的把握和如何设计层层递进的"问题链"上。

备课、说课、听课、评课,从工作室成员群策群力到专家把脉指导,各位老师在一遍遍精磨中集思广益、仔细斟酌、反复研讨。当"丰满的理想"在"骨感的现实"中一遍遍重来,最后脱胎换骨时,无论是试讲教师还是听课教师,都深深感受到"突破'舒适区'的磨课是痛苦的,但也是痛并成长的"。

二、跨学段联动:一体化成长

教心工作室立足教师和学生的需求,以教师的成长和学生的发展为目标,扎扎实实推进各项工作,成效显著。

(一) 开拓了课堂教学的思路和方法

教心工作室经常组织各类线上线下的研讨活动,用集体的智慧来启发大家的思考,开拓课堂教学新思路和新方法。

王老师说:我的设计思路从"我得上这节课",转变到"学生能从课堂中收获什么"。我切身体会到了何为课堂教学的"层次感"。每一次的活动都需要指向教学目标,但不是一次性达成,而是在每一回合中逐步递增,最后让学生自己"悟"出里面的味道。

顾老师说:对于追问技巧的反复打磨是"当时最折磨"也是成长最多的环节,如何提问引发学生思考,如何用追问来进一步启发学生,现在成了我课后反思的重要部分。

张老师说:不断地推敲,让我大胆突破了以往放不开、不敢问的教学习惯,深刻感受到了教师如何通过层层递进的开放性问题,成为"一名穿针引线者",把舞台交给学生。

黄老师说:在伙伴们专业的指导、真诚的回应、中肯的建议和温暖的支持下,我尝试着跨出自己课堂教学的"舒适区",在课堂中用适时、灵活、启发式的追问来推进课堂教学,遇到意料之外的学生回答也能更沉着、更有技巧地回应。

(二) 提升了个案辅导能力

个案辅导是心理健康教育的一项重要工作,提升此项能力是每位老师的迫切需求,工作室开展了多项专家授课活动,老师们获益良多。

梁老师说:在沈之菲老师的 OH 卡培训体验中,我学到了新的技能,在课堂教学、社团活动及个别辅导中,都取得了较好的效果,还成功地辅导了几例考试焦虑和心理危机的个案。

顾老师说:在心理专业领域内的不断学习,对我在自己学校开展工作有非常重要的帮助。陈瑾瑜老师的"校园心理危机预防与应对",让我对学校开展危机干预工作的流程和方法有了更全面和系统的认识,学到了很多实操性的技能,增强了信心和能力。

(三) 形成共同进步的教育合力

工作室创设的氛围让老师们早已形成了这样的习惯:有任何的疑问不解都可以随时跟伙伴们探讨,老师们也形成了这样的自觉,分享自己的观点,一起寻求答案。大到课程的设计,小到道具的修改,各种疑惑都在大家智慧的碰撞中得到及时的解决。

张老师说:在我参加市级比赛的过程中,教心工作室的主持人和小伙伴大力提供支持与帮助,就课程设计、素材选取、教具制作等方面展开线上与线下讨论,更是事无巨细地不断推敲如何提问、如何追问、如何回应学生等。短短几个月,试讲次数多达 23 次,教案与学习单修改了十几稿。

曹老师说:我是参加教心工作室活动的编外成员,教心工作室的运作就像是一股洪流,让身处其中的我,在这个集体中不自觉地被带动,促使我去学习、去思考、去探究,其中的收获是无形的、可观的。最终受益的不仅是我们,更是我们的学生。

颜老师说:工作室就像是一直站在背后的"靠山",总有周老师、余老师和各位小伙伴的支持和陪伴,让我觉得很暖、很踏实。

(四) 促进了学生的可持续成长

老师们的进步也带来了学生的成长,王老师发现,工作室一直以来的引导也转化成了学生对课堂教学内容吸收的效果。

以"情绪调节"这一主题为例:学生通过一年的学习,从图 4-1 中可以非常直观地发现,相比于 2018 年的三个年级,2019 年的三个年级在情绪沉浸和行为冲动两个调节方法上的倾向有了大幅度的下降。经 t 检验,差异达到极其显著水平($p < 0.01$)。这种变化也是对教学目标达成度的一种佐证。

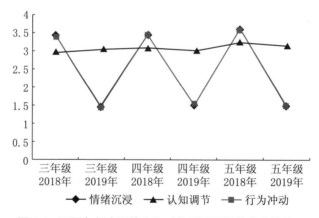

图 4-1 不同年级在同伴交往时使用不同调节方式的情况

两年多来,教心工作室的每位成员都获得了成长。多位老师参加了市级课题"积极成长·幸福课程"的课程和教材编写工作;区级及以上论文案例发表五篇,获奖两篇;区级及以上课题立项六项、结题两项;开设区级及以上教学展示课八节;获得区级及以上教学比赛一等奖两人次、二等奖五人次,区级及以上荣誉四人次。

未来我们将继续修炼内功,以更专业化的姿态开拓前行。

(上海市格致中学 周 隽)

对接需求，凝聚合力，研修一体促成长

——上海市班主任带头人"高飞工作室"建设纪实

　　为了进一步推进大中小德育一体化，促进班主任队伍专业化发展，提高班主任育人水平，构筑本市班主任队伍的人才高地，市教委批准成立了"上海市中小学（含中职校）班主任带头人工作室"。2016 年 3 月，我通过遴选，被授予上海市第三期班主任带头人称号，成立了上海市班主任带头人"高飞工作室"，至今已是第四期了。

　　"高飞工作室"根植于地处老城厢的光明初级中学，汲取中华优秀传统文化之精髓，立足黄浦，集合来自全市各区优秀班主任的智慧，共研班主任工作艺术，共促学生健康发展、可持续发展。几年来，在市学生德育发展中心的领导和帮助下，在区德育主管部门、学校、导师的关心和大力支持下，工作室建规划、树目标、定课题、勤研修，有序推进，顺利完成了招生、集训、自主培训、交流合作等重要工作。在此过程中，我深刻领会到了合作、实践、思考的重要性，体会到了携手奋进、攻坚克难的成功。在建设过程中，我们着重思考、解决以下问题。

一、小树萌芽，路在何方——工作室在思考

　　初次成立市级工作室，对自己这个基层班主任而言是一个巨大的挑战。工作室的目标是什么？该怎么做？刚开始毫无头绪。怎么办？我先从自身的成长开始思考，一线班主任到底需要什么？

　　我于 2002 年 7 月调入黄浦区光明初级中学，近 20 年里一直担任一线班主任和教学工作。2006 年开始，有幸先后参加了区黄静华班主任名师工作室，黄静华、陈镇虎老师领衔的上海市班主任工作德育实训基地，谢小双老师领衔的上海市教师育德能力优化研究与实践实训基地，得到德育前辈的悉心指导，逐渐在班主任工作中学会提炼与思考。同时，得益于区教育局和德研室对德育工作的高度重视，搭建了一贯且针对性强的班主任发展平台，帮助我在学习中成长，先后获得了"黄浦区班主任工作能手"、区班主任基本功竞赛一等奖、市一等奖、长三角一等奖等荣誉，参

加了两次班主任国培项目,成立上海市班主任带头人工作室。在自己的成长过程中,区德研部门起到了非常重要的引导作用。得益于"以赛促建",集中火力解决一个个难题,在专项研讨中帮助我提升班主任专业能力,解决一线班主任忙于事务性工作、缺乏思考和研究的关键问题。我想,这可以在自己的工作室建设中加以借鉴。

同时,更重要的是关注学员需要什么,这决定了工作室建设的方向。工作室一成立,我就进行了调研。学员们的实践经验较丰富,都担任了5—15年班主任,在班级管理、学生教育、活动组织方面取得了一定成绩。但是,他们普遍反映德育理论较为缺乏,没有开展过正规的德育科研,不善于结合理论认识和改进教育方法。他们都有强烈的学习愿望,希望系统提升自身的教育能力和教育艺术。

从一线班主任的实际需求出发,经过与学员的个别交流,与导师的沟通,我把工作室培训的主线定为"提升研究能力,促进专业成长",以期通过共同学习,增强大家主动学习的意识、探究问题的自觉、引领发展的能力。

二、心海远航,聚力前行——工作室在行动

工作室以"心航"为名称,寓意班主任工作是师生心灵对话的旅程,同时也是班主任自身劈风斩浪、不断成长的过程。以"研修的平台、成长的阶梯"为工作宗旨,充分发挥优秀班主任的骨干作用,建设"德育高地",提升班主任的职业崇高感,切实推进班主任的专业化发展。

图4-1 心航工作室logo

(一)聚集"智脑",助力远航

工作室于我和学员而言是新生事物,在发展过程中非常需要借助专家团队的"智脑"力量。幸运的是,我们得到了黄浦区德育团队的大力支持和无私帮助。在学校的大力支持下,工作室有序运转,不但聘请了市级专家陈镇虎、黄静华、张小敏老师为导师,还聘请德育专家毛裕介老师、区教育学院李峻副院长、德研室冯秋萌主任、教研员李燕华老师为导师团成员,让我对工作室的发展更有底气,同时也为"心航"这艘大船的启航提供强大的助力。

(二)专业指导,协同提升

2016年上海市"闵行杯"班主任基本功大赛主题是"班集体特色创建",2019年

"普陀杯"竞赛主题是"家班共育"。"班集体特色创建"与"家班共育"是班主任必须掌握的基本功,是建班育人的必经之路。但是,如何选择主题、如何撰写论文,是基层班主任比较薄弱的方面。在论文撰写过程中,我们邀请了工作室导师黄静华、陈镇虎老师和毛裕介、张小敏及德研室各位专家,为大家进行有针对性的个别辅导,帮助伙伴们提炼出自己建班育人的思路,文体结构符合论文要求,经验提炼一步步提升。

小组合作,互相促进。通过大家的共同努力,工作室学员中,多人出线晋级市级决赛。面对"代入式情景模拟"这项很有难度的面试关,工作室与黄浦区教育学院德研室举行联合培训活动,主任冯秋萌老师与黄静华、李燕华老师分别进行赛前指导,学员们分组进行情景模拟处置,探讨不同情境下突发状况的处理,取长补短,取得了很好的效果。

(三)项目引领,课题研究

针对学员研究能力不足的薄弱环节,工作室以项目为抓手,分别确立了"聚焦核心素养之'责任担当',提升初中班级活动育人成效的案例研究"和"基于主题谈话课提升初中班主任价值引领能力的案例研究"作为两期工作室的主课题,均立项为市德育研究协会课题。

为了帮助各位学员提高研究意识、克服畏难情绪,工作室充分利用区域资源,邀请了黄浦区教育学院副院长李峻老师,作题为"关于一线教师作研究的三个小话题"的讲座。在毛裕介老师指导下,课题组成员开展问卷设计的专题研讨。学员们都撰写了总课题下的自己研究的子课题,找到自己的研究方向,进行德育科研的初步尝试。五项课题立项为市级德育协会课题,一项为金山区区级课题。

市师资培训中心英配昌博士担任课题组专家指导,通过"实践—指导—反思—改进"的过程,帮助学员学会每一个德育研究步骤,并能迁移到自己的问题研究过程中去。对此,学员们的感受是"实在、有效",感到进行德育研究的底气更足了。

(四)传承特色,辐射引领

黄浦区在德研部门带领下,十余年来一直在进行"主题谈话课"的探索。"主题谈话课"不同于以往说教型的德育课程,它注重情境创设,以平等、启发性的谈话方式与学生进行沟通、引导。这对班主任的教育能力提出了更高要求。我在李燕华老师的带领下,一直参加黄浦区的"主题谈话课"研究小组,在学习、实践过程中深感它的价值,因此决定在工作室平台上传承黄浦的德育特色课程,并通过学员进行辐射。外区学员基本没有接触过"主题谈话课",困难较大,但有着黄老师、毛老师与德研部门的特殊资源,这项特色得以顺利推进。

"研修一体",我们积极创设平台,帮助学员了解、实操。工作室先后与杨浦区德育队伍开展了两次区级联合教研活动,与松江区德研队伍在上外松江外国语学校、九峰实验学校举行了项目推进活动。两区的德研室、班主任中心组、区工作室联合参与。同时,在黄浦基地区域,我们在区、校的大力支持下,先后开设区级研究课 5 节。如在黄浦学校的大力支持下,学员方燕清老师开设爱国主题的研究课《薪火相传,爱我黄浦》,区德研室李燕华老师与区各校班主任代表、徐汇区德研室张鲁川、江振岚老师及徐汇区班主任高研班、师资培训中心职初教师研修班、青浦区刘梅班主任工作室开展了联合听课与研讨,在思想的碰撞中产生了许多智慧的火花。在德研部门和尚文中学、市八初级中学、光明初级中学的积极组织与帮助下,工作室学员有了更多展示交流的平台,把我们学习研究的成果向外省市进行辐射,先后向青岛市市南区班主任研修团队、苏州市名班主任工作室、杭州市班主任研修团队进行展示。大家边思考、边完善,使得外区、外省市班主任对主题谈话课这一黄浦特有的教育形式有了更多了解和更深的思考,更好地为学生的成长服务。

(五) 对接需求,室校合作

为了更好地帮助学员梳理自己的成功经验,在原有的研究基础上形成自己的班主任工作特色,对接学员个人成长的需求,同时对接各个初中学校青年班主任培养的迫切需求,工作室组织学员开展了微讲座的设计和实施。

讲座的课题来自一线班主任的真实需要。前期工作室学员在各自学校进行了青年班主任疑难问题的调查,并从中归纳出了十个方面的问题:如何提高一日常规落实的有效性? 如何培养班干部? 接手新班级,如何提高班级凝聚力? 如何上好主题班会课? 规则意识薄弱的学生如何进行教育? 如何引导学生合理使用手机? 如何培养学生良好的学习习惯? 如何开展有效的家访? 如何正确处理青春期男女生的交往问题? 班主任如何促进个人专业成长?

我们对接学员学校、区域内学校的青年班主任培养需要,采取"讲座—交流—答疑—改进"的方式,举行联合活动,既为学员搭建展示的舞台、发挥辐射引领的作用,又为各校提供特别的班主任研修方式。在各学校的大力支持下,我们先后在金山区存志实验中学、兴塔中学、黄浦区敬业初级中学、启秀实验中学、光明初级中学、黄浦学校多次举行了联合交流活动,与各校青年班主任、德育领导进行了热烈的探讨,取得了很好的效果。通过这种"双赢"模式,工作室帮助每位学员在所在学校、区域起到骨干作用,带动班主任队伍更快更好地发展,这也是工作室成立的初衷所在。这些讲座交流资料录制成光盘,可以给基地学校和有需求的学校作为校本培训的资料,以期发挥更广泛、更持久的作用。

三、俯身躬行,硕果累累——工作室在收获

在繁忙的班主任工作之余,学习、研究、实践,充实而有意义,学员们也在各自领域取得了显著成绩。有位学员经历了情景模拟的惊心动魄,她说:"模拟训练的魅力大概就在于:绝不让你只在旧有的"经验"里找到周全的方法应对。一道道试题演练下来,一次次聆听三位老师的指导、点评和分析,再回忆曾经的处理过程,有成功的欣喜,也有失误的惊心。其实,唤醒的不仅是记忆,更是作为班主任的教育初心。爱是一切教育的起点!"还有位学员在专题讲座中梳理了自己的特色,说:"领到讲座任务的时候特别心虚,不知道从何说起。但是在导师的指点和同伴的支持下,我不断整理自己的实际工作,研读相关书籍,寻求理论支撑,终于顺利完成了交流任务,也让自己对未来的工作更有信心了!"而大家更开心的是,在一次次磨炼中,对"主题谈话课"由陌生到熟悉、从表面到实质,让学生更喜欢我们的德育课堂了。正是在区德研部门和各校的大力支持下,工作室在两届市级班主任基本功大赛中都取得了骄人的成绩。"闵行杯"大赛中,1人获一等奖,3人获二等奖,1人获三等奖。"普陀杯"大赛中,2人获市一等奖,1人获二等奖,3人获三等奖,1人获2019长三角班主任基本功大赛论文二等奖、综合三等奖,其余各获区级等第奖和其他各类市、区荣誉称号。在与学员同研修、共成长的过程中,自己的专业水平与组织能力也得到了进一步提升,成为黄浦区德育学科带头人、班主任兼职教研员,先后荣获上海市十佳班主任、上海市园丁奖、上海市"四有"好教师(教书育人楷模)和全国优秀教师等荣誉。

育人之路无止境,"心航"高飞工作室将以勤为帆、以实为桨,服务一线班主任老师,在引领学生健康发展、促进自身专业成长的大海上激情前进!

(上海市光明初级中学　高　飞)

为基层班主任专业化发展插上梦想的翅膀

——上海市大同中学推进学校班主任工作室群体建设的探索与实践

班主任是学生生涯发展中的重要他人,是在学生广阔心灵世界里辛勤劳动的耕耘者,是引领学生创建精神家园的精神关怀者,是促进学生德性成长的主导力量,在学校德育工作中居于核心地位。

随着经济社会的全面转型、教育改革的不断深化,学生生涯成长过程中出现的新情况、新特点,对班主任的专业素养和专业技能提出了更高的要求和更大的挑战,迫切需要班主任以真挚的爱心和科学的方法与时俱进地教育、引导、帮助学生成长进步,以适应时代发展和学生成长的需要。如何帮助班主任们尽快提升班主任工作的专业素养和专业技能,将教育的激情持久化,提升德育工作的实效性、科学性和时代性,将关系到学校德育工作的整体推进,更关系到学生全面发展目标的实现。

一、背景及动因

近年来,围绕"如何推进班主任工作的专业化成长,提升班主任立德树人的素养,打造一支优秀的班主任队伍",上海市也做了很多卓有成效的探索。如举办上海市德育实训基地、为名班主任开设班主任工作室、举办班主任基本功大赛等。在上海市教委的领导和上海市中小学德育研究协会的具体指导下,我校也开展了思考与实践。

上海市大同中学是市示范性高级中学。学校德育工作和班主任队伍建设工作在上海乃至全国具有一定知名度和影响力,学校多次获得全国精神文明建设工作先进单位称号,并获得全国中小学德育工作先进集体、首届上海市未成年人思想道德建设工作先进单位等荣誉称号。学校拥有一批在育德树人方面有一定成效的优秀班主任,他们有的参加过上海市班主任工作室学习,有的是上海市或黄浦区中小学骨干班主任,有的多次在上海市各项班主任工作比赛中拔得头筹。如何筑高这些优秀班主任的专业发展平台,突破专业发展的瓶颈,同时发挥他们的辐射引领作用,打造一批班主任的精兵强将群体,从而进一步创新德育方式方法、提高基层班主任专业素质、提高德育工作的科学化水平,成为我们现时重要的任务。我们迫切需要为班主任专业梦想插上"翅膀"。

二、学校班主任工作室的建设策略

(一) 学校班主任工作室的组建

为了实现有效管理职能、提高学校班主任工作室的管理效率和实现工作室预期目标,学校探索构建起班主任工作室申报、管理、运作、评价等一套建设机制。遵循校本化、整体性、专业化、有效性、实践性、课程化等原则,学校工作室的主持人采取任期制,工作量纳入绩效考核;工作室活动实行校本课程化,计入校本培训学分;工作室开展工作采取主题化例会制,每次活动有主题,并采取多种学习方式,激发学员学习兴趣。工作室日常工作有经费保障,工作室运转实现可持续性。

每轮工作室运转时间为 3～5 年。主持人采取申报和推荐相结合方式,学校为评聘的工作室主持人颁发聘书。工作室主持人公布研究方向和课题后,工作室组成采取主持人和学员双向选择方式,一般为十人左右。学校为工作室聘任校内和校外导师。工作室运作以科研驱动、以问题研究为支撑,学校主张每个工作室自身在创新中发展。

我们设想通过学校班主任工作室群体的建设,充分发掘校本资源,突出校本研修特色,将班主任工作室的建设与学校发展、班主任专业成长结合起来,以课题建设为突破口,实现市、区班主任工作室与学校班主任工作室的联动,加强学校班主任工作室组织管理制度研究,整合班主任业务培训、教育科研能力提升等内容,打造校本特色的学校班主任工作室。依托上海市德育研究协会、上海市德育实训基地、上海市各班主任工作室等优质资源,充分发挥学校特点以及班主任自身拥有的特色资源,学校班主任工作室建设日趋成熟。

(二) 两轮学校班主任工作室的建设

大同中学的班主任工作室起步于 2004 年。经过长期的准备和酝酿,第一轮班主任工作室于 2013 年 4 月挂牌。学校聘请沪上知名德育专家陈步君、董念祖、毛裕介、黄静华等老师作为工作室导师进行互动式指导。自此,学校班主任工作室持续发挥对校、区、市的辐射引领作用,传递着优秀班主任教育的正能量。

2018 年,学校在总结第一轮工作室运作经验的基础上,成立了新一轮班主任工作室,工作室的数量从四个增加为五个。主持人中有第一轮中富有经验的德育学科带头人,更有在班主任专业发展中涌现的新的骨干力量。根据聚焦的研究课题和主持人的特点,分别命名为"学校班主任工作室"和"青年班主任沙龙",体现新老互动,阶梯发展。

今天,学校班主任工作室作为班主任校本培训的重要载体,已经成为班主任专业化发展的新的实践形式,成为班主任研训一体的学习共同体、学校开展德育探索的重要载体和优秀班主任的孵化基地。

三、学校班主任工作室工作的开展与推进

(一) 理论提升,修炼专业素养

在班主任专业化过程中,深厚的理论功底是班主任反思日常工作和开展德育科研的基础。既要"脚踏实地"(实践),也要"仰望星空"(思考和学习)。因此,工作室积极贯彻理论提升策略。采取集中学习和分散自学相结合、自主研修和专家引领相结合、"走出去"与"请进来"相结合等多种学习方式。学习聆听专家学者的授课和讲座。此外,每学期指定阅读若干教育教学专著。如平蓉旎老师的工作室有针对性地引导学员学习关于社会实践的文件《关于进一步落实中小学社会实践工作的若干意见》《如何开展好社会实践活动》《如何撰写社会实践活动报告》《教师如何做研究》等。又如青年班主任工作室引导学员阅读班主任工作专著《班主任工作漫谈》《今天怎样做班主任——点评 100 个典型案例》《治班有招》《99 个班主任的教育机智》《教师专业发展的理论取向与实践路径》《读三国,品教育》《春雨》《给教师的建议》《心理减压室——完美高中生活指南》等。多样化的学习方式深化了学员的认识,提高成员的理论修养。我们还鼓励学员撰写读书体会或活动感受,积极积累反思资料。在撰写与反思过程中丰富和提升学员的育人理念。教育故事是教育行动的总结,是教育智慧的体现,是教育理念的实践。我们鼓励工作室及工作室学员积极撰写教育案例,真实生动地讲述自己的教育故事和教育反思,撰写教育案例,尝试践行习得理念,提升理论学习的效果。

（二）课题引领，科研支撑创新

学校班主任工作室活动要避免陷入浅层次、表面化和随意性的误区，就必须积极开展教育科研活动。

学校层面，学校申报了上海学校德育实践研究课题"推进学校班主任工作室建设的策略与实践研究"，以课题引领四个工作室建设。同时鼓励各工作室利用市、区规划课题和个人课题申报的机会，有目的地开展教育科研工作。我们认为在指导各工作室选报课题时要综合考虑以下三要素：主持人及学员的教育风格和研究特色，已有的实践和研究的基础，学校及生源的发展状况。

工作室层面，学校的四个班主任工作室从德育工作中的普遍问题和学校学生的现状出发，寻找工作室研究的切入点，分别探索了青年班主任业务技能和专业素养的培育、学生社会实践创新及高中生生涯规划指导、现代班级文化建设的原则和策略、创新教育中资优生的人格素养培育等课题。

例如：陆丽萍老师主持的青年班主任工作室从工作室学员的结构出发，拟定"青年班主任专业化发展"的研究方向，尝试从班主任工作的规范化和科学化方面积累资料，编撰《大同中学青年班主任专业发展手册》，积极探索当前班主任有效的育德途径。刘萍老师主持的班主任工作室成员大多担任理科班、特长班班主任，基于长期与这些"资优生"打交道的经验以及对上海市部分实验性示范性高中"资优生"现状的调查，他们确定了"资优生创新素养培育中的德育探索与实践"这一研究方向，明确资优生是人格教育的主体，对资优生的德育引导工作要抓住两个关键问题，因势利导，引导资优生平衡学力发展与人格健康。沈爱玉老师既是区德育学科带头人又是国家级心理咨询师，她主持的班主任工作室抓住教育的本源——立德树人，认识到"教育的终极目标是人的发展"。面对开放的社会，学生思想受到多元价值标准甚至多种文化冲击的背景，我们如何通过创造一种优秀的班级精神文化，坚定学生的信念和理想。平蓉旎老师结合她作为上海市优秀志愿者、上海市优秀班主任等的成长经历，确定了工作室以探究学生社会实践活动为主题，尝试优化社会实践传统项目，探索社会实践新内容（国际交流、生涯规划教育等），尝试社会实践研究（编撰学生社会实践手册、高中生生涯规划手册等），引领学员走一条"长走常新"的社会实践之路。

工作室学员在积极参加工作室主课题的基础上，可以设定自己的研究子课题。如沈爱玉班主任工作室学员在"现代班级文化建设研究"总课题下分别研究：如何抓住契机展开班级文化建设？如何契合社会热点开展班级文化建设，切实提高教育的时效性？如何关注校内外资源，并整合资源开展年级文化建设？如何让集体教育有趣而有效？不同工作室之间的相互交流学习，使得不少学员从中撷取灵感，设定了自己的个性化课题。

学校、工作室、学员三级课题，构成一个兼具个性与创新的科研整体，相互影响、相互促进。这些基于学情、生情、校情、师情的科研支撑，让学校班主任工作室插上了思考的翅膀，这些科研工作也成为班主任发展的助推剂和动力舱。

（三）规范管理，筑高发展平台

为了实现有效管理职能、提高学校班主任工作室的管理效率和实现工作室预期目标，学校探索构建起班主任工作室申报、管理、运作、评价等一整套建设机制。围绕"工作室与学校德育工作共成长、班主任与学生共成长、主持人与学员共成长"这一核心理念，我们梳理了"三项模式、五大策略、六条原则"。

在工作室管理方面，遵循校本化原则、整体性原则、专业化原则、有效性原则、实践性原则和课程化原则，工作室建设风生水起。例如课程化原则是学校将班主任工作室的运作与校本培训无缝衔接，纳入黄浦区中小学、幼儿园校本培训课程，通过课程化，定课时（每周两课时）、定内容（主题式的例会）、定形式、定学分（每位班主任每学期可获得区级培训的两个学分），整合各种教育资源，整合学校学生处的管理、班主任工作室的日程运作、德育课程。通过课程化的培训模式推动和保障学校班主任工作室运作的时间和空间。

对工作室主持人的扶持和管理，实行主持人任期制、工作量化制、主题化例会制、经费保障制以及过程性评价制。以过程性评价制为例，学校建立起班主任工作室主持人的评价指标体系，将工作室的方案和总结、学员的总结、案例分析、会议记录、主题教育方案、论文、工作纪事等材料及时收集、归档、存档，为班主任个人的成长和工作室的发展评价提供依据。学校对班主任工作室的评价还依托一定的操作平台，学校校园网中的"班主任成长档案"就是记录班主任成长、记录班主任工作室工作成效的多向互动平台。

在工作室学员的管理方面，要求学员制订发展规划，在工作室总课题的引领下设定自己的子课题，建立学员成长手册，内容完善过程清晰地记录体现学员成长历程。

"问渠哪得清如许，为有源头活水来"，高水平专家、学者的加盟，为学校班主任工作室建设打开了一扇新的窗户。班主任专业化发展不是简单做加法,学校为班主任工作室聘请专业的导师以求顶层设计、整体推进。沪上乃至全国知名的德育专家对工作室主持人的工作进行了多次的互动式指导,这些立意高远的指导拓宽了主持人的视野,提升了主持人的境界,使得工作室主持人能从更高层面审视自己的工作,使得学校班主任工作室的工作跳出了学校、区域的狭隘,也使得学校班主任工作室的研究具备一定的辐射效应。

外出学习、读书交流、情景模拟培训、课题研讨、专家讲座、学术沙龙、网络研讨等丰富多彩的活动形式,提升了工作室活动的质量,创新了校本培训的模式。

通过优秀班主任主持沙龙活动式、专题任务驱动式、专项课题引领式等三大研训一体的实践操作模式,引领学员从内涵上发展,拓展了工作室活动渠道、丰富了工作室活动形式,提高了班主任工作室的管理效率,形成了整体提升班主任专业化水平的局面。

四、成效及反思

我校在沪上同类学校中率先开设多个校级层面的班主任工作室,形成了较为成熟的组织管理机制。实践证明,学校班主任工作室的建设推动了工作室与学校德育工作共成长,推动了班主任与学生共成长,推动了主持人与学员共成长。这项建设发挥了优秀班主任的辐射引领作用,增强了班主任立德树人的社会责任感,整体提升了班主任的实践能力和科研能力,巩固了班主任专业化思想,提高了班主任工作的实效性、实践性、针对性。

两轮工作室的研究课题基于时代发展要求和学生成长需求不断深化,凸显针对性和实效性。同时,在研训一体的工作机制下,借助线上"班主任成长档案",积累了大量一手材料,仅"工作纪事"(班主任亲切地称之为"小故事")就有几十万字。在大同百年校庆之际,编撰了《大道之行》大同德育工作系列丛书。在《思想理论教育》等核心期刊上发表十余篇文章。在工作室主持人带动下,主持人与学员的科研热情高涨。通过这种"接地气"的方式合作分享,推动学校基层每一位班主任树立起专业化发展的自信,真正实现了双赢、多赢。

学员们说:"在这里,我们共同讨论工作中的困惑;在这里,我们共同倾诉工作中的困扰;在这里,我们共同解决工作中的困难。工作室已经成为情感的交流站和加油站。""她极具艺术的教育技巧和充满激情的教育责任心给我留下了深刻的印象,从培训中,收获的不仅是教育的经验及技巧,更从一位优秀的德育工作者身上捕捉到了教育的真谛。在这样一个团队中,向上的正能量压倒了一切。""借助工作室这个坚实的平台,为每一个成员的自主发展提供有效的专业支持。大家一起学习,互相切磋,成为彼此温暖的陪伴,心灵的支撑。我们幸福地行走在班主任专业化发展的道路上,风格渐成,梦想渐近……"

(上海市大同中学　傅桂花)

以特色课程建设为抓手,提升教师育德能力

2018年9月,习近平总书记在全国教育工作大会上指出:"办好教育事业,家庭、学校、政府、社会都有责任。"协同育人在习近平新时代中国特色社会主义建设背景下显得尤为重要。

黄浦区四川南路小学积极探索学校、家庭、社会德育队伍的一体化建设,以学校特色课程为抓手,通过搭建平台、协作互动、多元组合、相互补位,不断提升教师、家长的育德能力,使三支队伍相辅相成、互相配合,逐步形成协同育人的格局。通过大量有益的探索和实践,取得了积极的效果,提升了德育工作的质效。

一、围绕学生品行养成,构建特色课程

我校以"童年阅读,幸福人生"为办学理念,以"快乐阅读,伴我成长"为特色课程,通过课内和课外相结合的方式,积极创新教育方法,拓宽教育途径。走出教室、走出学校,积极挖掘社会教育资源,探索在社会大课堂中开展校本课程的指导,增强校本课程的吸引力和实效性。通过阅读和实践相结合的方式让学生在实践中不断领悟、感知,在实践中体验到准则并且规范自身的行为习惯,促进"知、情、意、行"和谐发展。通过技能和品行培养相结合,让学生在阅读中明白做人的道理,潜移默化地受到熏陶。课程框架设计如下:

表 4-3　课程框架设计

年级	教学内容	教　学　目　标	实施途径	相关建议
二年级	我们身边的图书馆	知道我们身边有一个知识宝库——图书馆 知道学校图书馆的大致布局,激发爱书之情	阅读课	到校图书馆开展教学活动
	学做文明小读者	了解借书的基本流程,学习图书馆的借阅规则 养成良好的借阅习惯,提高文明意识	阅读课	
	给书排排队	学会整理书籍的方法 用所学的本领为班集体服务,整理班级图书角	阅读课	开展图书角服务员评比
	剪剪贴贴乐趣多	普及档案知识,对建立阅读档案有初步的认识和了解 掌握阅读档案材料收集的范围和保管方法 掌握剪贴本的制作方法,培养学生的创造力和动手操作的能力 在交流分享的过程中,感受阅读的快乐	阅读课 美术课	可利用读书节进行展示、评比
三年级	书的身体	初步知道一本书的主要组成部分以及作用 激发对书的喜爱之情	阅读课	和少年报社联系,参观印书厂
	小书签大用途	知道书签的用途,学习书签的制作方法 在制作过程中,培养学生动手能力、想象力和创造力	美术课	可利用读书节进行展示、评比
	小书迷逛书城	知道书城是我们购书的好地方 了解上海书城的大致布局,培养学生爱逛书店的好习惯	阅读课	和上海书城工作人员联系,实地开展教学活动,也可请书城工作人员为学生上课
	文明购书	知晓购书的流程,学习如何选购自己喜爱的图书 在购书的过程中,养成文明购书的好习惯	品社课	
	学做档案小能手	不断充实阅读档案内容 学会如何分类以及为阅读档案材料撰写说明	馆校课程	

续表

年级	教学内容	教 学 目 标	实施途径	相关建议
四年级	给书穿新衣	学习包书的方法 养成爱护书的好习惯	劳技课	开展包书比赛
	书的自述	了解书的变迁史,感受人类智慧的发展 在畅想设计未来的书的过程中,激发创新意识	阅读课	开展"未来的书"设计比赛
	论读书	懂得少年时代是读书的最佳时期,要多读书,勤读书,读好书的道理 激发读书兴趣	阅读课	开展"名人爱读书"的讲故事活动
	读书有妙法	学习掌握不同的阅读方法,提升阅读水平	阅读课	
	体验小记者	学做"小作者",记录阅读的体会 交流分享自己的作品,感受阅读快乐	阅读课	
五年级	走进经典	了解中外名著经典,激发和好书交朋友的情感 了解中华名著经典,激发民族自豪感	阅读课	观看名著经典影视和阅读相结合,提高对阅读经典的兴趣和理解
	品味经典	学习阅读经典的方法和技能,促进阅读水平的提升	阅读课	
	独一无二的书	对已经形成的个人阅读档案制作目录 完成独一无二的书,进行阅读档案展评	阅读课、美术课、馆校课程	利用读书节开展"独一无二的书"评比展览

二、提升教师育德能力,推进多元整合

(一)发挥学科特色,综合育人作用

抓住课堂教学这一主渠道,将馆校课程内容细化到各学科课程的教学目标之中,融入教育教学全过程。如表 4-3 剪剪贴贴乐趣多、小书签大用途、文明购书、给书穿新衣、独一无二的书等课程,让学生在各学科的学习中获得相应的知识、技能和情感。进一步推动对学生核心素养和关键能力的培养,以学生为中心,促进学生

全面发展,培养核心能力,寓教于乐。

(二) 加强馆校合作,充实育德队伍

我们携手上海市档案馆,开发馆校课程。但在实践中也发现了一些问题,如:教师意识、指导力不足;家长助力少、没方向;校外资源的利用不足等,于是我们想借助馆校课程的开展,推动校内外德育队伍一体化建设,形成协同融合育人体系,构架德育队伍建设立交桥。

邀请档案馆校外辅导员进校园,将档案专业知识和技能与学校的学科教育相整合,对"阅读档案"的制作进行系统性的讲座。根据年级进行分层递进式教育,分别指导教师认识阅读档案、如何收集阅读档案素材、对阅读档案分类、对阅读档案编目,让教师更关注指导学生整理自己的阅读体会。

档案馆与学校阅读活动相结合,开设"学生课堂":"走进档案,解读上海"系列活动,让学生了解上海发展的历史轨迹;"档案伴我成长"系列活动,校外辅导员协助学生建立个性化阅读档案,通过整理、制作成长档案,使学生养成定期整理个人资料的良好习惯;向学生开放主题展、专题展,利用档案资料,推出适合学生阅读的档案文化读物,《外滩传奇》《石库门前》《学堂春秋》等书籍成为学生了解上海历史的"一把钥匙";通过寻访上海市档案馆,学生可以进行网上专题档案查阅,为探究历史性课题提供档案资料,让学生有针对性地对馆藏档案进行检索和查阅,进一步直观地了解上海城市发展的脉络与轨迹,提高学生学习兴趣及认知能力和动手能力;适时开展寒暑假学生教育等大型活动……

通过一支"请进来"与"走出去"相结合的校外辅导员队伍,学生了解社会行业要求,感受社会规范,自觉地把自己的思想、行为、习惯纳入德育要求中。

(三) 指导家庭教育,提升家长素养

定期交流,指导家庭教育方法。我们注重与家庭的互动联动,通过建立家长学校,定期发放告家长书、开展家庭问卷调研、召开家长会等形式,与家庭密切联系、配合,协同加强学生德育工作。

分享会——定期开展互动交流。一次分享会上有家长提出困惑:"孩子放学回家就要打游戏,对孩子的生活和学习产生了很大的影响。"面对这一日益普遍的问题,老师和家长在分享会上各抒己见,杨爸爸认为可以先从各种电脑游戏的分析入手,勾起孩子们的兴趣,然后逐步深入剖析游戏对平日生活的利弊,以一个个鲜活的例子让孩子们亲身体会到电脑游戏的危害。学校和家长协同有针对性地出了一期主题为"如何正确引导孩子玩游戏"的《彩虹报》,让家长和孩子共同了解应该怎么正确地使用电脑,让孩子以学习为主,远离游戏或控制玩游戏的时间。从此提升家长的教育观念和方法,提升家教水平。

讲座——学校与档案馆分享指导方法。档案馆开设"成长档案的制作"专题讲座,让家长学习《教你如何制作成长档案》教材。通过讲座宣传家庭教育的知识,有意识地关注学生的成长轨迹,加强家庭亲子互动,形成良好的家庭氛围。

网上交流——利用"小思阅读"平台进一步完善家庭教育指导工作长效机制。"网上行"为家长提供了一个学习家庭教育知识的交流互动平台,给家长带来全新的家教理念,在家庭教育过程中遇到的问题可以与老师交流并共同解决,还可以看到孩子的作品分享和学习效果。网上交流进一步推动构建学校、家庭、社会三结合的教育网络。

"书香家庭"评比——促进学习型家庭的建成。学校制定"书香家庭"评比要求,并在每年的校园读书节中进行颁奖,"书香家庭"评比主要倡导和谐的家庭生活,崇尚健康、科学、文明的生活方式,重视学习的互动性,形成全民阅读、家庭阅读的良好风尚。

(四) 建立阅读档案,师生共同成长

不同层次的阅读体验活动是学校针对各年级学生的年龄特点量身定制的。学校积极与场馆交流,共同努力,引导学生在活动中践行文明,在活动中养成良好的品行。

发挥教师主体性,有意识地关注学生阅读档案的积累过程。充分发挥班主任的主力军作用,完善校阅读课的实施规范,通过阅读课、班队会指导学生阅读档案的建立。通过前期资料的查阅,学生能够更专注地投入到参观场馆活动中,从中也能够有效地获得一定量的知识,能在小组合作下完成相关的学习活动单。定期分享阅读档案的实施效果及改进。利用阅读课或者每天 20 分钟阅读时间,指导学生整理阅读收获,思考在阅读中遇到什么问题,如何解决等。

三、着眼学生成长成才,加强队伍建设

我校逐步完善校外辅导员、教师、家长三支队伍,并使之相辅相成、互相配合,形成协同育人的工作格局。主要有以下几个成效:

（一）德育理念在常规课程中生根发芽

首先在馆校课程教学过程中时常面临跨学科的挑战,不同学科知识的综合运用,这也给我们打开了新思路,不断弥补知识结构上的不足。其次,促进了教师的自我革新和知识完善。馆校互动中,老师们还有不少意外收获。如:班主任施老师在工作会议中分享道:"在馆校课程实践活动中学生首先形成了自我约束的意识,注重参观的礼仪,在学习过程中形成了'规则意识'。"听了施老师的收获,郑老师也补充道:"我们高年级的学生能组成学习团队,在活动中懂得团队协作的重要性……"

（二）育德意识在家庭教育中潜移默化

学校建立两级家长委员会,定期开展活动,让家长明确自己的职责,使学校教育和家庭教育步调一致,与学校配合默契,知道从学校特色阅读活动中关注孩子的阅读积累,及时与孩子交流阅读感受,还能指导孩子从小思平台的推荐栏目中进行阅读……

家长们也热心为学校出谋划策,学校积极为家长们排忧解难,家长与学校形成了强大的合力。

（三）育德能力在馆校联动中累积升华

馆校课程的实施让学生在活动中不断提升阅读兴趣,也在潜移默化的活动中逐渐树立积极的人生观和价值观,从而健康成长。

但在实施过程中,我们也发现一些问题,如:低年段学生的材料收集仍不足、教师指导的参与力度有待提升;在课程系统化方面,在内容上相互关联、相互补充,构成相对完整的知识体系还需要探索;如何更能符合学生的学习规律,彰显学生"个性化"……

以后,我们还将和场馆进行优势整合,再探讨再开发,形成系统化的教学内容、行之有效的教学方式,强化学校、社会、家庭三支队伍一体化建设,使馆校课程的教育功能得到有效发挥,形成协同育人的德育工作格局,努力打造书香校园。

（上海市黄浦区四川南路小学　毕　宏）

区校平台，助力成长

自 2011 年任上海市黄浦区教育学院附属中山学校（以下简称"中山学校"）美术教师以来，我开始与"教育、教学"结缘，中山学校是上海市教师专业发展学校，在对教师专业发展中秉承"创新培训模式，以促进青年教师自我发展"为原则，为我的个人发展提供了肥沃的土壤。

作为黄浦区中山学校的一名教师是非常幸运的，学校和区级教育部门为促进教师专业发展提供了非常多的平台和机会。还记得刚入职时，初为人师的我对专业道路的发展并不明确，通过新教师培训，既为我提供了实用的教学理念，又为我指明了未来教学发展的方向。再通过区美术学科教研以及研训一体化培训，让我从一名职初教师慢慢地向成熟型教师转变。随后在区教育学院的推荐下，我又先后参加了"上海市美术教育教学研究基地（版画）培训班""上海市中小学生艺术学科德育实训基地"，每次培训活动都极大地提升了我的专业能力，帮助我突破专业发展的瓶颈，促使我不断提升自己的师德与师能。

一、项目驱动，引领实践

以项目任务激发老师的内驱动，中山学校领导对年轻教师非常信任，敢于往年轻教师身上压担子。这与其说是压力，不如说是对我的一种培养。2017 年，我参与了校美术空间环境创意项目，旨在为我校创设一个多功能美术馆。

在利用美术馆创设育人目的的当下，越来越多的学校选择进行馆校联合，开展美术馆课程，但校外美术馆在空间距离与作品内涵上都与我们的预期目标有一定的差距。能否将学校现有的美术室升级为"美术馆"，以满足学科的立美育德需要？能否以画展的形式开展新的美育实践课程，提高师生教学兴趣？学生的美术作业能否升级为"展品"，以供展示、观摩与学习？在学校助力学科发展与教师梦想的共同愿景下，学校将美术室升级为校内美术馆，而且迭代为多功能美育空间，通过以境育人的方式，提升教师的育人能力。

在对空间进行设计之前,我主动走访多个具有艺术特色的学校,关注不同学校对美术室设计的不同理念与不同功能的使用效果,结合优点,着手设计。在申请项目表撰稿前,我请教了颇有经验的二中心美术老师,又和我校德育室主任共同商讨,这让我跳出学科教师的局限,更宏观地来看待多功能美育空间在学校范畴内所需要具备的空间要素。在施工阶段,我放弃暑假,全身心地投入到装修工作中,从简单的水龙头造型,到复杂的整体家居设计与安装,不断地与工程队进行对接,又结合学科发展前景,将未来可能涉及的设备做了预留,最后我校的多功能美育空间成了市、区级的模范样本,许多学校也在此基础上,建造了各自的美育空间。通过这个项目的实施,既调动了我的工作积极性,同时也潜移默化地提高了我的学科素养。

二、跨文化交流,重视创新意识

由于中山学校与英国 Gateshead 学区有姐妹学校的关系,在学校的支持与推荐、区教育部门经费的保障下,我有幸走进了英国的孔子课堂,在将中国传统文化带入英国的同时,深入感受了英国的教育特色,这对于我来说是非常珍贵的机会。

在融入英国的教学生活中,我发现教师的创意远远大于学生本身的绘画能力,各校墙面的作业布置相当有创意,但每一幅学生作业所体现出的绘画水平却远不如我们上海同年龄层次的孩子,当时很感慨,老师后期做得远比孩子们多很多,也正是通过这种方式,让孩子看到自己平淡无奇的作业,也可以挂上墙面变为艺术作品,给他们带来了无穷尽的学习动力。这使我在今后的专业发展中,重新聚焦教学创新素质的培养。

回国后,我做了许多尝试,并开设了多媒体中国画课程,将学生的中国画作品,利用 Adobe After Effects 软件抠图分层,变成具有动态效果的短视频。此外我还把学生的中国画作品印制成了文创产品,在提升学生创造力的同时,增加了师生学习中国画的兴趣,而这一切都离不开区校为我搭建的平台。

三、导师引领,立美育人

我一直学习赵其坤老师的"立美育人"理念。在学校的推荐与区教育部门的筛选下,我荣幸加入"黄浦区艺术名师工作室",跟随赵其坤老师,吸取他的教学智慧,也在赵老师艺术作品的影响下,对中国画产生了热爱,并设想把中国画作为研究课题,对学生中国画的展示方式做出创新的改变,更借此建立师生对中国传统文化的热爱。在导师的一堂高峰艺术攻坚项目《中小学艺术美育一体化的行动策略研究》子课题论证会上,我聆听了学员们对当下教育最新与最独特的研究方向、研究理念以及预设的研究成果,经过大家的探讨以及赵老师的启发,让我从一个全新的角度审视了自己的课题与立场,不仅梳理了课题开展的思路,也在集思广益中找出了适合的研究方法。从而提高了自己课题研究的能力,并借此完成了《学校现当代中国画展示方式的实践研究》开题报告,该课题被立项为区级课题。

四、种子平台,加速成长

感恩自己赶上了一个重视教师发展的好时代,在区级教育部门的推荐与选拔下,我成为"上海第四期双名工程种子计划黄浦美术基地"(以下简称"种子计划")的领衔人。通过"种子计划"的平台,我聆听了很多作为普通美术老师很少涉及的大咖现场讲座,我被这种震撼感不断激励着。其中"致敬先锋模范　培育时代新人——人民教育家于漪同志先进事迹报告会"给我感触颇大。报告会从五个不同角度讲述了于漪老师教书育人、推进语文教育教学改革、培育青年教师和保持朴实本色的动人故事。一个个鲜活的案例,让我觉得高高在上的于漪老师就像同事、像家人一样,就在我身边。通过讲座,我看到了一个优秀教师的成长轨迹,为我的职业发展指明了方向。

通过实践、反思与学习,我获得了各项成果:专业素养评比活动中连续获得区一、二等奖;论文获得黄浦区中小学美育改革创新优秀案例评比二等奖;获得黄浦区青年岗位能手称号及区微课比赛一等奖,全国优秀课例评比二等奖等。这些成果与学校和区级教育部门对我的培养密不可分,挑战与压力并存,面对未来,我时刻准备着。

(上海市黄浦区教育学院附属中山学校　李燕南)

第五章　一枝一叶总关情

——心理健康教育一体化实施

个体的成长是一个连续性与阶段性相整合的过程,因此,心理健康教育既要关注学生当下发展阶段的特点,也要着眼于学生未来的发展。从以上观点出发规划心理健康教育,即将心理健康教育视作多层次、多阶段、多方面相衔接的整体,以一体化的思路实施心理健康教育,从而为学生的健康成长护航。

一、聚焦目标:心理健康教育一体化建设的现实意义

心理健康教育一体化是以党的政策为引领、以科学理论为指导、以区域教育发展现状为基础、以区域学生身心发展需求为依据的系统性工作。可以分为纵向与横向两个方面:纵向是指区域中小学心理健康教育的衔接,即以发展心理学理论为指导,遵循不同年龄阶段学生的身心发展特点与需求,循序渐进地开展心理健康教育;横向是指系统考虑影响学生心理健康水平的各个因素,即以生态系统理论为指导,促进各个影响因素的良性互动,一体化构建学生健康成长的环境。心理健康教育一体化建设具有以下现实意义。

(一) 有利于深化落实立德树人根本目标

心理健康教育一体化的实施,立足于人的全面、全程发展。从这点上来说,与德育一体化的建设目标是一致的。通过心理健康教育一体化的实施,提升学生的积极心理品质,促进学生的积极行为,也有助于将德育目标落实为具体的品格行为,促进学生思想道德的发展。同时,德育一体化的推进,需要建立在对学生身心发展规律的尊重及运用的基础上之上,无论是课程设计还是个别教育,都需要运用相关的心理健康教育知识或方法,充分考虑学生的心理需求,才能得到学生的认同

并内化为学生的思想、外化为学生的行为。因此,心理健康教育一体化的推进,对"立德树人"根本任务的实现有着重要的意义。

(二) 有利于构建完善学生健康成长生态系统

个体都是在环境中成长、发展的。在生态系统理论的视野中,青少年也是在家庭、学校、社会等各个环境的交互作用中成长起来的,层层嵌套的环境影响着学生的心理健康状况。因此,心理健康教育一体化的实施,不仅仅着眼于学校环境或课堂环境的建设,更应将家庭、社会等因素纳入系统,在充分整合、有效运用各方资源的同时,通过心理健康服务体系的建设,通过课程教学、活动开展、课题研究、辅导培训等途径,作用于家庭、课堂、学校等环境,使和谐的亲子关系、师生关系、同伴关系等成为学生健康成长的助力。因此,心理健康教育一体化的实施,对构建以人(学生)为本、协调发展(环境与环境、人与环境)的教育生态环境有着重要意义。

二、汇聚动能:心理健康教育一体化实施的整体构建

黄浦区心理健康教育一体化的实施工作,是由区域教育局主管,并与区文明办、卫健委、妇联等职能部门相互协调配合而开展的。多职能部门的介入,使心理健康教育一体化的工作不仅能得到更专业、更多样化的资源输入,也得以拓展工作范围,使一体化工作能够进一步落实、落细。

区域心理健康教育一体化的整体构建如下:

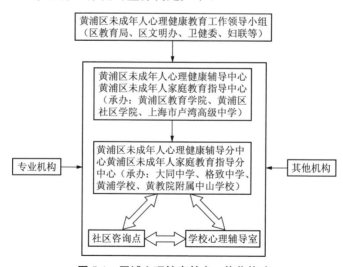

图 5-1　区域心理健康教育一体化构建

在相关领导小组的统筹协调与指导之下,区域心理健康教育工作通过中心——分中心——学校心理辅导室在教育系统内层层落实,并通过社区咨询点进一步辐射到社区。在此过程中,优化运用专业机构及其他社会机构的各类资源,不断丰富心理健康教育一体化工作的内涵、拓展心理健康教育一体化工作的途径。

在相关组织机构协调运作与机制完善的保障之下,区域在课程建设、课题研究、咨询辅导、宣传教育、危机干预等方面不断探索并实践心理健康教育一体化的理念,从而为学生成长、教师发展、家庭和谐提供长程的、连续的、有针对性的关注与指导,为学生的健康成长护航。

三、探索路径:心理健康教育一体化实施体系建设

(一)心理健康一体化实施之课程体系建设

布朗芬·布伦纳的生态系统理论认为,青少年是在环境的系统作用中逐渐成长的。现有的研究也得出了一致的结论:父母的教养方式、教养态度、教养观念、教养行为、亲子关系、家庭经济社会地位、受教育水平等对青少年心理发展具有重要意义。也有大量的研究发现,当青少年在学习压力、师生关系、同伴关系等方面出现问题时,很有可能会引发学生的危机事件。因此,如果能够将心理健康教育作用于家庭、课堂、学校等这些微环境,并进一步使这些环境产生良性互动,将会促进个体的优化发展。

所以,区域心理健康教育一体化的实质,是根据学生心理发展特点与心理发展需求,构建良好的区域教育生态,最终实现学生的健康成长。而能够有效作用于这

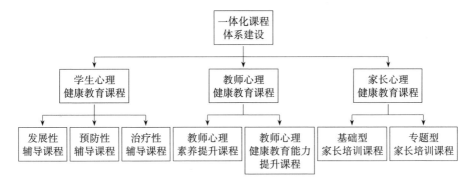

图5-2 心理健康教育一体化课程体系

些微环境并促进其良性互动的途径,莫过于设计针对不同人群的系统的心理健康教育课程,通过知识的习得、理念的改变、方法的改善,从而促进家庭、学校、课堂微环境的良性发展与互动。

1. 学生心理健康教育课程的开发

根据学校心理服务的三级预防体系的要求,区域开展了相对应的学生心理健康教育课程体系的研究与实践,成为区域心理健康教育一体化研究与实践的重要路径。

(1)完善发展性辅导课程。面向全体学生的发展性心理健康教育,目前开展了两类课程的研究:一类是面向全体学生的系统的发展性辅导课程,即"积极成长·幸福区本课程",根据不同学段学生的身心发展需求与特点,分学段编写《指导手册》,以培育学生积极心理品质,为学生的健康成长与幸福生活奠基;另一类是以解决学生成长过程中发展性问题为目标的专题性课程,帮助学生形成积极向上的生活态度与生活方式,掌握认知调整、情绪管理等方法。例如,以提升学生心理弹性为目标的高中生团体辅导课程等。两类课程的研发,伴随青少年的成长并给其提供必要的支持。

(2)开发预防性辅导课程。心理健康教育的第二层次是面向少数高危学生的预防性教育。本着预防甚于治疗的理念,基于区域学生相关调研的结果,以学生抑郁、焦虑等情绪的调适为目标,尝试研究、实践了中学生抑郁情绪调适与焦虑情绪的团体辅导课程,引导学生掌握一定的认知调整策略与方法,发现并利用各类支持资源改善情绪。

(3)研究治疗性辅助课程。在当前的学生群体中,存在一定数量的正在进行医学干预的学生,例如 ADHD 的学生、严重情绪障碍的学生等,这是心理健康教育的第三层次——治疗性层次的干涉对象。为此,根据相关课题的研究成果,我们尝试研究治疗性辅助课程,以更好地帮助学生适应环境,健康成长。

2. 教师心理健康教育课程的研发

从"全员心育"的理念出发,区域教师心理健康教育课程针对全体教师以及专兼职心理辅导教师的专业团队,设计了两大类课程。

(1)教师心理素养提升课程。以"积极成长·幸福区本课程"中的教师培训课程的开发为主要成果,立足区域教师成长过程中幸福体验现状,基于对本区多年来教师职后培训的经验梳理,以积极心理学作为重要的理论依据,从区域层面以课程的形态整体架构一门心理健康教育特色课程。区域开发了相应的培训手册和资源，并在实践中归纳提炼区本课程实施的有效途径、方法与策略。同时，区域在360培训中，还提供了"教师需要的心理学""教师心理资本的提升与管理"等培训课程，为教师维护自身心理健康提供有效的指导。

（2）教师心理健康教育能力提升课程。为营造促进学生健康成长的和谐环境，区域为中小学骨干教师群体开设了国家二级心理咨询师培训、学校初/中级心理咨询师、家庭教育指导师培训等各类以提升教师心理健康教育能力为目标的资质培训。

同时，针对心理健康教育一体化实施队伍中的骨干力量——专兼职心理辅导教师，以专业性为队伍建设的首要目标，开设了提升课堂教学能力的各类研训一体课程，例如"幸福课程实施教学培训""绘本资源在课堂教学中的应用"等。同时，每年暑假期间，开展以心理辅导能力提升为目标的培训课程，包含音乐治疗、教育戏剧、校园情景剧、游戏化教育、家庭治疗、危机干预等主题，以提升学校心理健康教育工作的专业性。

3. 家长心理健康教育课程的开发

家长心理健康教育课程的研发注重点面结合。点，即青少年成长过程中的关键点或特殊时期；面，即针对全体青少年的发展特点或者家长普遍缺乏的知识、技能等。因此，区域家长心理健康教育课程分为以下两类：

（1）基础型家长培训课程。整合过去零敲碎打式的家长培训内容与主题，针对当前青少年常见的心理与行为问题以及普遍的家庭教育的需求与困惑，系统的家长心理健康教育课程应运而生。根据不同学段学生的身心发展特点、心理健康状况以及较为典型的情绪、行为问题，设计了相应的培训内容与方案。而且内容设置及方案设计不仅以区域学生调研为前提，更是在教师丰富的教学实践与个案辅导经验的基础上完成的。通过系统的课程设置，帮助家长学习相关的心理健康教育知识的同时，更重要的是提供科学的理念、合理的方法以及合适的资源、必要的支持，最终使家长能够恰当应对孩子成长过程中出现的种种问题。

（2）专题型家长培训课程。专题教育课程以青春期家庭教育指导课程为代表，这是在黄浦区卫健委的指导下，根据卫健委相关培训教材开发而成的课程，以团体辅导的形式，以青春期学生常见生理心理的发展特点为主要学习内容，通过活动体验、讨论分享等形式,帮助家长学习相关知识,更重要的是促进家长们建立讨论性与生殖健康及相关社会问题的自信心,并帮助家长练习与孩子沟通交流的实际技能。

系统的课程建设,不仅丰富了各人群的心理健康教育方面的相关知识,为其提供科学有效的方法,更重要的是,通过知识的传递、理念的更新,使这些群体能够产生良性的互动,为家、校、社之间的有效沟通与合作打下了基础。

(二)心理健康教育一体化实施之服务体系建设

心理健康服务体系的建设,是落实心理健康教育一体化工作的重要途径。除了推进课程建设以外,区域通过开展心理健康教育宣传活动、提供心理咨询与辅导、开展项目研究、提供心理危机干预等内容,不断完善心理健康服务体系,并通过横向整合、纵向贯通的心理健康服务体系的落实,推动心理健康教育一体化的实施。

纵向贯通指的是加强区校联动,同时加强区、校、社的良性互动,推动心理健康教育服务体系的落实;横向整合指的是深入挖掘、充分运用各类校外资源,提升心理健康教育工作的专业性与鲜活性。

1. 加强区校联动

区域充分运用区域心理健康教育中心、分中心的专业力量以及区域优质学校资源,并通过社区心理咨询点的设置,使心理健康服务体系得到更精细化、高效化的推进与落实。

在上级各职能部门的领导之下,黄浦区教育学院、黄浦区社区学院、卢湾高级中学不断加强与完善“蜻蜓心天地”——黄浦区未成年人心理健康辅导中心、黄浦区未成年人家庭教育指导中心的建设工作,并以创建市示范中心为契机,规范区中心的各项运作机制,并通过四个分中心的建设,搭建工作梯级,有效运作辐射到各个社区的心理咨询点与学校的心理辅导室,为街道及学校的心理健康教育工作提供有效的专业支持。同时,社区心理咨询点与学校心理辅导室及分中心保持密切联系,在社区开展相关指导与辅导的同时,与学校心理辅导室、心理分中心协同工作,使得家、校、社的家庭教育工作得以无缝衔接、良性互动。

近年来,随着区域内各教育集团及教育学区的成立,丰富了心理健康教育体系的工作层级,进一步增加了对区域心理健康服务工作的助力。各教育集团、教育学区深度挖掘本集团、本学区中的优质学校资源,充分发挥心理健康教育的示范辐射效应,并与教育集团、教育学区所在的街道、社区协同开展各类心理健康教育活动,提供专业服务与指导。

2. 拓展资源运用

首先,区域借助专业机构资源,如市、区精卫中心的专家资源等,以个案督导、专业培训、研究指导等形式为区域专兼职心理辅导教师的专业成长、学生咨询辅导以及危机干预工作等提供支持。通过这几年协同运作的实践,"蜻蜓心天地"深入探索建立教育系统与卫生系统合作的区域心理健康教育服务体系,拟定了与市、区两级精卫中心的合作协议,通过开展队伍建设、专业指导、资源共享等方面的合作,使医教协同工作向着常态化、规范化、高效化发展。

其次,区域充分挖掘社会机构资源,不断为心理健康教育服务体系的建设注入鲜活资源。无论是教师心理素养提升培训还是家庭教育指导工作,抑或是各类心理健康教育宣传活动,区域都活用各类社会机构资源,开展形式多样的体验实践活动、亲子活动等,将心理健康教育的科学理念以生动的、充满趣味的形式传递给教师、家长、学生等不同人群,在完善区域心理健康教育服务体系的同时,进一步提升了区域心理健康教育的实效性。

(三) 心理健康教育一体化实施之保障体系建设

1. 心理健康教育一体化的组织保障

为了有效推进心理健康教育一体化的实施,"十三五"期间,心理健康教育一体化的组织架构不断完善,形成从区域到学校、从校内到校外、从学校到家庭等不同层级、不同职能部门、不同教育环境的协调运作,为心理健康教育一体化的实施提供了组织保障。

由区文明办、区教育局、区妇联、区卫健委等职能部门组成黄浦区未成年人心理健康教育工作领导小组,将心理健康教育工作纳入发展规划及年度工作计划内,定期举行联席会议,协调统筹区域心理健康教育工作,从不同方面对区域心理健康教育工作进行组织领导、督导评估、专业指导等。

区域各校均成立了学校心理健康教育领导小组,由校长任组长,由分管校长、德育教导等中层干部及年级组长、专兼职心理辅导教师等担任组员,规划、统筹、组织、推进学校心理健康教育工作的实施。

2019 年,区域成立了黄浦区开展全国社会心理服务体系建设试点工作领导小组,成员涵盖了区相关部、委、办、局及各街道办事处,并制定了包括教育系统心理服务网络完善在内的工作目标,使得区域心理健康教育工作有了更强有力的组织保障。

2. 心理健康教育一体化的机制保障

区域建立并不断完善多级运作的管理督导机制及心理健康服务的协同运作机制,以保障心理健康教育一体化的有效推进。

(1)管理督查机制。心理健康教育一体化层级组织架构得以建立并能真正发挥作用,离不开完善的监督管理工作。管理督导机制的建立与完善,具体表现为厘清各层级的职责,规范各层级的行为,并对相关工作的执行情况进行管理与监督。例如,上海市心理健康教育达标校的评审工作,就是对区域各校的心理健康教育工作按照相关指标要求进行督查与指导。区域在开展此项工作时,区教育局负责此项工作的统筹与管理,区教育学院负责工作的具体安排与开展,各中小学按照指标要求,在开展自查自评的同时,总结学校心理健康教育工作经验与做法,整理相关档案资料,以供检查。评审工作结束后,学校根据区教育学院反馈的专家评审意见,开展整改工作,撰写整改报告,交由区教育局做最后的评审,如有工作薄弱学校,由教育局责令其整改,教育学院相关部门对其进行业务指导。

(2)协同运作机制。由多职能部门组成的区域未成年人心理健康教育领导小组定期召开联席会议,通过共同规划区域心理健康教育工作、合作开展区域心理健康教育活动、协同指导各类心理健康教育研究项目等途径,在各司其职的同时,又通力合作,合力推进区域心理健康教育工作的实施。学校心理健康教育工作的推进也依托学校各工作部门的协同合作。各校心理健康教育工作领导小组定期召开工作会议,完善学校心理健康教育工作机制,明确了包含学校各工作部门在内的领导小组成员的相关工作职责,督促学校各工作部门合力推进心理健康教育工作。而教育集团、教育学区建设工作的推进,也使得区域各校在资源优化整合、教师队伍建设、课程建设共享等方面开展深度合作,推进了校际协同合作。同时,随着心理健康教育服务体系的不断完善、"医教结合"等工作的推进,家、校、社的协同运作也不断得到加强,提升了区域心理健康教育工作的品质。

区域的心理健康教育一体化是扎根于区域教育土壤的、与区域的教育教学工作紧密结合的系统工作,整合多元的社会资源、探索专业的工作路径、构建和谐的教育生态,以发展的理念,为学生的幸福生活奠基。

在幸福中共同成长

——"积极成长·幸福区本课程"的实施

幸福是一个永恒的主题,人的一生就是不断创造幸福、感受幸福、分享幸福的一生,这是人超越生存状态的强大动力,也是社会发展的巨大推进力。因此,"教育"作为培养人、教育人的活动,也应该是以促进人的幸福作为价值追求的活动,而教育活动本身,也应该是能让人产生幸福感的活动。

一、实施背景

大量的调查研究发现,当前教师心理健康水平呈逐年下降趋势(《中国国民心理健康发展报告(2017—2018年)》)。《上海市中小学教师工作生活现状调查研究(2018年)》对上海市15227名教师作了问卷调查,结果显示,中小学教师总体的职业满意度、健康状态、女性教师的工作生活状态等方面需引起高度关注。同时,《心理健康蓝皮书》的数据表明,青少年阶段,学生的心理健康指数随年龄增长呈下降趋势,初一学生心理健康水平最高,初二、初三学生次之,高中学生最低。

同时,作为中心城区的黄浦区,地处经济发达的前沿,家庭结构分化较大。在这个区域学习、生活的孩子,见多识广,思维活跃,每天入眼见到的是繁华的都市生活。由此也抬高了他们对美好生活的向往度,但现实的各方因素导致了现状并不能完全符合他们的期望值,这必然会使他们产生心理上的落差,影响到他们的情绪、情感,再加上成长中的青少年自我意识不稳定,极易走极端。因此,如何引导他们用积极的心态看待当下,使其获得坚定、正向的心理能量,快乐生活和学习,是需要我区教育工作者重点关注的问题。

2013年起,我区开展了"师生积极成长·幸福区本课程开发"的实践探索,并在区域近十所中小学中试点,积累了一部分有效的实践经验,也受到了学校教师和学生的欢迎,大家对学习"积极成长·幸福区本课程"有着期待。

"十三五"期间,《黄浦区教育改革和发展"十三五"规划》提出,要为黄浦初步建成世界最具影响力的国际大都市中心城区提供坚实的智力支撑和人才保障。因此,基于构建师生共同健康成长的教育生态,满足师生共同幸福成长的需求,2016年,区本幸福课程的研发与实践再次启动,希望通过"幸福课程"研究与实践的探索,开发并运用相应的教与学资源,弥补、改善现有课程设置和内容的某些不足、局限,并提炼切实可行的实践路径与课程实施方法,创建具有区域特色的、关注中小学师生心灵成长的区本幸福课程,促进中小学师生在生活中积极成长、获得幸福、实现人生价值。

二、实践探索

我区开展"积极成长·幸福区本课程"探索与实践由来已久,自 2011 年起,我区心理健康教育的骨干团队就开始了将积极心理学理论与中小学心理辅导工作相结合的研究与实践。2014 年,《区本积极成长·幸福区本课程指导纲要》编写完成,并在区域近十所中小学试点,探索积极心理学理论在学校心理健康教育工作中的应用。2016 年,随着上海市教育科学研究课题"积极成长·幸福区本课程整体架构与实施研究"启动,通过研究,完善了黄浦区中小学"积极成长·幸福区本课程"的顶层设计,并在此指导下,以区校合作为主要路径,通过区域专业引领,学校创新实践,自上而下整体规划,自下而上经验提炼、动态优化的机制,并归纳提炼区本课程实施的有效途径、方法与策略,帮助师生确立和发展正确的幸福观,促进师生共同积极成长。

通过区校各级、各部门的分工合作,区本幸福课程的实践工作得以有序推进。

(一)行政部门政策引领,推进课程实施

区域行政部门将"幸福区本课程"纳入区域德育特色课程一体化框架中,通过以下工作,有序推进课程实施。

1. 明确要求

根据《区本积极成长·幸福区本课程指导纲要》,对如何管理课程实施,基于不同管理者的职责,提出了明确的要求。并通过区德育年会,面向全区学校进行"幸福区本课程"的推介。宣传了课程的理念,介绍了课程的架构与内容组成,就课程实施的各项工作与步骤在区域范围内达成共识。

2. 工作部署

在开展专题调研、完善《中小学"积极成长·幸福"区本课程指导纲要》的基础上,对课程实施途径、方式、授课教师的专业性以及课程教学活动的安排、教学资源的利用都做了详细的部署。

3. 辐射推广

在实践过程中,区级行政部门组织专题研讨、交流展示,总结推广点上经验,包括学校落实课程教学的经验以及教师开展课程教学的经验,通过教学成果的展示和操作理念交流,不断提升课程实施的实效。

(二) 教育学院专业支持,深化课程研究

课程实践的过程中,区域将强化师生的实践反思和专家的专业引领相结合,教院相关部门成立"幸福区本课程"实施研究小组,加强对课程实施的研究和业务指导,以提高课堂教学质量。

1. 资源开发

教育学院相关部门以科研为引领,依据调研后架构的课程内容框架,组织了学生(三个学段)和教师的教学资源研发团队,经过多轮的讨论、研究,完成了三个学段的《学生指导手册》与《教师培训手册》。

2. 教学指导

教育学院相关部门通过教研活动、研训一体等途径,组织教学工作的培训,将积极心理学的理念和方法以及本研究形成的对积极成长课程教学资源开发的思路、原则和内容及时地传递给每一位心理教师,达成共识,同时,将开发完成的各学段的《学生指导手册》的内容、使用建议传达给每一位心理教师,保证每位教师都能理解并有效使用相关教学资源开展课堂教学。

3. 研讨交流

教育学院相关部门通过组织示范课的观摩,还利用区心理教学基本功竞赛的契机,将积极成长幸福课程的内容纳入比赛要求,组织全区心理教师实践、观课、评课,既丰富了课程教学资源,又使得研发出来的教学资源有效性得到了进一步的检验。

（三）学校积极探索，主动实践课程

区域各校积极配合行政部门与教育学院有关部门，积极主动开展课程的实践工作。

1. 课堂教学

全区所有学校，选取某个年级的两个班级开展区本幸福课程的教学工作，覆盖全年段，进行"区本幸福课程"指导手册的学习。同时，在课后收集师生对学习该课程后的体会和建议，汇集授课教师教学案例，进一步开发课程教学资源，探索总结课程实施的教学策略、评价手段，为后续的实践提供指导。

2. 校本培训

在区域部分中小学先行开展了"区本幸福课程"的教师校本培训的实践探索。各校通过教工学习、班主任例会等途径，在全体教师或班主任群体中开展"区本幸福课程"的教师培训工作。同时，每一次培训后，收集参训教师的反馈、建议等，不断完善培训的方法与途径，进一步探索提升教师培训实效性的培训策略与评价方针。

三、实践成效

（一）学生"积极成长·幸福区本课程"实践成效

1. 课程受到学生普遍欢迎

2019年4月至6月，《"积极成长·幸福区本课程"学生指导手册》在区域各校进行试点。各个学校根据教学进度，选择了不同主题单元开展教学工作，根据对每个专题的学生学习感受的调查，有相当比例的学生认为相关专题学习"吸引我！"统计结果如下：

表 5-1　小学学段统计结果

单元模块	积极优势			积极情绪			积极关系			积极成长		
专题名称	自我探索	欣赏自己	好奇心	学习乐观	发现生活乐趣	希望与梦想	乐于交往	学习感恩	学习原谅	学习的乐趣	养成良好习惯	促进行动能力
学生感受	88.8	94.6	85.9	80.9	84.7	92.2	92.5	91.6	97.9	96.1	90	100

表 5-2　初中学段统计结果

单元模块	积极优势			积极情绪			积极关系			积极成长			
专题名称	自我探索	自我肯定与认同	发挥自身优势	学习乐观	发现生活意义	主观幸福感	学习感恩	悦纳他人	学习宽容豁达	养成良好习惯	学会目标管理	促进行动能力	希望与梦想
学生感受	80.4	67.8	80.2	74.6	71.7	63	75.3	62.3	64	68.3	55.7	73.3	77.1

表 5-3　高中学段统计结果

单元模块	积极优势			积极情绪			积极关系			积极成长			
专题名称	自我认同	自我效能	挑战自我	学习乐观	探索人生	情绪管理	学习感恩	团队合作	竞争与合作	心理弹性	自决能力	促进行动能力	希望与梦想
学生感受	76.1	70.6	65.6	81.4	52	71.1	82.3	63.9	80.4	94.2	89.5	61.8	88.4

注：以上数据为觉得专题学习有吸引力的学生百分比。

从以上数据可以发现，大部分学生认为各个专题的学习对自己是有吸引力的，说明《学生指导手册》的教学实践工作在一定程度上得到了学生的认可。

2. 课程的学习引发了学生情感的触动、认知的调整以及行为的改变

以"积极关系"单元为例，小学生在学习"感恩"主题后，受到了很大触动："看《苹果树》绘本我哭了……很大的震撼，我再也不能只索取，不回报了……"更有学生提到自己行为的变化："每天晚上妈妈回来，我以前都不予理睬。现在我都不忘问上一句'在单位忙些什么呀？''是不是同事又让你操心了？'"

同样是"感恩"的主题，中学生的感恩对象又进一步拓宽。有的学生说，该专题的学习"让我这个十分容易害羞的女生学会了许多表达感谢的方式：写一本和她在一起的时光手账本送给她；写下与她在一起的点点滴滴……"学生们认识到，值得感恩的不仅是父母，还有朝夕相处的同伴等。关于"感恩"，学生还体会到感谢的方式有许多，不仅是说"谢谢"，"也可以用行动表示，而且要了解 TA 喜欢的方式"，可见，从感恩的话题进一步引申到换位思考，从对方的需求出发来表达自己的谢意，这也正是形成积极关系的重要因素。

由此,我们可以感受到学生在学习后的深入思考,并能将这些思考转换为实际行动,从而为学生的生活带来了积极的感受,也促进了学生的成长。

(二)教师"积极成长·幸福区本课程"实践成效

1. 课程受到老师认可,并让受训者在体验中愉悦了身心、领悟了真谛、提升了幸福感

该课程的学习,帮助教师学到了不少有助于提升幸福感的技巧,更重要的是引发了教师的反思和积极行动。有位教师在学习了《告别拖延,提升行动力》后,她正视了自己的轻度拖延症,并尝试为自己定下一个可操作的具体的小目标,还考虑了可能出现的障碍以及应对的策略。"现在每天完成小目标后,我都有一种成就感和自豪感,为完成任务雀跃不已。有了这次的体验后,我可以在工作、生活中的各个方面定下自己能完成的小目标,也有了实现目标的信心。通过这次培训,我确信,无论在什么时候、什么年龄,我们都可以积极成长,在成长中自我完善,在看到更好的自己时感受幸福。"

2. 促进了施教者主动去研究学生、研究教法,不断提高教学效果,真正发挥好幸福课的功能和价值

在课程实施过程中,不仅让受训者感受到了课程学习对自己教育教学工作的启发,承担"教师幸福课程"的五位培训师也作了深刻的反思:

(1)教学设计与教学实施有落差:预设与生成的时间安排和互动效果有明显的差别,这是每堂课后老师们的共同感受,需要再思考、再设计、再调整。

(2)培训效果与培训者和受训者的状态直接相关:相同的课题在不同的学校实施后效果明显不同,这和教学双方的临场发挥及现场反应密切相关,这也是对培训师教育机智的考验,培训师越战越勇,越研磨越有效。

(3)教学与教法有界无边:五位老师的教学风格不同,教法各异,参训者的互动和反馈给了培训师很多启发和灵感,每次教学都是挑战和创新,教学相长,乐在其中,研修无度。

"积极成长·幸福区本课程"的实践与探索,是区域以专业、实效的教育实践回答了"怎样培养人""培养怎样人"的问题。研究与探索还在持续,区域教育工作者将不断为优化区域教育生态而努力。

（上海市黄浦区教育学院　钱　锦）

学区联动，学段贯通，整合资源，助力成长

——卢湾学区小初高生涯教育课程一体化实践与探索

在新一轮教育综合改革以及高考改革背景下，推进学生的生涯教育势在必行。卢湾高级中学作为上海市心理健康教育示范校、全国中小学心理健康教育特色校，积极整合资源，带动学区乃至周边中小学校积极推进生涯教育课程，探索小—初—高生涯教育课程一体化建设，联动推进学生生涯发展。

一、实施背景

卢湾高级中学领衔的卢湾学区由海华小学、卢湾中学、启秀实验中学、比乐中学和卢湾高级中学组成，五所学校以"办学理念趋同，学校特色相近，教育资源共享，学段课程贯通"为宗旨，积极探索一体化发展，弘扬学区科学教育的办学优势和特色，打造学生发展的教育链，促进学生终身可持续性发展。

生涯教育对学生的学业定位、专业选择和专业发展，乃至个人未来职业发展和整体发展都具有重要的影响。在中小学引入生涯教育课程，探索生涯教育的一体化，能够帮助中小学生认识自己的兴趣、爱好和特长，引导学生对个人未来的职业进行一些探索性的思考，在中学毕业时可以做出更有利于未来发展的专业和人生选择。

围绕学区生涯教育建设目标，卢湾学区五所学校之间通过建立联动发展机制，探索学段衔接；贯通学段培养目标，系列设计实践课程；实施特色课程对接，整合课程教育资源；弘扬学区特色，打造学区课程文化；探索评价体系，保障课程持续发展，积极构建具有卢湾学区特色的生涯课程教育体系，丰富拓展学生生涯实践经历，培养学生的终身可持续发展能力。

二、探索与实践

（一）顶层设计学段目标，探索生涯教育学段贯通

卢湾学区根据上海市教委《关于加强中小学生涯教育指导意见》，顶层设计小

初高生涯教育课程一体化的分层发展目标:小学侧重生涯启蒙,开展观察、模仿、游戏体验活动,培育兴趣;初中侧重生涯探索,开展生涯教育课程、职业体验活动,探索职业世界,提升生涯意识;高中侧重生涯规划,开展学业、专业、职业探究活动,提高学生生涯决策、生涯选择能力。围绕小学、初中、高中生涯教育课程目标有计划、分层次、有重点地对学生进行生涯课程教育,力图做到学段贯通,使学生得到全方位的成长和提高。

(二)整体规划教育内容,系统开发生涯教育课程

根据学段发展总目标与分目标,学区整体规划生涯教育内容,系统开发生涯教育课程。

1. 小学:围绕生涯启蒙,开发生涯体验课

围绕生涯启蒙,根据小学生的年龄与认知特点,海华小学将生涯启蒙教育活动与学校的探究型课程、社团活动以及相关的学科教学相融合,逐步形成涉及厨艺生活类、多彩生活类、生活中信息科技类、主题创作类四个主题的小学职业启蒙教育的校本课程。让学生了解职业的多样性、趣味性、平等性,并对自己的未来有梦想、有憧憬。

2. 初中:围绕生涯探索,开发《学生生涯规划档案手册》

围绕生涯探索,结合中考改革,卢湾中学开发了《学生生涯规划档案手册》,供学区的初中学段学生使用。手册根据不同年级学生的发展特点,分为四大篇章:自我认知篇、学习兴趣篇、认知社会篇、理想规划篇。通过我的自画像、我的生命故事线、采访与调查长辈的职业、完成职业需求评估调查表、参与职业体验等相关活动,拓展学生对社会分工、职业角色的体验与认知。启秀实验中学根据"生涯探索目标",采取"主题谈话课"的形式,设计和开发校本课程"我的梦想探索之旅"。

3. 高中:围绕生涯选择,开发《高中生生涯教育课程设计》

围绕生涯选择,结合高考改革,卢湾高级中学成立生涯课程开发与设计项目组,结合学校多年生涯实践经验,编写并出版《高中生生涯教育课程设计》校本教材。围绕学会规划、学会选择分为五个模块:成长规划篇、自我认知篇、专业探索篇、职场体验篇和自荐准备篇。

比乐中学从2009年起,在团中央和市教委教研室的大力支持下,在高中阶段开设KAB创业教育课程。通过课堂演示、小组活动、案例分析、头脑风暴、嘉宾访谈、商业情景剧演绎等形式帮助学生从树立梦想到理性分析,再到模拟创业实践,

提高学生对创业的认识和热情,逐步培养创业精神和品质。

（三）围绕学段发展特点,系列设计生涯特色活动

1. 小学:创建职业体验馆,开展"儿童角色扮演"活动

海华小学利用创意空间项目,创建职业体验馆,让学生在逼真的"模拟社会"中体验生活与职业,尝尝做大人的滋味。职业体验馆共分"救护馆""家务馆""厨艺馆""手作馆""女红馆""创意馆"6个场馆项目。创意馆里,男孩子们摆弄着一个个乐高零部件,无人驾驶汽车、飞出银河系的飞船从他们的手中诞生,敢想、敢做,创意无限。"我的2035"活动"让孩子尝尝做大人的滋味",让兴趣助力孩子成长,在学生的心里播下梦想的种子。

2. 初中:整合职业教育资源,开展"职业小达人"活动

卢湾中学、启秀实验中学和比乐中学初中部以综合实践活动为载体,结合中等职业学校职业体验日等活动,开展"我是职业小达人""跟着爸爸妈妈去上班"等活动。走进一所职校、体验一个项目、了解一门职业、感受一种文化,挖掘和培养学生的职业兴趣和职业意识。让职业小达人们在体验活动中找到未来梦想。不仅如此,启秀实验中学每年组织开展"跟岗一天"的实践体验活动,深入幼儿园、寄生虫研究所、红房子西餐馆、消防中队等学习场所,开展职业调查,了解不同岗位所需要具有的职业素养,并在此基础上通过主题班会分享我最喜欢的职业。卢湾中学在八年级广泛开展"青少年职业创新体验"活动,深入交通银行、上海市儿童医院、幼儿园、公安局等多家单位进行职业体验,深受学生的喜爱。

3. 高中:整合大学和社会资源,开展"生涯研学"活动

卢湾高级中学、比乐中学联合高校资源为学生开发生涯研学活动,开展高一大学巡礼、高二职业巡礼及高三专业巡礼等研学活动。走进大学、企业,以此燃起学生对大学的美好向往,了解未来的发展趋势及所需专业方向,确立自己的职业定位,为未来高考志愿填报增添一次经历、一份参考、一个机会。

此外,学区还组织"大手牵小手""学长论坛""校园开放日"活动,进行小、初、高相互联动。初中生来到小学,与小学生分享初中的学习内容和成长经验。与此同时,高中生走进初中,与初中生分享高中的课程体验与学习建议,促进学生对下一个学段学校的了解与适应,更好地进行当下的学习。

（四）倡导全员导师意识,提升教师生涯指导能力

学区积极整合资源,组织教师参加各类生涯教育教师培训与指导活动,倡导全

员生涯导师意识,共同助力学生成长。目前学区有一批教师参加国家生涯规划指导师系统培训活动,20多位教师获得国家"生涯规划指导师"资质。他们通过生涯校本论坛将学到的理论与方法带到学校,指导全体班主任和学科教师开展生涯教育,取得了良好的效果。在2018年暑期全员校本培训中,老师们分别从学科渗透、班级主题教育、生涯教育经典案例等方面进行了分享。

2018年6月,卢湾学区专门组织开展"学区青年教师生涯发展工作坊",来自卢湾学区五所学校的共20多位职初青年教师参与此次活动。通过游戏、戏剧、绘画等多元化的方式,激发教师对未来职业生涯有进一步的探索和思考。

(五) 整合家校社会资源,构建生涯教育立体网络

在生涯教育课程持续推行的过程中,学区注重学校、家庭和社会三位一体相互协同合力助推学生生涯成长。聘请部分家长作为校外导师,通过家长讲坛、人生角色大讲堂等多种形式,充实学生的社会阅历,为学生在人生抉择与志向选择等方面提供指导和帮助。

卢湾教育学区整合校外社会资源,建立生涯体验实验基地,拓展学生的职业认知与生涯体验。依据学生职业兴趣与职业意向,构建了金融经济类、工程科技类等六大类别生涯体验实践基地,通过丰富多彩、类型各异的实践基地体验,让学生参与社会实践,增进生涯体验,明晰未来方向,规划精彩人生。

三、成效

(一) 一体化的生涯教育课程体系的建立

在上海市教委德育处、上海市学生发展中心、黄浦区教育局、黄浦区教育学院相关部门大力支持和指导下,卢湾学区积极探索小初高生涯教育一体化建设,把生涯教育纳入基础教育的课程体系建设中,科学制订生涯规划教育实施方案,形成结构合理、层次渐进、各有侧重的小初高生涯教育体系,基本完成项目预期目标。

(二) 生涯教育课程系列书籍的编撰与出版

学区开发并出版了系列生涯课程与活动成果汇编《小学生生涯体验馆介绍》《初中生生涯档案活动手册》《高中生生涯探究课题设计》《高中生生涯教育课程设计》《高中生生涯教育活动设计》《高中生涯教育研学活动手册》,相关成果于2018年11月由中西书局正式出版。

(三) 示范与辐射,展示了一体化课程推进的实践范例

为推动中小学生涯辅导工作的全面深入开展,促进中小学心理健康教育水平的共同提高,卢湾学区于 2018 年 12 月 6 日面向全上海市开展了"启蒙·探索·选择"——上海市中小学一体化生涯教育项目展示活动,来自市内外的 600 余人参加了此次展示活动并给予高度评价,向上海市及全国其他地区推进生涯教育提供了良好的范例。

"办学生喜欢的学校",促进学生幸福成长,是黄浦教育的愿景,也是每一位卢湾人的愿望。卢湾学区将继续深耕生涯教育,为学生提供系统的生涯教育课程和系列的生涯体验活动,助力学生终身幸福成长。

(上海市卢湾高级中学)

跨界融通普职渗透,拓展职业体验课程

为充分实现职业体验的育人功能,增加职业体验的吸引力,上海市商贸旅游学校从 2014 年开始举办面向全市中小学生的职业体验活动"FAIR 营销节""蓝带·美食节""暑期职业小达人",受到全市中小学生和家长们的广泛肯定,并已经形成一定的规模效应。2019 年度"FAIR 营销节"职业体验嘉年华活动在 4 月 20 日启动,活动历经四个周末一共七天,一直延续到 5 月 11 日、12 日,参与活动的体验者达 6000 人次,成为周末南京路的又一个"潮流地标"。以学校的现代商贸实训中心和烹饪专业实训中心为依托,集聚学校优质资源形成开放共享的职业体验学习中心,正逐步成为全区、全市了解职业教育发展、体验职业教育活力、共享职业教育成果的重要窗口。

一、搭建职业体验共享平台,促进普职融通渗透

《国家职业教育改革实施方案》提出:"发挥中等职业学校作用,鼓励中等职业学校联合中小学开展劳动和职业启蒙教育,将动手实践内容纳入中小学相关课程

和学生综合素质评价。"《上海现代职业教育体系建设规划（2015—2030年）》提出："加强普职渗透，促进学生多样化选择，面向本市所有中小学开放职业院校实训场所、课程、师资等教育教学资源，丰富中小学生职业体验的内容和形式。"

随着职业体验日活动的开展，我们越来越认识到，开展中小学生职业体验是构建现代职教体系、促进职业教育与普通教育相互贯通、横向联系的重要一环，是职业教育观念的变革，也是一场更为深刻的职业教育改革。2018年4月，商贸旅游学校设立了上海首个区级层面的"黄浦区中小学生职业体验学习中心"，意欲打破职业教育与普通教育、社会教育的壁垒，从终身学习、终身教育视角重新确定办学定位，筑高发展平台，增强职业学校服务社会能力。中心充分利用现代商贸开放实训中心、烹饪实训中心的资源，加快布局调整的力度，一年三次开展中小学生职业体验活动，打造具有良好社会效应的"FAIR营销节""蓝带美食节""暑期职业小达人"品牌活动。在体验活动基础上，将职业体验课程化、常态化，根据现代职教体系建设要求，构建了一套基于学校专业背景、符合中小学生心智特点的职业体验课程体系。

正如陶行知先生提出的"生活即教育""社会即学校""教学做合一"那样，要解决教育与生活、学校与社会、理论与实践贯通的问题，就要打破学校"关门"办教育的壁垒，以整体性教育哲学引导"普职渗透"，将职业体验作为培养中小学生综合能力、创新思维和弘扬劳动精神的重要载体。2019年暑假《上海市初中学生社会实践管理工作实施办法》明确提出，学生在初中阶段需完成职业体验32课时（在本市职业院校的职业体验不少于16课时），各职业院校要充分利用校企合作等校内外资源，研究制定职业体验方案，开发适合于初中学生体验的项目、课程等资源，增强学生对职业世界的认识与理解，提升学生职业素养和动手能力。上海市商贸旅游学校通过持续六年的教育实践活动，在设计开发趣味性、操作性、互动性的职业体验活动的基础上，形成渐次深入的复合型体验课程，力求通过综合实践体验引导中小学生"体验职业、发现自己、启迪未来"，以适应快速变化的社会生活、职业世界和个人自主发展的需要，迎接信息时代和知识社会的挑战。

二、建设职业体验课程体系，满足多元发展需求

（一）构建体验式学习环境，满足多元学习需求

传统的课堂教学，以知识传授为主体，学生学习过程中往往"领悟"多"创造"

少,"动脑"多"动手"少,"做题"多"实践"少,处于青春初期的初中学生"好动""好奇""好玩"的愿望难以满足,个性化的成长需求容易被忽视。在作业和试卷面前,一部分擅长动手解决问题、喜欢创新创造的学生容易缺乏成就感,也容易对自身学习潜力认知不足。

职业体验中心充分集聚实训中心的设施设备资源,引入行业企业的新设备新技术,为学生创建对接真实职业环境的学习体验场所,建设了精细木工、陶艺拉坯、花艺制作、书画装裱、3D打印、无人机操作、智能机器人、影视后期制作、平面设计、西点烘焙等职业体验专用教室,提供技术设备和工艺材料的支持,让学生可以在"看得见""摸得着""做得了"的环境中满足好奇心和动手实操的愿望,实现文创设计、动手操作、传统工艺、智能创造等多种体验;通过学习体验、实践操作获得创作的成果,学习能力得到及时的体现和检验,满足学习的获得感;并且通过感官体验、大脑思维、肢体动作的复合功能增加职业体验的深度认知,满足学生个性化发展的需求。随班一起来的班主任老师看到学生在职业体验活动中兴致高昂的样子,经常感叹"学生要是能在教室上课也这样开心和起劲就好了"。

(二)"学做一体"任务引导,提升实践创新能力

根据《上海市初中学生社会实践管理工作实施办法》,在与初中学校反复交流沟通之后,依据初中生的年龄特点和认知规律,整合课程、统筹资源,结合学校已有的专业建设成果以及累积了六年的"FAIR营销节"职业体验开放活动的经验,设计开发了适合初中学生使用的《职业体验手册》,为黄浦区初中学校的七年级学生提供生动、丰富的职业体验课程。从2019年9月份开始,陆续接待了格致初级中学、储能初级中学、大境初级中学等学校,一个学期内参与职业体验课程的学生达500人。首批开放的职业体验课程包括:平面设计、陶艺制作、花艺制作、精细木工、书法装裱、人工智能、财务管理、营销CEO、快乐导游、播音主持等,涵盖了科技创新、文创设计、艺术表演、传统文化、金融理财、实践操作六大领域,以具有充分职业特征的"学做一体"的项目任务为引导,驱动学生的兴趣和创造力,引导初中学生开展职业探索。

初中生职业体验以实践性、探究性、主体性、发展性为主要特征,职业体验以"学做一体"课程设计逻辑,将知识点和技能点贯穿在项目任务中,以项目为载体设置多重任务,引导学生层层深入探究,开展自主探索。学生为解决问题完成任务,需要开展学习、体验、探究、创造,通过小组合作、生生互动、师生互动开展实践体验。16 课时的职业体验课程内容由 4～6 项难度递进的活动项目构成,学生在老师指导下掌握基本的工具操作方法和知识原理,通过对项目任务的体验和实践,边学边做,通过"做中学"掌握一定的职业技能,锻炼综合实践能力。以发展创新为导向,参照行业企业的新技术新工艺新设备精心设计职业体验项目,鼓励学生自主探究完成项目的设计和创新。

表 5-4　"花艺制作"职业体验课程内容

课次	课　时	项目名称	核心任务
1	第 1 节	走进花艺师工作	探究花艺师职业素养
	第 2 节	花艺的前世今生	中外花艺艺术简介;花艺配色基础
2	第 3 节	美靠劳动来创造	花艺材料基础知识;工具与劳动规范
	第 4 节	花艺包装传情谊	花艺礼仪与包装技巧
3	第 5 节	缤纷花球用处多	西式半球形制作基础
	第 6 节		
4	第 7 节	茶艺插花修身心	中国传统插花制作基础
	第 8 节		
5	第 9 节	百变花束惹人爱	四面观赏花束的制作方法
	第 10 节		
6	第 11 节	精致花篮韵意境	共庆花篮的制作
	第 12 节		
7	第 13 节	花盒创意巧心思	花盒的设计与制作
	第 14 节		
8	第 15 节	我的作品我做主	花艺作品设计与创作
	第 16 节		

(三) 职业启蒙导航生涯规划,促动学习内驱力

职业体验中心凝聚参与课程的教师们的团队智慧,在面向初中生开展职业体验活动的过程中注重凸显职业生涯的共同特质,让学生们可以运用所学知识联系实际、寻求解决问题的途径,可以通过运用探索职业生涯的方法和手段,了解职业的发展趋势和职业对人才的综合要求,引导学生探索自我、关注社会,激发学生们的奋斗精神。

学生的兴趣和爱好甚至是某方面的能力都是在成长过程中慢慢形成的,也许在职业体验中的某件事或某个深刻的印象恰恰就促发了其兴趣,明晰了努力的方向或目标,激发出学习的原动力。丰富生动的学习内容和具有社会价值的实践项目构建起"职业启蒙"的探索通道,学生通过亲身参与、亲自体验、主动实践、自主总结,进一步培养社会责任感、创新精神和实践能力。体验过程中,通过引入职业道德规范、职业榜样人物、职业劳动安全准则等多维视角,向学生呈现立体的职业世界,引导学生"生涯规划"意识,让学生一方面在体验和实践中探索自我的积极优势,寻找未来职业发展方向的可能性;另一方面通过职业情境的深度体验,有助于学生建立起当下学习生活与未来职业目标的联结,理解生涯规划的积极意义,进一步明确学习目标,促动学习内驱力。

三、融合资源深化职业体验,提升跨界育人成效

职业体验学习中心以建设"跨界·开放·融合"共享平台为努力目标,充分结合学校的特色专业和优质职教资源,跨出开门办学、普职融通、校企合作之步,在项目建设、师资培养、课程开发、赛事承办等方面以最敏锐的市场嗅觉拥抱职业教育新技能、新业态、新工艺、新方法。比如精细木工制作项目,依托世界技能大赛设备提供商、德国费斯托 FESTOOL 工具打造精细木工工作坊,与沪上最大的木艺学习空间"玩木尚志"进行木作课程合作,与国培项目供应商"米立方开放创意实验室"、上海最大的创客空间"创智天地"进行国际创客大赛创意木工项目合作。学校作为平台汇聚起最优质的资源,勾连起整个产业生态链,构筑起多元而丰富的多边互动,推动彼此成长,同时满足从木工制作体验,到精细木工制作,到创意制作竞赛,到木艺创客等各种不同课程需用。

凸显校企合作、产教融合优势深化职业体验,注重"知行合一",通过多样化、融合性的课程内容满足学生自主选择的学习需求,增强实践育人效果。学生们在参与职业体验活动中有机会解放自己的头脑、双手、空间和时间,充分得到自由的发展,获得了满满的成就感和自信心。初中生对活动的喜爱、对课程的高度评价也让

我们的老师们收获了喜悦和满足。

第7题 通过这次活动,你发现了自己的职业兴趣 [单选题]

选项	小计	比例
有发现	167	60.51%
有一点发现	83	30.07%
不清楚	17	6.16%
基本没有发现	6	2.17%
没有发现	3	1.09%
本题有效填写人次	276	

第9题 通过这次活动,你提高了动手实践能力 [单选题]

选项	小计	比例
有提高	217	78.62%
有较少提高	44	15.94%
不清楚	8	2.9%
基本没有提高	3	1.09%
没有提高	4	1.45%
本题有效填写人次	276	

图5-3 2019年黄浦区初中生职业体验课程的相关问卷调查结果

学校不仅在上海具有一定的影响力,也力求拓展国际交流,2017年暑假,乌干达、冈比亚议长先后抵沪,专程参观我校开放实训中心和职业体验活动。

职业体验中心在不断提升内涵建设的过程中,加强推进普职融通渗透,力求通过更具吸引力、生命力、创新力的体验活动引导中小学生"体验职业、发现自己、启迪未来",以职业体验激发成长动力、开启梦想蓝图。

(上海市商贸旅游学校 陈志雁)

健教协同，融合育人

——黄教院附属中山学校校社联动家长心理大讲堂特色项目回眸

黄浦区教育学院附属中山学校自 2014 年以来，就参与黄浦区医教协同的探索与实践工作。受惠于该研究项目的研究成果，学校在原有心理健康教育基础上，充分利用九年一贯办学优势，在区未成年人心理健康辅导中心、区未成年人家庭教育指导中心的指导下，与黄浦区精神卫生中心、黄浦区五里桥街道社区卫生服务中心、黄浦区五里桥街道安全社区创建办，共同推出"同心圆家长心理大讲堂"特色项目，以家长需求为导引，以健教协同为手段，力求精准达成"家长自身的成长""家长育儿艺术的提升"两个目标，力求为本校及区域医教协同服务体系的发展与完善助一臂之力。

一、项目缘起

（一）已有基础：学校参与区级医教协同项目获益良多

经过多年实践，学校参加区级医教协同工作在以下三方面取得了较为显著的成效：医教协同工作的服务对象更为广泛：从高危学生到部分学生、教师与家长；医教协同工作的形式更为多样；从危机干预到培训、督导；医教协同工作的内容也更为深入与丰富；从严重心理障碍、ADHD 的医学介入到对普遍人群——学生、教师、家长的医学教育。

（二）家长需求：家长对孩子的心育关注甚为迫切

针对目前普遍存在的"孩子难管""家长焦虑"等社会现象，我们特意对家长进行相关问卷调查。调查结果显示：亲子关系、青春期教育、学法指导、未成年人心理问题等，成为家长希望了解和学习的重要心育内容（内容见右图）。

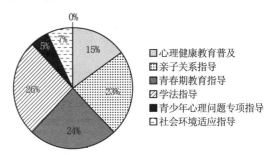

图 5-4　家庭心育指导需求调查

(三) 合作趋势："健教协同、融合育人"的效用最大

学校现有的心理健康教育专业力量，难以满足不同层次学生家长的心理服务需求。学校开展家长心理健康教育的指导方针，只能是以发展性和预防性心理健康教育相结合，以正面教育为主，但同时还必须关注一定比例的有情绪障碍和心理困扰学生的心理咨询与辅导，以及对 ADHD 或其他需要医学介入的严重心理问题的识别与转介，前瞻性地进行心理危机的防御和科学有效的干预。为此，学校必须创造性地运用各种教育资源，协同学校、家庭、社会力量，采取多种富有实效的家庭心理教育指导方式。而当今医学模式已由过去单纯的生物医学模式发展为"生物—心理—社会"共同作用的模式。在这种理念的指导下，医学、社会工作与学校教育力量的整合显得尤其重要。为此，学校引进医学界心理/健康服务专业力量，进行学校/家庭/社区健教协同心理服务模式的实践探索，在理论上和实践上都具有重要意义和价值。

综上所述，结合"办学生喜欢的学校"的区域办学理念，在已有的研究探索、家长需求及放大学校心理健康教育力量的基础上，我校依据 2016 年中共中央、国务院发布的《"健康中国 2030"规划纲要》、上海市《关于在本市中小学和幼托机构开展"医教结合"工作的指导意见》(沪卫疾妇〔2011〕43 号)文件精神，联合黄浦区教育学院德研室、区未成年人心理健康辅导中心与家庭教育指导中心、黄浦区精神卫生中心、黄浦区五里桥街道社区卫生服务中心、黄浦区五里桥街道安全社区创建办，共同推出"同心圆家长心理大讲堂"特色项目，旨在探索和发挥"健教协同、融合育人"的最大效用。

二、项目保障

学校由医教结合延展到健教结合，从更宽广的视角来看，这不仅是一种专业力量的同盟，也是医学、教育、社会和家庭(包括家长和孩子)的共同体。这个共同体在项目开展、研究成果的应用和推广、科学知识的宣传普及等方面发挥着协同作用。

(一) 成立组织架构

为深化"健教结合"模式，实现教育机构与卫生机构、社区的无缝对接，成立工作机构负责落实推进项目工作。

项目领导小组成员由黄浦区教育学院德研室、黄浦区精神卫生中心、黄浦区五里桥街道社区卫生服务中心、黄浦区五里桥街道安全社区创建办分管领导或部门负责人组成。各协作单位职责分工明确。

1. 黄浦区五里桥街道安全社区创建办：牵头成立项目工作组，负责本项目的组织、协调、管理。

2. 社区卫生服务中心：负责项目工作的具体实施，包括制订项目方案，负责项目的质量控制，拟订评估标准，完成项目数据的分析、管理及上报，撰写项目报告，邀请各方专家。

3. 黄浦区精神卫生中心：负责心理医生的遴选与指派、过程指导、研究改进等工作。

4. 黄浦区教育学院德研室/区未成年人心理健康辅导中心与家庭教育指导中心：负责家长心理健康教育专业指导和服务。

5. 学校：按照教育和卫生行政部门的要求，将"健教结合"工作纳入学校管理，建立相应的工作制度与职责要求，负责项目的需求遴选、内容实施、后测反馈、组织协调等工作。

（二）确立工作机制

在组织架构的基础上，协作单位形成"政府主导、部门合作、学校负责、家庭尽责、社会参与"的家长心理大讲堂工作联动机制，把"有目标、有规划、有计划、有措施、有评估"作为项目指导、考核和监督的机制，从而充分发挥教育与卫生资源两方面的作用，形成优势互补、依责履职的合作机制，切实落实学校家长心理服务工作。

三、项目实施

（一）工作思路

项目以"健教结合"拓展家校合作领域。以学校为桥梁，将专业医生与学生家长连接，通过多种方式，为家长普及心育理念与知识。以家长需求为项目推进方向，以"健教协同"为主要手段，开展实时的家长心理大讲堂与小讲堂（沙龙、团训辅导）活动，邀请青少年心理专家以大讲堂形式对在校学生家长进行心理健康知识的普及和教育。同时邀请心理咨询师、心理治疗师、精神科医生等开展家长沙龙/团训辅导，对家长进行个性化的问题解答，给予心理支持。

（二）内容建设

心理大讲堂项目内容包括心理健康促进与心理问题协同干预两方面；实施路径包括专家讲座、团训辅导、家长讲堂（沙龙）三种形式。

1. 心理健康促进

对大多数家长来说，健教结合心理健康服务的目标是促进家长心理健康教育素养的发展。

（1）激发孩子学习潜能类讲座。此类讲座特邀上海市精神卫生中心主任医师为家长开设"如何激发孩子的学习潜能"等主题的心理大讲堂活动。主讲医师以生动形象的言语，站在家长的立场去叙述自己的家庭教育理念，家长们认真聆听，感同身受，或蹙眉思考，或豁然开朗。

（2）提升青春期与社会适应指导类团训辅导。青春期，被誉为孩子的黎明风景，也是父母的必修课程。随着青春期的到来，学生的身心在发生急剧变化，学业和成长际困惑也会越来越多，导致他们的心态也在发生着微妙变化。面对孩子的变化，家长或多或少也会产生焦虑、困惑情绪。有鉴于此，心理大讲堂推出"理解青春期"系列团训辅导。

①"理解青春期"团训辅导，帮助家长了解孩子青春期及其在人生发展中的重要意义，提升家长对孩子青春期的卫生保健指导能力。

②"预防艾滋病"团训辅导，帮助家长了解艾滋病的传播途径、病理知识，进而澄清相关的认知误区，提升家长对孩子预防艾滋和自我保护的指导能力。

③"创新与问题解决"团训辅导，帮助家长提升用以指导青少年思考学习策略的能力，以便培养青少年问题解决的能力与创造意识，进而协助青少年养成良好的学习习惯。

④"TED与语言表达"团训辅导，鼓励家长给予青少年自我展示的舞台，提升家长指导青少年语言表达与逻辑思维的能力。

（3）家长沙龙。此类沙龙以家长关注的热点问题为讨论主题，家长、教师、专家讨论应对策略。例如，针对家长们都非常关注的"如何引导孩子合理使用电子产品""如何与青春期孩子沟通"等话题，沙龙邀请了区教育学院德研室的德研员、区精卫中心专家等与家长共同讨论。德育工作者、专业医生提出以科学理念为指导的观点，家长们则根据平时的家庭教育实践提出方法，大家从不同角度、不同层面商讨解决之道，提出了许多有效的科学的家庭教育建议。

2. 心理问题协同干预

当学生出现各种心理问题时,不少家长无论是在问题的识别、观念还是应对方法等方面,都存在诸多误区。很多家长存在讳疾忌医、逃避、不以为然等心态,或者对此茫然无措,不知该如何帮助自己的孩子。面对这些现实状况,同时也根据医教协同研究任务的要求,"同心圆家长心理大讲堂"根据义务教育阶段学生可能存在的典型心理或行为问题,开展健教协同家长培训课程,包括 ADHD、一般情绪与行为问题、严重情绪及行为问题、危机干预等主题,为家长澄清问题、分析原因、采用策略提供支持。

"同心圆家长心理大讲堂"以"家庭干预的意义""对孩子的正面关注""运用表扬、奖励来增强孩子的规则意识""运用隔离和相关惩戒方法""学业成长""家长成长分享"等专题,对家长进行各类学生心理问题的辅导。家长们通过专家讲座、团队互动、情景分析、现场练习、经验分享、自我评估等形式,了解孩子的某些问题在医学上的解释,加深对孩子行为的理解,并用获得的技能与策略来干预这些问题,教育孩子。心理问题的协同干预辅导,不仅解决了根源性问题,还能使家庭成为很好的教育资源。

四、项目建设成果与展望

近年来,由五家单位合作开展的家长心理大讲堂,在"健教协同,融合育人"理念指导下,取得了较显著成效。

(一)促进学校家庭教育指导发生转变

医疗系统专业人员的辅导为家长心理健康促进提供了有力的专业支持,也为一些家庭提供了前瞻性识别危机信号的能力援助,从而有效预防孩子心理危机的发生。这样的"健教协同,融合育人"模式,推动学校家庭教育指导工作实现了以下四个转变:从"学校主体"走向家校社的生态合作,从"分散随机"走向指导体系的顶层设计,从"行为矫正"走向心理内因的深层关注,从"粗放统一"走向以人为本的健康促进。

(二)推进区域心理综改项目落地

学校连续三年承担上海市中小学心理健康教育服务体系建设计划项目,并推出《上海市黄浦区心理健康教育系列丛书——营造和谐家庭关系助力孩子健康成长》区本教材,在全区中小学家庭教育指导方面推广试用。

学校家庭教育指导取得成果。"基于学生心理发展的家庭教育指导课程与教材建设研究"被列为上海市教科院家庭教育研究所"十三五"规划重点课题。

(三) 推动家长专业成长与凝聚力建设

健教协同成就了家长个人成长的专业成就感与家长群体的凝聚力建设。有些家长职业发展上获证书很多,但第一次因为孩子而获得证书(青春健康家长培训结业证书)而倍有育儿成长的专业成就感。家长群体育儿能力,因共同的话题、相似的需求,集合不同的背景、各自的经验和智慧,在共同的场域中共享、叠加、放大。

家长走上科学育儿的人数逐步增加。除了参加学校心理大讲堂的培训外,还有一部分家长参加专业机构的家庭教育指导培训或心理咨询培训。截至2019年底,家长中已有12人获得国家高级家庭教育指导师证书,4人获得国家二级心理咨询师证书。学校家长在区域家庭心理健康辅导层面发挥着积极和骨干志愿作用。

育人贵在育心。健教协同推出的"同心圆家长心理大讲堂",主动面向社区家长开放,也向兄弟学校的家长们开放。五年来,心理大讲堂已接待社区家长心理咨询1200多人次,在家校共育中发挥着不可估量的作用,在助推学习型社区/城市的建设中,也作出了一定的贡献。

当然,大讲堂项目处于不断摸索和创新实践中,需要协同单位协力思考、优势互补、超越需求、勇于实践,坚持用科学精神为家长筑建成长家园,让孩子们更加健康快乐地成长,也让学习型社区更加幸福温馨。

（上海市黄浦区教育学院附属中山学校 段乐春）

立足生本,让童心飞扬

——黄浦区卢湾三中心小学心理健康教育一体化开展

"童心飞扬,让每个孩子享受童味人生"品牌项目,来源于"办怎么样的学校"和"怎样办好学校"的深层次思考。自2011年诞生以来逐步发展,不仅成为学校的重要发展动力,也是学校发展愿景的重要组成部分。

一、背景

卢湾三中心小学坐落于嵩山路淮海路一带,与现代时尚地标"新天地"相比邻,可以说是地处上海的黄金地段。近年来,在区政府打造高雅淮海路发展定位的吸引下,不少国际一线品牌纷纷入驻淮海路,使本地区的国际经济文化的气场更加强烈。这一客观上的有利条件,为学校现代教育的发展创造了良好的氛围。但是,在大力发展经济文化的背景下,随之而来的是学校正在面临附近居民陆续动迁的现实。随着近 10 年所在地段居民的动迁,学生数量急剧下降,同时,因外来务工人员的大量涌入,学校需要更多地承担起区域内外来务工随迁子女就学的任务。就拿 2019 年秋季学期来说,全校学生总人数 461 人,外省市借读生 286 人,占到总人数的 62%。

外来务工随迁子女虽然和地段生在同一个教学班上课,但是在他们中间却存在年龄差异。比方说,有的孩子从外地转学来上海,由于转学测试与本年段的要求相差很远,不得不多学一年或者降一级入学,因此他们会比同班同学年龄大。还有一种情况,由于外地的户籍登记制度比较宽松,为了方便孩子入学,部分孩子的实际年龄与户口簿上不一致。这样的孩子,在班级里跟同龄孩子存在很多差异。不仅仅是个头上的、学习上的,还有心理上的。

对于大上海,这些孩子初来乍到,有些新奇更多的是陌生。再加上大多数外来务工家长,为了要在上海立足,拼命工作,无暇顾及子女的教育问题,更别提学前教育或者课外知识补充和社会实践体验了。所以说,外来务工随迁子女的知识经验不仅在学科基础知识上有欠缺,而且在活动能力和课外拓展上,都是不足的。

即便是适应了新环境的外来务工随迁子女在学习上也往往缺乏一定的方法和技巧,不能很好地借助外界的力量或者主动寻求帮助。他们大部分比较松散,学习习惯较差,思维也不够活跃。他们不善于沟通和交流,小组合作中不是旁观者就是"小刺猬"。

我们认为,学校教育的责任就应该是让每个学生的优势智慧都得到充分发展,并帮助他们选择适合其能力特色的兴趣目标和发展方向,使每个学生对自己有信心,都能实现符合自身特点和需求的发展。

基于这样的办学理念和学情,奠定了我校心理健康教育的准确定位:尊重儿童的立场,顺应学校发展与学生成长的需求,全方位、一体化地开展心理健康教育工作,打造充满童味的教育环境。

二、实践

我校在新一轮改革实践中提出了"在这里,童言可以无忌;在这里,童心可以飞扬;在这里,童年可以难忘"的办学理念。基于此,我们进一步从学生的视角构建"以儿童为本,基于儿童立场"的学校心理健康教育一体化工作框架。倾听儿童的心理需求,研究儿童的心理特点,引导儿童的学习需求,遵循儿童的发展规律,让知识"活"起来,让学习"动"起来,让探究"多"起来,让自主"实"起来,让体验"深"起来……

(一)从"儿童视角"出发,打造童味校园

感悟儿童视角,从儿童视角出发,使校园从形式到内涵力求美的彰显。让儿童通过动脑动手参与校园物质文化建设,努力将童味物质文化印刻在校园每一实体的"脸"上,形成童味盎然的物质文化环境。

我们联手专业公司并在征求了学生的意见后,设计了"童心飞扬"宣传形象卡通大使——"彤彤"和"小飞"。他们的名字是来源于"童心飞扬"的谐音。他们分别还有自己的英文名字 Alice 和 James。这来源于一本童话书《爱丽丝漫游仙境》中的主人公和一个家喻户晓的侦探人物 007。我们还赋予他们各自不同的性格和爱好,从而使他们可以持续深化品牌内涵,扩大品牌效应。就此,"童心飞扬"品牌开始在学生心中植根,并聚焦不同主题,从学校向家庭、社区、社会各层面逐年延伸。

(二)从"儿童立场"出发,创设童味课程

以学生的快乐成长目标引导校本童味课程建设的方向,通过基于儿童立场的心理健康活动课程建设,探索关注学生成长需求,源于学生的学校、家庭和社会生活的实际。完善并不断创新"课程开发团队"的运作方式,形成"全员参与,学科联动"的课程运作方式。通过多样选择、多种途径,使学生在课程体验过程中善于思考、乐于动手、释放潜能、张扬个性、学会合作,从中获取积极的态度和丰富的感受、探究的能力和成功的自信,让童味课程成为学生个性成长的芳草地。

近年来,"童心飞扬"作为我们学校心理健康教育的特色品牌,已经在校内外有

了一定的知名度。因为我们充分利用"童心飞扬"宣传形象卡通大使"彤彤""小飞"。我们赋予了他们各自不同的性格和爱好，从而使他们可以持续深化品牌内涵，扩大品牌效应。就此，"童心飞扬"品牌开启了众多跨学科心理健康教育活动，深深地在孩子们心中植根，如"彤彤和小飞的游乐园"——低年级团体游戏辅导活动、"彤彤和小飞安全行"——校园安全教育活动、"彤彤和小飞的20个故事"——中高年级职业生涯辅导活动、"彤彤和小飞的广播站"——心理健康教育广播等，从学校向家庭、社区、社会各层面逐年延伸。

我们还将"童味"课程研究与课堂教学研究有机结合，与教研组主题式自主化管理有机结合，用课程理念设计、实施、评价有学科特色的心理健康主题教育活动，形成有童味的校本课程，如"1＋X"心理健康教育课程项目的设计、"童趣教学"与"思维导图"的融合、"教学任务单"撰写与"班本作业"设计的匹配等。为我们后续优化育心课程操作系统，包括每个班级的"幸福成长档案夹"的制作和使用等，打开拓展之门。

（三）从"课题研究"出发，营造童趣课堂

"让孩子以自己喜欢的方式学，让教师以自己擅长的方式教"是我们实施童趣教学的理念。结合学校新发展规划，借助"构建'学法引领'小学课堂心理环境的策略研究"课题的不断延伸，在分析原有课堂研究的基础上，将在每月定期开展主题教研活动。通过"课堂学习活动"的设计与研究，引领教师有效改善课堂心理环境、培养学生持久的学习兴趣、建立成功学习的动力方面的探索，继而达到提高学业水平的目的。

（四）从"服务学生"出发，修炼童心教师

研究"童心教师"的特质，形成"童心教师"评价标准；健全机制，落实教师发展行动，提升教师专业素养与幸福感。借助"十三五"校本培训平台，推进童心教师五项修炼工程。

1. 修炼课程力。倾听孩子学习需求，丰富学生学习经历，统整学习内容，成为课程开发的巧手。

2. 修炼教学力。开展教学变革，关注学生思维方式和学法习得，成为教学能手。

3. 修炼研究力。变各种问题为研究对象，凭借自身资源优势和特色进行教学研究，成为科研高手。

4. 修炼管理力。自我修炼，以人为本，尊重学生发展规律，发挥学生的主体作用，成为育心推手。

5. 修炼思想力。形成自己的教育哲学、教学主张、教学风格，成为品牌强手。

修炼让儿童喜欢的童心教师，是为学生立场服务。教师立足儿童视角，用自己的童心唤醒孩子们的童心，用自己的童真滋养孩子们的童真，用自己的童趣激活孩子们的童趣。让充满童趣的课堂，成为学校教育的靓丽风景。通过多种形式的学习和活动丰富教师经历，分层打造教师专业发展梯队，让不同层次的教师都能有价值体现。

三、成效

品牌建设，不仅推动了学校的心理健康教育工作，让我校师生和家长们受惠受益，更是"立足本校，着眼区域"，多领域加强学校心理健康教育的辐射示范。我们大力支持学校专兼职心理辅导教师，申报"蜻蜓心天地——黄浦区未成年人心理健康中心"的志愿者，坚持服务于区内家长、老师和学生。

我校的区级重点课题"基于儿童立场的学校课程设计与开发研究"作为学校的龙头课题，引领着学校心理健康教育的品牌特色走向更高的境界。

表 5-5　近年来结题、立项的课题及研究获奖

课题名称	项目来源	立项时间	负责人	研究成果
基于儿童立场的学校课程设计与开发研究	黄浦区教育局教育科学研究室	2016.2	王平	实施中
基于提高思维品质的德育综合实践研究	黄浦区教育局教育科学研究室	2016.2	陈莹	实施中
"童味课堂"的构建与操作研究	黄浦区教育局教育科学研究室	2016.2	陶怡	实施中
基于测评与改进视角的课堂心理环境研究	上海市教科院普教所	2016.2	陈嫣	项目学校课题评奖活动中荣获一等奖
基于中小学生发展需求的心理健康服务协同系统研究与实践项目	上海市心理健康教育发展中心	2014.8	陈嫣	医教结合协同干预

表 5-6　科研成果奖项

年份	项　　　　　目	选项
2013 年	上海市第六届学校心理健康教育科研成果	三等奖
2015 年	"基于测评与改进视角的课堂心理环境研究"项目学校课题评奖活动	一等奖
2019 年	童心飞扬,三心护航——"三心家长工作坊"在学校教育中的运作机制与功能获上海市家庭教育成果	二等奖

表 5-7　"关注课堂心理环境,实践童趣课堂"教学探索时获得的部分成果

成　　　　果	奖　项	授奖机构
构建"学法引领"小学课堂心理环境的策略研究(研究报告)	一等奖	教科院普教所
"小学语文课程改革研究"优质课堂教学评比《南极风光》	一等奖	上师大小学语文教学研究中心
"小学语文课程改革研究"优质课堂教学评比《天然动物园漫游记》	一等奖	上师大小学语文教学研究中心

我们从学生的视角构建"以儿童为本,基于儿童立场"的学校心理健康教育一体化工作框架。倾听儿童的心理需求,研究儿童的心理特点;立足儿童自信发展、快乐成长目标为本,培育彰显童心、飞扬梦想的童真学生。利用各种教育资源建设"童味课程",让学校教育教学方式富有"童趣",形成儿童喜欢的"童心教师",从而使卢湾三中心小学成为一所真正意义上的"童味校园"。

(上海市黄浦区卢湾三中心小学　陈　嫣)

构建和谐校园生态,促进健康身心发展

——外滩学区心理健康教育服务体系一体化建设

近年来,心理健康教育服务体系的建设成为各校心理健康教育工作的重中之重。以《中小学心理健康教育指导纲要(2012 年修订)》和《上海市教育委员会关于开展上海市中小学心理健康教育达标校和示范校评估工作的通知》等文件为指导,

各校从师资配备、场地资源到课程建设、活动开展，无不充分发挥特色，开展创新实践。不仅如此，随着区域各教育学区的成立，校际联合开展心理健康教育活动，充分发挥学区特色，做到资源共享、师资互补以及教研互助等，也成为心理健康教育服务体系建设的一大亮点。

一、背景

2017年，黄浦区世博学区、外滩学区、豫园学区和卢湾学区正式成立。其中，外滩学区以上海市光明中学为牵头学校，光明初级中学、兴业中学和光明小学为成员学校，以打造"立足上海，胸怀祖国，面向世界"的学区品牌为总目标，积极共享学校资源，扩大教育教学辐射，加强校际交流合作，整体提升区域教育品质，致力打造教育强区，最大限度地发挥学区资源的综合效果。

在此背景下，上海市光明中学从课程开发、队伍建设、德育工作、资源共享等多个方面牵头，纵向贯穿小学、初中、高中，形成特色鲜明的发展脉络。近年来，学区四校更是在维护学生身心健康方面建立并不断完善服务体系，成为外滩学区的教育特色，四校联动层层落实，一体化贯通，并通过辐射推广，取得了较多成果。

二、实践

外滩学区结合全员性、科学性、实践性、主动性四项心理工作原则，贯穿学生小学—初中—高中三个发展阶段，打造连续性、发展性、差异性的特色心理活动，致力于营造积极和谐的校园生态，进一步提升全体学生的心理素质，充分开发潜能，培养乐观、向上的心理品质，促进学生人格健全发展。

（一）活动开展

每年，上海市光明中学牵头联合学区内其他三所学校开展心理健康活动月、"大手牵小手"心灵互助、心理社团等实践活动。

1. 主题活动

以心理月为例，学区心理月活动每年都由学校精心设计，品牌特色突出，学生参与度高，具有内容丰富、形式多样、家校联动、服务社区等特点，充分体现活动月的心理育人和全员育心特色。近年来，更是强调小—初—高联动不断。

以 2019 年心理月为例,外滩学区四校分级开展"扣上人生的第一粒扣子,'阳光成长'心理健康教育活动"。四校在 4 月至 5 月期间,通过讨论与研究,以"我的国·我的家,我的心'晴'故事"为主题,开展学生征文活动。征文活动后,以 TED 形式演讲,通过学生们自己的发声,将心"晴"故事传递给同龄人。在这项活动中,小学学生大多围绕"我的家"这一话题,谈到家长和孩子之间存在的爱与被爱的故事,用感性的演讲介绍了父母对自己的影响与付出。除了亲子关系之外,初中学生还较多提及了心目中最敬爱的老师,提到了老师是如何帮助孩子们解决成长中的烦恼的。高中学生则用更开阔的眼光,围绕"我的国",向大家传递我国近几年飞速发展的脚步和现状,将我与我的国的故事讲述得绘声绘色,体现了新一代青少年浓厚的爱国主义情怀。活动结束后,四校进行宣传与交流,分享优秀征文与演讲视频。

根据发展心理学理论,不同年龄层次的学生有着不同的心理发展需求。这样的活动,不仅让学生们积极探索自我,还能听到同龄人的声音,将心理学理论与实际生活相结合,这是一种更具有创造力的心理健康教育活动形式。

2. 社团活动

上海市光明中学是上海市心理社团联盟的发起人之一,也是"黄浦区明星社团"。自 1998 年创办至今,社团积极宣传心理健康的理念,关注学生的心理健康。在上海市光明中学的牵头下,通过充分发挥学生的主体作用,学区内各校心理社团联创共建,以大带小,促进朋辈互助。

以 2019 年开展的"大手牵小手——同伴互助"活动为例,光明高中心理社团的学生分为四组,提前一个月进行准备和模拟后,为光明初中的四个班级的学生开展心理团体活动。每组学生都精心制作了课件,且各组内容都不一样,主题包括了"莫扎特效应""消除歧视正确对待""生活中宅男宅女之正确看待"和"有趣的微表情"。高中生将自己在心理社中或是平时心理课上学习到的知识毫不保留地教给初中的孩子们。活动过程中也穿插了有趣的心理游戏和心理视频,不仅牢牢吸引住了初中的学弟学妹们,同时也让他们从平时紧张的学习状态中放松下来,感受到了心理学的魅力。

各校联合活动能够让高中生们学到团队合作精神,增强自信心,提高表达能力,也能够让其他学段的学生,特别是初中生们更了解未来的高中生活,做好心理准备,提升学习动力。

（二）咨询服务

近年来,随着人们对心理健康的关注程度日益提高,越来越多的家长、老师都意识到心理辅导对于学生健康发展的重要性。为此,外滩学区不仅联合开展个别咨询、团体咨询等服务,针对较为复杂的心理问题,各校专兼职辅导教师还举行"个案会诊",从发展性的角度梳理学生成长脉络,共同评估问题、商讨辅导计划。学区内各校还通过小—初—高联合分享咨询辅导案例和心得,提升心理辅导教师专业技术和能力。

新冠疫情期间,为贯彻落实习近平总书记"要加强心理疏导和心理干预"的指示精神,外滩学区四校合力开展线上心理辅导工作,光明中学专职心理辅导教师还通过撰写宣传文章、录制微课等形式,与学区各校共享心理健康教育辅导的资源。

学区各校通力服务、专业互助、资源共享,合力保障学生身心健康成长。

（三）教学辐射

上海市光明中学作为牵头学校,其专职心理教师为光明初中、兴业初中学生开设团体心理辅导拓展课,初—高中联动开展教育实践。

以 2018 年为例,光明高中心理教师以《成长心路（初一分册）》为教材,以积极心理学为指导,以"体验式教学"为主旨,遵循初一年级学生的心理发展规律,在相同主题下设计不同的教学活动,引导学生通过感知、感悟获得成长,在体验和反思中提升心理健康素质。教学主题有结伴同行、性格的力量、情绪词典、天生我才、一路向前等。

由高中老师为初中学生开展心理课,能够帮助学生解答许多关于未来学业、成长的问题,同时也能够让教师更加了解学生的发展特点,对一些心理发展中的问题进行追根溯源。

三、成效

（一）发展全员化

通过学区合力开展心理健康教育工作的探索与实践,各校学生近年来积极参与学校开展的各项心理健康教育活动,越来越重视心理课,喜欢参加心理社团和心理科研。根据学校的调查发现,小学生对学校心理健康教育的满意程度为 78%,

初中生对学校心理健康教育的满意程度为65％,而高中学生对学校心理健康教育的满意程度高达88％。在进一步访谈中发现,许多学生认为"心理课是最快乐的一节课""每周最期待的就是心理课""在心理月中有很多有趣的活动,我很乐意参加""心理社团中可以学到许多书本上没有的知识""我最喜欢团体辅导,可以让我感到放松和愉快"。四校的心理健康教育工作基本实现全员发展,满足学生的各类心理健康发展需求。

(二)教师专业化

外滩学区四校拥有业务精良的心理工作专业团队,牵头学校光明中学更是努力发挥市实验性示范性高中的示范辐射作用,学校心理辅导教师已多次在市级心理课大赛中获奖,而光明初中的心理辅导教师从事心理健康教育工作多年,经验丰富,在家庭教育指导、青春期教育方面成果斐然。四校教师开展联合教研,从学段衔接、注重发展的角度开展课堂教学工作,教学设计新颖,形式多样。为了使上课内容尽可能贴合学生实际,四校教师共同讨论了课堂教学的有效方法与教学模式。例如,每次备课前心理老师都会向学生下发课前问卷,以问卷调查的形式了解学生当下的思想、情感和需求。根据这些资料设计的课程,学生爱听、爱学、爱用,真正内化为自己世界观、价值观和人生观的一部分。此外,多位专职心理教师常常带着心理咨询服务项目走进社区,针对留守老人孤独心理、社区居民的家庭教育问题以及青少年学生的学习方法等问题,开设讲座或个别咨询,获得了很高的社会评价。

(三)学区一体化

随着上海市心理健康教育工作的不断深化,外滩学区的心理健康教育工作也在各级领导的关心和全体师生的努力下,取得了卓越的成效。目前,学区已经形成了一套较为完整的心理健康教育工作体系和实施方案,心理健康教育工作也逐步渗透到学校工作的方方面面。通过心理专业知识与技能培训,着力打造出一支实力强劲的师资团队,共同构筑学校心理健康防护体系。四校地处黄浦区,有着场地资源、设备资源不足的情况,通过四校联动,加强互动,提升资源共享度,促进利用率。通过多年来的宣传教育,学区内师生和家长整体参与性强、好评度高,逐渐形成校内外和谐、积极、发展的心理健康教育氛围。通过打造品牌特色,四所学校获得多个心理健康教育工作奖项,发挥示范辐射作用,屡获社会各界的广泛关注与支持。

四、展望

学校心理健康教育工作的开展能够为学生创造更有利于身心发展的成长环境,为学生成长助力,这也是对学区育人理念的践行和落实。为了不断提升工作成效,未来将从以下几个方面继续努力,贯通心理健康教育一体化。

(一)资源优化整合,增设功能区域

外滩学区内学校地理位置优越,但场地有限。因此,在资源的优化配置和整合方面,将继续大力改进,增加功能区域。同时,小学、初中、高中共享设备资源,提高资源利用率,优化资源整合度。在为学区的心理健康教育提供更多便利的同时,也不断提升心理健康教育的实效性。

(二)加强学段联动,提升发展动力

通过学区各校各学段学科教师的有效联动,引导教师关注学生在学科学习中的认知发展特点,充分发挥心理健康教育在学段衔接、学习适应等方面的作用,特别是可以从学生小—初、初—高的学习经历中理解其学习困难以及学习动力缺乏的原因,更有效地为学生的全面发展服务。

(三)增强内外联系,实现三位一体

家庭生活或家庭结构的变化对学生心理健康的影响已成为现代心理健康教育不容忽视的新问题。因此,可以进一步加强学区与所在街道、社区心理咨询点在心理健康教育方面的互通互联,形成学校、家庭和社会合力育人的立体防护体系。

(上海市光明中学　崔文倩)

第六章　同舟共济扬帆起

——协同育人机制一体化探索

黄浦区围绕"十三五"规划提出的建设"经典黄浦,精品城区"的目标,坚持"办人民满意的教育,办学生喜欢的学校"的发展主线和"建成海派文化的精品教育,率先建成学习型社会"的总体目标,认真贯彻落实《中共中央、国务院关于进一步加强和改进未成年人思想道德建设的若干意见》《中小学德育工作指南》,不断推进德育领域的教育综合改革项目,不断完善"文文明明"区域未成年人思想道德建设品牌,把未成年人思想道德建设的任务贯穿并落实于各部门和群团组织的目标管理范畴,逐步实现区域内协同育人机制,合力推进"立德树人"工作,形成"横向到边,纵向到底"的一体化格局,为广大青少年的健康成长奠基。

一、顶层设计:教育治理背景下的协同育人

黄浦区坚持"打造国际化大都市中心城区一流的现代教育"的定位,在推进现代教育治理体系和提升现代教育治理能力的背景下,依托教育综合改革项目的实践,不断优化区域未成年人思想道德建设的顶层设计,实现了协同育人机制一体化。

(一) 激活区域优势,优化教育生态

黄浦区是高度城市化的中心城区,经济总量和可支配财政收入全市领先,都市形态特征鲜明,城区现代化治理水平较高,治理体系较为完善,区教育"十三五"规划也提出了探索建立现代教育治理体系的目标和任务。因此,黄浦社会各界对于教育的关注、扶持和参与程度较高,广大人民群众对黄浦教育品质有着较高的认同度。近年来,我区以教育治理为媒,不断激活区域资源优势,进而优化教育生态,形成了全社会关心未成年人成长的良好氛围。

"治理……赋予学校更大的自主性,进而为学校主动融入社会、与社会深度合作提供了条件……因此,在治理的大背景下,多元主体的参与必然可以让学校接触参与到更多、更优质的社会资源,同时学校也可以对选择哪些社会资源服务于学校建设和学生成长具有更大的自主权。"[①]黄浦区内红色文化、江南文化、海派文化资源众多,现代服务业发达,商品、资金、信息、交通、人才等经济要素高度集中。上述资源催生出黄浦德育独特的优势,丰富多元的区域社会资源为各中小学提供了多样化的育人资源选项。

近年来,依托教育综合改革的有序推进,黄浦区不断以区域优势催化协同育人的和谐生态,建章立制,通盘考虑,统筹运作,使各类社会资源与德育工作之间协同作用,发挥最佳效益,形成教育治理背景下的区域协同育人一体化架构。

(二)完善工作架构,促进广泛参与

我区根据《黄浦区未成年人思想道德建设工作方案》,成立了区域未成年人思想道德建设领导部门,建立了由区委宣传部、区政法委、区委老干部局等33家相关单位组成的未成年人思想道德建设工作领导小组。领导小组由区委书记担任组长,区委宣传部部长和分管副区长担任副组长。同时,形成了"党委统一领导、党政群齐抓共管、文明委组织协调、有关部门各负其责、全社会积极参与"的领导体制和工作机制。

区未成年人思想道德建设工作领导小组依托下设的未成年人工作协调办公室,负责召集成员单位定期召开区未成年人思想道德建设联席会议,专题讨论、解决问题,制订方案,共享资源,协调沟通,形成育人工作的合力。近年来,随着综改项目的深入,构建起了三个层级的联席会议架构,初步形成了体现学校、家庭、社会"三位一体",社会广泛参与的区域德育工作的共治局面,详见下图 6-1:

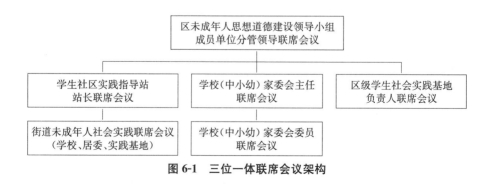

图 6-1 三位一体联席会议架构

---

① 卢威.解读"教育治理"[J].上海教育,2019(36).

（三）深化协同机制，形成支持体系

近年来，依托区域完备的未成年人思想道德建设工作体系，黄浦在继续建强家庭教育指导、心理健康教育、校外教育三大工作网络的同时，依托教育综合改革项目的研究，深化了服务于三大工作网络的协同机制，初步实现了全区未成年人工作支持系统的一体化。

1. 深化家庭教育指导协同机制

在区域家庭教育指导规划的引领下，区妇联、卫健委、教育局等相关部门密切协作，不断深化健全区域家庭教育指导工作协同机制。一是区妇联发挥牵头作用，注重街道妇联、社区工作点的建设，积极发挥各级妇女儿童工作组织对辖区居民、楼宇白领等人群的家庭教育指导作用，依托属地单位、公益组织、居民自治团体等资源，打造了一系列优秀品牌项目；二是区卫健委积极参与家庭青春期健康指导，每年向区域16所中小学提供优质课程，丰富了家长学校课程内容，广受家长好评；三是教育局依托区教育学院和社区学院，分别对各学校（幼儿园）和社区的家庭教育工作开展业务指导，在完善各级家委会制度、加强家庭教育指导者培训等方面进行了探索和实践，基本满足了区域人民群众对于高品质家庭教育指导的需求。

2. 深化心理健康教育（服务）协同机制

区文明办、教育局、卫健委、妇联合力推进"蜻蜓心天地"黄浦区未成年人心理健康辅导中心建设，深化心理健康教育和服务的协同机制，保障区域心理健康教育工作有序开展。首先是合力完善心理健康服务体系。"十三五"期间，在原先一个"区中心"的基础上，先后在四所学校建立了"分中心"（一个"中心"覆盖两个街道），并不断加强社区咨询点和学校心理辅导室的建设，形成了面向全区中小学生、家长和教师，开展心理健康教育、家庭教育指导和教师心理成长培训工作"区中心—分中心—社区咨询点（或学校心理辅导室）"的三级咨询网络。目前，我区未成年人心理健康辅导中心已被命名为首批"上海市心理健康教育示范中心"。其次是合力完善心理健康各项工作机制。区卫健委下属的区精神卫生中心为"区中心"提供了转介绿色通道；区文明办下属区志愿服务中心指导区教育局成立了"蜻蜓心天地"黄浦区未成年人心理健康志愿者服务总队，其中20位心理辅导教师还被区武装部编为"心理攻防民兵排"，加入了区域国防力量的序列。

3. 深化校外教育协同机制

近年来,区文明办、教育局加强合作,通过深化两个层级的协同机制,整合更多优质资源,优化区域未成年人校外教育活动网络。区层面,进一步完善青少年校外教育联席会议制度,积极发挥各相关部门的资源优势,丰富未成年人校外活动。如,区文化旅游局近年来先后推出了"非遗课程进校园""戏曲进校园"等项目,先后助力教育系统建立了七所市级非遗传习基地学校(中心),并在寒暑假推出"非遗学院"课程,该课程同时向全区各爱心暑托班配送。教育局层面,在区青少年科技活动中心和艺术活动中心分别设立了两个指导中心,即社会实践及志愿服务指导中心、研学旅行及学校少年宫指导中心,负责统筹区域未成年人校外教育活动项目和课程,对接全区 17 个市、区两级城市学校少年宫、40 个学生社会实践基地以及 160 个市、区两级学生志愿服务基地。

二、模式探索:"全域化"网络下的协同育人

在区域协同育人机制一体化的大背景下,结合未成年人思想道德建设专项工作的推进,我区形成了专项工作的区委、区政府统一领导下跨部门协作机制和项目化推进过程中的校内外联动机制。既依托区委、区政府的统筹作用,又着重发挥好教育部门及其他非教育部门各自的优势,互为补充,互相借力,互通有无,形成服务于全区未成年人思想道德建设的"全域化"网络,并催生出一些具有黄浦特色的协同育人模式。

(一)"纲举目张"模式

依托区委、区政府统一领导下跨部门协作机制,由区层面统一领导,其他相关部门分别与教育部门就某一专项工作开展合作,并形成多个特色项目。以红色文化教育为例,区委宣传部作为未成年人思想道德建设工作领导小组牵头单位,统一部署全区青少年红色教育活动。整个过程中,未成年人思想道德建设工作领导小组各相关部门分工协作,形成合力,打造了具有黄浦特色的红色教育系列品牌。如区文明办、教育局开展了"文文明明颂经典,红色故事育初心"黄浦青少年讲党的诞生地故事;团区委和教育局合作,依托渔阳里、复兴公园马恩雕塑像等资源,打造了红色文化仪式教育系列活动;区老干部局、关工委联合教育部门在广大青少年中开展了"我为祖国点赞——学习党史国史,传承红色基因,争做时代新人"主题教育活动。

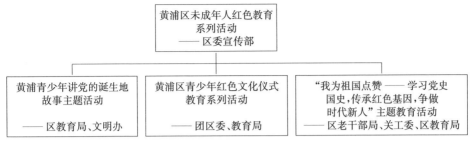

图 6-2

(二)"联动共建"模式

依托项目推进过程中的校内外联动机制,教育部门与非教育部门发挥各自专业优势、资源优势和经验优势,共同开发出符合青少年认识,受青少年欢迎的活动项目或课程内容,从而形成更加丰富多样的"馆校合作"德育资源。同时,这一模式在推进过程中也形成了三个方面的经验。

1. 经验一:优势互补

我区虽然有着丰富的社会实践资源,但是要将这些资源转化成学校开展社会实践活动的教育资源,需要发挥"馆"和"校"这两方面各自的优势。因此,我们不断优化开发模式,强调资源共享、优势互补、相互借力,补齐社会实践资源开发中的短板,发掘了大量优质的德育资源。如黄浦区卢湾二中心小学与学校周边的孙中山故居合作,开发了"故居里的道法课"馆校合作项目,将原本小学生并不十分了解的孙中山生平跟"道德与法治"课的内容进行了有机整合,并由故居工作人员扮演孙中山,通过情景再现的方式,将道法课堂搬到了孙中山故居,大大提升了场馆资源的利用率和道法课堂的吸引力,实现了馆校双赢。

2. 经验二:分段实施

在多部门联动、跨领域合作开发项目的过程中,我们也形成了由场馆基地和教育部门先后操作、优势累加、不断完善的经验,即"馆"专业先行,"校"跟进完善。以优化升级学生社会实践护照的使用为例,我们聚焦"护照"上每个基地的"学习任务单"设计,先由基地文教专员、场馆专家编写第一稿,再通过各学科教研员、基层优秀学科教师根据学情、生情改写第二稿,最后通过社会实践基地联席会议最终讨论定稿。这样,我们就能更好地将各个社会实践基地学习内容与学科知识相融合,使学生在课堂上学到的知识得到了拓展和延伸,提升了教师的学科育德素养,也促进了各基地的相关工作。

3. 经验三：元素嫁接

根据我区"十三五"教育改革规划所确立的"服务每一位学生全面有个性的发展"的理念，我们以"注重实践体验，把德育过程还给学生"为突破口，依托联动共建模式，不断引入学生喜闻乐见的、兼具教育性和时尚感的活动元素，让学生真正喜欢。以区"美德少年"评选活动为例，我们打破了传统的"事迹材料＋演讲或才艺表演"的模式，与"公益新天地"合作，引入较受未成年人欢迎的"闯关打卡""寻宝攻略"等体验性较强的元素，联手打造了"美德少年公益养成营"主题活动。活动通过类似"真人秀"的视角，考查学生在真实情境下的道德素养和综合能力，让学生在各种"玩"中完成一次评选活动。

三、效应延展："双体系"融通下的协同育人

"十三五"期间，黄浦区致力于将国民教育体系与终身教育体系打通，强调基础教育和社区教育的联动和融通，确保未成年人思想道德建设不留盲区和死角，使学校德育工作的效应能够更好延展至家庭和社区。在这样的理念指引下，近年来我区充分发挥了学校的阵地作用、家庭的基础作用和社区的平台作用，建立健全了学校、家庭、社会"三结合"的社区未成年人德育工作网络，有效提升了区域未成年人品德发展水平与公民道德素养。

（一）街道统整，打造"一街一品"

黄浦区已建立五个社区教育指导中心，每个中心负责协调两个街道的社区教育。其功能一方面是负责本街道社区学校的日常管理，推进广大居民的社区教育；另一方面则是负责本街道的学生社区实践指导站的运行，依托街道未成年人社会实践联席会议，统筹街道辖区内的未成年人思想道德建设工作。基于这样的工作机制，各街道均能结合自身资源和项目优势，整合辖区内的文化传习、志愿服务、参观寻访等未成年人校外教育资源，初步形成了未成年人思想道德建设工作"一街一品"的局面。具体来说，各街道的市民学习基地和社区学校均已同步向未成年人开放，并为他们专门设计了活动项目，初步实现了资源共享；各街道能结合黄浦终身教育品牌项目"海派人文行走"，结合本街道特点，为未成年人打造专属路线，并招募学生导学员，各项目已被列入各学段的"黄浦区学生社会实践护照"学习单，初步实现了项目共享。

(二) 三方协力,实现全面覆盖

依托街道未成年人社会实践联席会议机制,相关单位积极发挥学校、家庭、社会的"三结合"作用,形成了"关涉校园内外,心系千家万户"的社区德育工作全覆盖。

1. 发挥学校阵地作用

在"双系统"融通的大背景下,各街道社区学校与辖区内中小学,同为街道社区教育的工作平台,在促进辖区内家庭、学校、社区三者互动方面发挥了重要作用。作为市民学习基地的学校直接参与为辖区内的市民提供教育服务,并通过开设家庭教育讲座、咨询、亲子课程等途径,直接面向社区居民开展家庭教育指导。如格致中学、商贸旅游学校积极发挥自身课程和师资优势,为所在街道的居民提供心理咨询、家庭教育指导等相关服务,受到社区的欢迎。同时学校还向居住地青少年提供体育健身、社会实践等资源,充分发挥了学校的主阵地作用。

2. 发挥家庭基础作用

区社区学院举办覆盖社区教育网络的各办学实体(社区学校、居委学习点、中小学等)的心理健康辅导、家庭教育指导师等专题培训,受众覆盖了街道社区学校教师、街道社工、中小学家庭教育骨干教师及家委会主任、优秀家长。黄浦家庭教育工作在广度上已涵盖了学校和社区,在深度上已下沉到第一线,关注到每一个生活或就读在黄浦的学生家庭。针对不同人群的学习需求,区社区学院精心设计培训内容和培训方式,邀请来自高校、科研院所的资深专家坐镇讲堂,分批分层地实施培训计划。每年举办亲子安全课堂达 20 场以上,受益人群近 1000 人;开展家庭教育指导每年超过 60 场,受益家庭近 2000 户。

3. 发挥社区平台作用

黄浦区已建成市级学生社区实践指导站八个,区级指导站两个。各指导站依托街道学生社区实践联席会议,为广大学生搭建了社会实践、志愿服务(公益劳动)、文化传习、安全实训、人文修身等活动平台。外滩街道实践指导站开展的"行知上海"主题体验实践之旅、瑞金二路街道实践指导站的"魅力瑞金·红色文化"人文行走体验活动、老西门街道实践指导站的"到孔子家上学"国学修身活动等,均受到了辖区内未成年人的喜爱和家长的好评。

四、品牌塑造:文明城区创建下的协同育人

多年来,黄浦区始终把德育作为城区精神文明建设的重要内容,为适应"精品

城区""现代城区"文明创建工作的特点以及黄浦教育"高精先"的发展定位，我们依托综改项目的研究和实践，不断探索如何以未成年人喜闻乐见的方式将文明礼仪根植在其心中，从而使未成年人群体的精神文明建设工作更生动、更新颖、更快乐、更有效地开展。在此背景下，历时17年之久的"文文明明幸福行"小公民道德建设工程应运而生。2004年，贯彻中共中央8号文件，始创品牌，为"文文明明"活动品牌的卡通形象申请了专利；2012年，制订了"文文明明幸福行——黄浦区小公民道德建设工程"三年行动计划，品牌创建进入第二阶段；2016年，制订了"文文明明幸福行——黄浦区小公民道德建设工程"五年行动计划，深入推进品牌塑造；2018年，为深入推进区教育综合改革项目，实现德育课程一体化建设，4.0版"文文明明"应运而生，这标志着品牌发展从"活动导向"进入了"课程导向"阶段。

"文文明明幸福行"品牌项目以"幸福"为主目标，以"发展"为关键词，关注不同年龄段、不同成长背景、不同发展层次学生的身心发展特点与成长需求，促进学生全面发展、个性发展、可持续发展。近年来，我们不断明晰品牌创建路径，持续提升品牌发展能级，成效显著。尤其是进入发展的4.0版阶段后，该项目正不断汇聚全区智慧，聚焦"课程建设""实践历练""榜样引领""探索发现"四大模块，以品牌推广和项目推进的形式，借助新媒体平台，引导广大青少年广泛参与文明城区、文明校园、文明社区、文明修身等创建行动。

来自学校的实践探索

高效度整合资源　全方位升级品牌

——黄浦区"文文明明"未成年人思想道德建设品牌建设的新实践

黄浦区是一个有着丰厚的历史人文底蕴的城区，充满生机活力和创造力，黄浦的未成年人思想道德建设同样需要有创新活力的特色品牌。根据未成年人的认知特点，我区策划设计了"文文明明"未成年人思想道德建设系列主题教育活动。经过17年的探索实践，经历了从品牌的创建、品牌的推广、品牌衍生产品开发，到品牌的深度发展,逐步形成为具有区域特点的、本土化的、具有吸引力和知晓度的品牌,成了具有现代的意识、时尚的形式、丰富的内容、文化的价值和衍生发展的"文文明明"区域未成年人思想道德建设特色品牌。

进入新时代,为不断适应党和国家对未成年人思想道德建设的要求,适应区域经济形态、文化样态等方面的发展升级,适应黄浦教育"高精先"的发展地位,黄浦区高效度整合资源,全方位升级"文文明明"品牌,与时俱进地推进区域未成年人思想道德建设工作。

一、背景意义

(一) 品牌发展的必然趋势

2004 年,为贯彻中共中央 8 号文件,我区始创品牌,并为"文文明明"活动品牌的卡通形象申请了专利;2012 年,制订了"文文明明幸福行——黄浦区小公民道德建设工程"三年行动计划,品牌创建进入第二阶段;2016 年,制订了"文文明明幸福行——黄浦区小公民道德建设工程"五年行动计划,深入推进 2.0 品牌塑造,进入3.0 阶段;2018 年,为深入推进区教育综合改革项目,实现德育课程一体化建设,4.0 版"文文明明"应运而生,也标志着品牌发展从"活动导向"进入了"课程导向"阶段,"文文明明"品牌发展产生了新的增长点。

(二) 精神文明的总体要求

近年来,黄浦区始终把未成年人思想道德建设作为城区精神文明建设的重要抓手,为适应"精品城区""现代城区"文明创建工作的特点,依托区域完善的治理机制,形成了多方参与、资源共享的全社会关心关爱未成年人健康成长的良好氛围。同时,我们依托教育综改项目的研究和实践,不断探索"把德育的过程还给学生",如何以未成年人喜闻乐见的方式将文明素养根植在其心中,从而使未成年人群体的精神文明建设工作更生动、更新颖、更快乐、更有效地开展。这些要求都促使我们努力实现"文文明明"品牌的升级。

二、实践探索

当前,"文文明明"品牌项目正以"文文明明幸福行"小公民道德建设工程为主要载体,聚焦"幸福"为主目标和"发展"关键词,关注不同学生的身心发展特点与成长需求,促进学生全面发展、个性发展、可持续发展。我们不断明晰品牌创建路径,持续提升品牌发展能级,成效显著。尤其是品牌建设与教育综合改革实现"同频共振"以来,该项目正不断汇聚全区智慧,聚焦"课程建设""实践历练""榜样引领""探索发现"四大模块,以品牌推广和项目推进的形式,借助新媒体平台,发挥互联网+的优势,引导广大青少年广泛参与文明城区、文明校园、文明社区、文明修身等创建行动。

(一) 主题设置:进一步凸显多方参与

为进一步对接区层面未成年人思想道德建设"三圈"格局的总体思路,我们将原先的"幸福在个人、家庭""幸福在班级、校园""幸福在社区、社会"三大活动主题升级为"幸福在校园""幸福在社区""幸福在黄浦"。其中,"幸福在校园"对接未成年人思想道德建设的"内圈"——学校德育课程资源一体化;"幸福在社区"对接"中圈"——区域校内外育人资源一体化;"幸福在黄浦"对接"外圈"——区域未成年人成长支持系统一体化。新的主题设置,进一步明晰了全区所有德育工作主体在整个系统中的作用以及在"文文明明"品牌活动中的责任和义务。

从实际工作来看,在未成年人思想道德建设工作领导小组统筹下,各相关部门、单位、社会团体参与未成年人思想道德建设工作的热情空前高涨,尤其是形成了诸多特色工作项目,做强了"外圈",赋予"文文明明"品牌更多内涵,让广大青少年有了"幸福在黄浦"的真切获得感。

(二) 资源整合:进一步体现课程导向

在"文文明明"品牌以主题活动统整各类育人资源的基础上,结合德育综改项目"德育特色课程一体化"的推进和实施,我们以社会主义核心价值观教育、中华优秀传统文化教育为重点,推进区域内中小学德育特色校本课程资源整合建设,形成荟萃区域特色、纵向衔接、横向贯通、资源共享,促进学生身心发展的德育特色校本课程资源序列,提升未成年人思想道德建设工作的针对性与实效性,实现了资源整合过程中"活动导向"向"课程导向"的转变。我们进行了三个方面的探索:一是进行了区本课程的开发与实践,开发了"中小学积极成长幸福区本课程";二是推进德育特色校本课程建设,鼓励学校一方面将"文文明明"框架下的校本特色活动进行"课程化"改造,另一方面引导学校将主题活动融入学校特色课程和课堂教学之中;三是依托"文文明明"多年来形成的良好的沟通协同机制,初步探索全社会参与、跨部门合作、多主体联动的德育特色课程整合、推介、应用、共享的机制与路径。

(三)版图升级:进一步实现共享共建

近年来,"文文明明"学生社会实践(校外教育)活动版图升级为"多彩学习圈"未成年人海派实践体验版图,教育功能扩展至文化传习、志愿服务、职业体验、安全实训、红色文化、仪式教育、寻访探究的类型。实践版图的主要"副产品"——学生社会实践"护照"同样实现了全面升级。学生社会实践"护照"的内容设计更具梯度性(小学、初中、高中版),体现了德育工作的一体化;参与"护照"的场馆的数量不断增加,场馆的服务质量、参与教育的主动性也不断增强,形成了社会实践基地联席会议机制;"护照"功能不断活化,出现了一大批优质的馆校合作项目,部分成为区级德育特色共享课程或优质的校本德育课程。为提升学生社会实践的深度、广度、有效度,与社会实践基地开展紧密合作,通过校内课程与校外教育资源的有机整合,针对学生不同学段的身心发展特点与成长需求,开发有意义、有趣味、有思考、有实践的社会实践课程,提升校外教育资源利用的实效性。

三、取得成效

近年来,"文文明明"特色品牌的建设得到了区未成年人工作领导小组及成员单位的鼎力支持。区委常委、宣传部部长亲自挂帅担任工作小组组长,区文明办分管领导、教育局分管局长直接参与该品牌的建设与推广。团区委、区妇联、区青保办、区文化局、区体育局等成员单位的领导,定期召开研讨会,联手协同推进"文文明明"特色品牌。区文明办、区教育局均设立了专项经费用以开展该特色品牌的开发与深化。

在区未成年人思想道德建设工作领导小组的协调统整下,我们不断发掘红色教育资源,活化教育形式,打造一系列深受未成年人喜爱的"文文明明"红色教育品牌,形成了"文文明明颂经典""文文明明学党史""文文明明访遗迹"三大系列活动,开展了讲红色故事、红色电影配音、红色人文行走等活动,参与人数都达数千人,还拍摄了"顾老师讲红色故事"红色网络课程,激发了爱国爱党之情。

各部门为配合"文文明明"品牌活动的开展,实施了关爱未成年人"幸福在黄浦"三大行动,为未成年人幸福成长助力。一是宣传阵地建设行动。发挥区级媒体的宣传引导优势阵地作用,重视未成年人思想道德建设和社会主义核心价值观的宣传力度,发挥正确的舆论导向,充分利用我区"上海黄浦""文明黄浦""黄浦教育""零零岛"网络少年宫、"文文明明幸福行"官微等载体,创新形式、丰富内容,拓展网上教育阵地,坚持线上线下相结合。近年来先后推出了"劳动小达人"网络评选、"网络公益征集令"征集、"黄浦青少年讲党的诞生地故事"网上展播等广受好评的"网红"活动。二是净化优化文化环境行动。区政府整合公安、市场监管、市政、城管、市容、文化及文化执法等部门力量,将加强校园及周边管理纳入平安建设实事项目及综治重点工作,集各部门之力协同推进。区文旅局结合"护苗""清源""秋风"等专项整治行动,区青保办开展了"传递禁毒之火"主题活动,"禁毒之火"在 10个街道辖区的学校进行了传递,约 2000 余位学生参与活动,全区未成年人广泛参与了禁毒吉祥物等相关文创产品的设计。三是打造清朗网络空间行动。区文旅局、教育局采取各种有效措施,加强本区互联网上网服务营业场所监管。区教育局和区文化执法大队组建网吧义务监督员队伍,对本区网吧经营场所,按分工职责进行检查,为区域未成年人打造了一片清朗的网络空间。

"传承经典、打造精品"是"文文明明"特色品牌今后的发展目标,在更广阔的天地中,融合发展、幸福飞扬,需要我们在实践中不断思考、与时俱进、敢于创先。

(上海市黄浦区教育局　李　彬)

广引"源头水",巧筑"灌溉渠"

——黄浦区基于区域资源开展未成年人红色教育的实践探索

红色文化是我们党在革命、建设和改革中形成的宝贵精神财富。为贯彻落实习近平总书记"要把红色资源利用好、把红色传统发扬好、把红色基因传承好"(2014 年 12 月《习近平总书记在视察南京军区机关时的重要讲话》)的重要指示,黄浦区依托丰富的红色教育资源,基于未成年人思想道德建设工作,着眼于未成年人年龄特征和认知特点,不断发掘红色教育资源,活化红色教育形式,打造未成年人红色教育品牌,通过实践和探索,形成了一些初步的经验。

一、背景：基于区域优势，赋能红色教育

黄浦区是党的诞生地，是国歌首唱地，也是解放上海第一面红旗升起的地方，红色文化资源丰富，共有127处红色遗迹，红色基因深深植根于黄浦的土壤。近年来，黄浦积极开展未成年人红色教育活动，努力发掘以"党的诞生地"为代表的红色教育资源，不断引红色、革命的源头活水灌溉未成年人的心灵，筑牢理想信念之基；同时，努力将红色文化资源转化为广大青少年喜闻乐见的活动载体和文化产品，提升他们在红色教育中的参与度，提升教育效果。

基于以上的思考，黄浦区加强顶层设计，形成了未成年人红色教育的四大目标：一是进一步加强红色教育基地的未成年人教育专项建设，为黄浦青少年打造红色版图；二是进一步推进红色教育资源的课程化，开发体现区域特色的红色课程；三是进一步拓宽红色教育的空间，尝试开展线上红色教育活动；四是进一步丰富红色教育的路径，形成学生喜欢的红色教育新模式。

同时，要求每一个黄浦学子在就读期间至少做到"四个一"，即知道一名与黄浦有渊源的革命人物，了解一件发生在黄浦的革命历史事件，寻访一处黄浦的红色教育基地，参加一次学校或社区组织开展的红色教育主题活动。各学校均把上述要求纳入了综合实践课程（小学）、社会实践活动（初中）、志愿服务和研究性学习（高中）以及各项教育教学活动之中。

二、实践：广引"源头水"，打造红色版图

（一）"红色学习圈"，打造资源版图

多年来，在区委、区政府的统领下，黄浦区各相关部门和单位不断整合各类社会实践资源，以"黄浦区学生社会实践护照"为载体，形成了"多彩学习圈"海派文化实践体验版图。通过确立跨部门合作机制，将区域内14个爱国主义教育基地纳入学生社会实践"护照"，着力打造"红色学习圈"。广大中小学生手持"护照"参观场馆，了解中国共产党的发展史、中国人民争取民族独立的斗争史等知识；参与互动答题，反馈学习成果；开展微调查、微研究，认清自己的"根"和"魂"，争做担当民族复兴大任的时代新人。

1. 优势互补

红色教育基地与教育部门发挥各自专业优势,合力发掘适合未成年人的教育内容:中共一大会址、中共代表团驻沪办事处、孙中山故居等。通过确立多方位协作开发机制,区教育学院各学科教研员、基层优秀学科教师发挥专业优势,将各个红色教育基地学习内容与思政、历史等学科知识相融合,开发基地参观寻访的"学习任务单",使参观寻访活动不再是简单的"走马观花"。

2. 项目共享

各红色教育基地单位也发挥自身资源优势,在寒暑假不定期推出实践体验项目,为未成年人假期生活、探究性学习、亲子活动、团队仪式活动提供了丰富的选择。如卢湾一中心小学与一大会址纪念馆合作,组建了"红喇叭"红领巾志愿者服务队,孩子们在讲解员的辅导下,逐步掌握了用普通话、沪语及英语向各地参观者进行介绍,成为学校少先队工作的一大亮点;光明中学学生学习新思想理论社团坚持学习与实践相结合,将理论课堂搬到了红色教育基地,打造移动的思政课堂。

3. 课程共建

部分学校结合校情、生情进行"学生社会实践护照"的二度开发,积极推进"馆校合作",打造校本红色教育课程。如卢湾二中心小学将属地的红色资源跟"道德与法治"课程相结合,建设综合实践课程,学校将五年级教材的"国父——孙中山"一课的上课地点放到了孙中山故居纪念馆,解说员扮演孙中山先生,为孩子们讲述中山装的来历,一件件藏品帮助小学生全面了解"建国方略",使"道德与法治"课一下子变得有滋有味。

4. 串珠成链

我们将红色教育基地进行主题化串联,形成红色寻访路线。一方面依托社区教育、终身教育资源,由街道学生社会实践指导站和社区学校,"老中青"携手开展红色人文行走活动,形成了若干"经典线路",如"海派黄浦,红色魅力"(从"党的诞生地"到"国歌唱响地")、"海派黄浦,红色荣耀"(环人民广场红色资源带)以及"雏鹰仪式教育研学路线"等。2018年,黄浦区开展了"文文明明访遗迹,红色行走续传奇"青少年红色人文行走活动,不断激发学生创意,鼓励学生将红色教育基地"连点成线",打造更多的红色行走主题线路。

(二)"红色校史",打造课程版图

黄浦区教育系统有五所学校被命名为爱国主义教育基地,十余所学校具有红色基因和革命传统,其中包括了《卖报歌》的诞生地报童小学、被誉为"民主革命堡垒,爱国志士摇篮"的储能中学以及培育了《大刀进行曲》作者麦新的格致中学等。2018年,结合区学校德育特色共享课程的推进,我们推出了"红色基因"校史寻源课程板块,鼓励学校发掘校史中的红色故事、革命人物事迹等史料,并将其纳入学生日常教育的内容。目前,该项目已在若干学校进行了试点,并通过不同方式和途径在全区范围内进行共享。

区域层面,借助黄浦区党建服务中心开发的"走红黄浦"小程序,设计开发了适合未成年人的"校史寻源"路线,首批以报童小学、梅溪小学和储能中学为点位学校,组织学生开展线上线下互动互补的社会考察活动。通过三所学校红领巾讲解团在校史馆的介绍,结合"走红黄浦"的线上打卡签到、网上互动答题、拼图小游戏以及"走红圈"分享感悟,增强了活动的吸引力,也使三所学校的红色校史教育资源向全区进行了辐射和输出。

学校层面,拥有红色基因的学校能自觉将红色校史资源的开发作为立德树人的重要手段,并在区层面的各类德育研讨会、现场会、课程推介会上,这些学校都进行了分享和交流,他们的经验和做法正逐步为许多学校应用。

三、成效:巧筑"灌溉渠",厚植红色基因

近年来,黄浦区依托区域丰富的红色文化资源,通过广大未成年人对红色经典的"代入式体验",与红色建筑的"零距离接触"以及与革命先辈的"跨时空对话",不断固化教育内容,活化教育形式,推出深受青少年喜爱的红色教育产品,进一步厚植红色基因。

(一)聚焦适切性,打造红色网课

红色资源往往是固化的,但是开发模式没有定式。为了使未成年人红色教育真正地入脑、入心、入行,更具适切性,黄浦区未成年人思想道德建设工作相关部门经过广泛调研、反复讨论,于2018年推出了一部具有鲜明海派风格、黄浦特色和未成年人认知特点的红色网络课程——"顾老师讲红色故事"。课程以我区丰富的红色文化资源为素材,以青少年乐于接受的方式讲述红色故事,增强政治认同,培育爱党情怀。

一是内容通俗易懂。视频的主创人员充分考虑青少年的认知特点,在大量文

献查阅和参考相关纪录片的基础上,确立了放眼历史时空、聚焦红色建筑、展现人物风貌、突出关键时刻、讲好深刻影响这些重点,从近代上海得天独厚的历史背景入手,将中共一大会址的传奇故事和一大代表们的不凡经历用通俗的语言展现在广大未成年人的面前。

二是形式喜闻乐见。课程主要以网站、微信公众号等新媒体进行推送,便于传播和推广。目前已推出第一集"从石库门走出的希望"。课程共有六集,即得天独厚、前世今生、璀璨繁星、他山之石、不速之客、开天辟地,主要通过区未成年人思想道德建设工作新媒体平台进行推送,并已在东方网播出。目前,"顾老师讲红色故事"线下受众已达 50000 人次,每集课程的网上点击人数均在 20000 人次左右,已经成为中小学利用班、团、队活动,区域各学段思政课以及社区亲子共学的重要素材和教育资源。目前,该视频已被列为"学习强国"平台的学习资料。

(二) 突出"代入感",演绎红色经典

为增强红色教育活动的体验性,避免时代跨度较大所造成的代沟,黄浦区积极创设活动平台,为学生更好地体验红色经典的真谛创造条件。2018 年,开展了"文文明明颂经典,红色故事育初心"黄浦区青少年讲党的诞生地故事主题教育活动。活动中的红色小故事全部由区党史办提供,确保史实准确无误,同时还由语文骨干教师对故事进行了童味化的改编,受到广大未成年人,尤其是小学生的欢迎,共有近 1500 名青少年在区"零零岛"网络少年宫平台上传了红色故事诵读音频,四万多人进行了线上关注。"白色恐怖中的白色小楼""孩子剧团诞生地""红色电波从这里传播""贝勒路上的天桥"等内容鲜活、可读性强的红色小故事,一下子拉近了学生与历史的距离感,使他们仿佛置身于革命年代、峥嵘岁月。同时,活动坚持线上线下相结合,涌现出了一批红色故事小达人,并组成了"党的诞生地"红色故事宣讲团。

另外,根据中学生的认知特点,我们还推出了"追寻先烈的足迹,颂扬红色主旋律"黄浦区青少年红色电影之旅活动,精选了十多部上影厂出品的经典红色电影,并在喜马拉雅 APP 上建立了活动专区供学生进行配音体验。短短一个月就有 2950 名学生上传了自己和同伴、家长和老师共同合作的红色配音作品。这一系列活动的推出,让广大未成年人在演绎红色经典作品的过程中有了更多的代入感,产生了强烈的思想共鸣。

(上海市黄浦区教育局　李　彬)

教卫携手，护航"青春"

——黄浦区"沟通之道：青春健康家长培训"项目的实践与探索

　　青春期教育离不开家长的参与。家庭和谐氛围的营造，有助于个体在青春期的健康成长。2014年，黄浦区成为"中国计生协/联合国教科文组织青春健康家长培训项目"12个试点区之一，区教育部门和卫生部门通力合作，依托自身专业优势，积极探索适合青少年学生家长在青春期教育方面的有效途径和方法，通过学校、家庭和社区的良性互动，探索青春期教育的一体化工作模式。

一、工作背景

　　青春期教育一直是家长、学校与社会关注的话题。究其原因，与进入青春期后个体的一系列生理、心理变化有关。青春期是人体生长发育的第二高峰，个体身心变化最为迅速和明显。以性成熟为主要内容的成长特征，使得这个时期的个体有了与儿童期明显不同的社会、心理特征。

　　进入青春期后身体的成长发育、性征的出现、身体外貌的变化，影响到个体的自我意识、行为方式、社会生活、人生观等，当不能适切应对这些变化时，个体会产生困扰，出现焦虑不安、自卑等情绪，甚至产生不良行为。同时，随着身心的逐渐成熟，个体的自主意识也逐渐增强，开始渴望独立、摆脱依赖，对许多规范、要求有了反抗的态度，但是，由于个体在物质条件等方面还不能摆脱父母，由此也会产生许多观念、行为上的矛盾冲突，出现不适应行为。

　　青春期的这些身心变化，给家庭教育带来许多挑战。很多父母会觉得当孩子进入了青春期，似乎变得难以理解与亲近，"不知道怎么和他（她）沟通""他（她）和我没话讲"等成了许多家长共同的烦恼，特别当孩子进入了性成熟的阶段，由此带来的许多身体变化，让家长关注、担心的同时，欲言又止，不知道如何与孩子讨论这些话题。有调查显示：父亲主动与青少年子女谈性话题的占19.7%，子女主动与父亲谈性话题的占11.9%，母亲主动与青少年子女谈性话题的占44.0%，子女主动与母亲谈性话题的占 33.5％,青少年的基本生殖健康知识缺乏,家长性与生殖健康知识的丰富以及与子女沟通交流技巧有待进一步提高。同时,随着社会经济发展和生活水平的提高,青少年性成熟普遍提前,不安全性行为、非意愿妊娠、人工流产等呈明显上升趋势,更给许多家长带来担忧。

为了推进项目开展,宣传项目的科学理念,区域从政府相关部门、各中小学、家长群体等不同层面开展了项目推广工作。首先,政府层面由区卫健委、区教育局、团区委、区计生协等部门联合发文《黄浦区实施中国计生协/联合国教科文组织青春健康家长培训项目的指导意见》,明确项目目标、内容、相关成员单位职责和保障措施。其次,通过德育教导会议等途径,区卫健委、计生协联合区教育学院对各学校进行项目宣传,黄教院附属中山学校、兴业中学、市八初级中学、尚文中学、卢湾中学、黄浦学校等六所学校主动报名成为首批试点学校。最后,在家长群体内进行宣传倡导,制作了家长培训招募单和"家长培训护照",建立家长培训激励机制,鼓励家长积极参与项目培训。

二、工作开展

(一) 健全机制,强化协同管理

《黄浦区实施中国计生协/联合国教科文组织青春健康家长培训项目的指导意见》指出,区卫健委、区教育局、团区委、区计生协以及各街道计生协会协同工作,这些相关部门组成的项目领导小组和工作小组,共同开展项目管理与实施,落实工作职责。

一是工作有明确分工。区卫健委、计生协负责项目开展,组织师资培训,协调项目组开展工作;区教育局、团区委选拔师资,并将家长培训纳入学校教育内容;区教育学院负责落实项目学校,并协同开展师资培训工作,与计生协一起落实项目的具体开展;各街道配合学校推进项目培训。二是成立由市、区青春健康教育专家组成的专家组,加强项目工作的指导。三是建立工作例会制度,及时沟通工作进展情况和分析解决困难问题。

各相关部门的协同工作,多条线一体化推进项目的实施,使得项目得到各方保障,得以在区域持续开展并取得成效。

(二) 师资培训,建立专业队伍

为了提升培训的实效性,需要建立一支专业的师资培训队伍。区计生协、区教育学院德研室招募了具有心理学专业背景或国家二级心理咨询师资质的、有一定教学经验的区域骨干心理教师以及社工、计生协工作者作为项目师资。各方专业资源的整合，为项目实施带来专业的保证。在项目实施之前，结合培训教材与体验式培训的方式，对这支队伍开展了系统培训。在整个项目实施期间，根据培训内容的升级或是项目理念的更新，又开展了多次培训，组织专家全程跟进培训课程，通过活动体验、模拟培训、培训观摩等形式，开展督导与过程性评估，不断提升师资队伍的培训技能。

（三）组织实施，有序推进项目

作为上海市推行青春健康家长教育的先行者，区计生协、区教育学院和各项目学校在项目实施的各个环节都力求精益求精。培训前，精心筹备，通过发放宣传折页、基线调查和电话咨询进行宣传倡导；发放基线调查表、前测问卷抽样，确定培训对象。培训中，精心组织，通过角色扮演、头脑风暴、游戏竞猜、小组讨论、现场答辩、科学实验等多种教学形式，有效提高家长与子女的沟通信心与技巧。培训出席率高，更有家长夫妻结伴而来；培训效果良好，各个主题结束后培训讲师及家长都给予了积极反馈。培训后，汇总分析，完成了项目后测问卷及项目总体反馈数据，为项目在更广范围推进积累第一手资料。

三、工作成效

黄浦区青春健康家长培训项目的开展，得到了各项目学校、家长的支持和欢迎。自 2014 年至 2019 年，有 50 余所中小学申报参加了"沟通之道：青春健康家长培训"项目，超过 1500 名家长接受了系统培训。教师培训以中国计生协《沟通之道》教材为基础，结合每位家长的现状和需求，精心设计了相应的课件，使家长们能在轻松、愉悦、安全的氛围中畅谈"性"，提升对性的认识，并能学会适时、适度地与子女谈论与性相关的话题。

近几年项目的推广与实施工作，取得了以下成效。

（一）形成了跨部门合作的青春期教育"黄浦模式"

通过项目的实施与推广，区卫生、教育等部门分工协作、资源共享、品牌共建，逐步形成了具有黄浦特色的青春期教育品牌，同时也积累了许多跨部门开展家庭教育指导的宝贵经验。参与的各方均感到，跨部门合作绝不是简单的资源和优势叠加,而是通过发挥各自优势项,形成一个效果几何倍数于原先"单打独斗"状态下的工作样态。

同时,在实际工作的推进过程中,我们建立了有效的家长培训模式,构建了学校、社区与家庭和谐交流的平台。在这个平台上,学校、社区为家长提供指导,家长通过培训也意识到学校、社会、家庭都是青春期教育的主体,需要共同担负起相应的责任,家、校、社三方协同工作,以积极的态度共同开展青春期教育。

(二) 提升了家长开展青春期教育的自信

"沟通之道:青春健康家长培训"项目是一个系列培训,最初共有五讲内容,第二期项目在第一期基础上增加了第六单元"亲子互动",家长培训效果得到进一步巩固和深化。所有参加培训的家长都要系统地接受六讲的培训。同时,主持人通过活动体验、互动分享等寓教于乐的方式开展各个主题的培训,进一步提升了家长对于培训的接受度与参与度。很多家长都反馈道:

了解青春期孩子的变化,知道如何回答孩子问起性方面和生理发育的问题,也不会再害羞了。

让我知道孩子的一些内心真实的想法,对于孩子青春期的生理状况能够更好地沟通。

短短的课堂时间,培训老师用游戏、案例分析、情景模拟等方法让我加深了对青春期知识的了解。充分理解了性教育不仅是性知识教育,更重要的是孩子的性心理、性道德和性行为的教育与指导。

同时,从家长接受培训的前后问卷回答结果对比来看,发现了以下变化:

- 对青少年性与生殖健康问题的关注度提升(50%→78.57%)
- 能够更认真、更客观、更科学地回答关于生殖健康话题(54.17%→92.86%)
- 会经常和孩子一起学习青春期的有关知识(20.83%→62.29%)
- 能够更为自信地和孩子谈论性与生殖健康话题(29.16%→85.71%)

因此,项目的实施,提升了家长关于青春健康知识的储量,提高他们关于青少年性与生殖健康的知识水平;增强了家长对子女开展性与生殖健康教育的意识与能力,转变了原有的态度和认知;建立练习的平台,引导家长学会主动与子女谈论"性",积极倾听子女的想法,并提升家长有效沟通、解决子女健康教育问题的能力。

(三) 建立了一支专业、权威的师资队伍

从2014年起,建立了由区域骨干心理辅导教师、社工以及计生协工作者共同

组成的师资队伍。其中,区域骨干心理辅导教师负责了全部六讲内容中四讲的培训工作;同时,在近几年的项目实施中,不断有青年教师加入,师资队伍不断壮大。从项目实施前到项目实施过程中,培训师参与了市、区两级的多次培训者培训,对于师资培训来说,最有效的成长道路莫过于在教育实践中的磨炼。因此,参与培训的青年教师认为:

> 作为心理老师参与培训,也让我有了更多机会直面家长,了解作为家长在面对孩子成长过程中的焦虑和迷茫,更全面地了解家庭亲子关系,让我在开展家庭教育指导时有了更多的资源和方法。

> 我感恩能有机会学习如此贴合学生身心发展的沟通系列课程,感恩能有机会与诸多已奋战在该领域的前辈教师共同备课学习,提升水平……当课程结束收获到家长那肯定的眼神,我知道我和家长们原来一直在共同成长着……

青春期教育的开展,是一项综合工程,家庭、学校、社会都是其中不可或缺的教育主体。为了三方的有效协同合作,青春期教育的家长指导工作是重要的也是必需的。我区将在前期项目实践的基础上,继续拓展工作渠道,扩大受训群体,让更多家长能接受科学指导,并能成为"种子",成为项目的倡导者和推进者,撒播青春期教育的科学理念。

(上海市黄浦区教育学院　钱　锦、
上海市黄浦区计划生育协会　李　婷)

馆校合作促成长,金融研学育财商

——上海市金陵中学依托社会资源开发"博物行旅"金融实践课程

上海市金陵中学结合中高考关于综合素质评价的要求,依托场馆、高校和金融机构的教育资源,积极打造"博物行旅"金融实践课程。主要在金融研学基地版图、金融实践课程、金融场馆主题探究和金融教育导师团队四个方面开展了"馆校合作",将各方专业优势、资源优势转化为活化知识的"学习体验场",引导组织学生通过走访调研、实践考察、互动交流等形式,将"金融知识的学习"深化为"财富观念的更新""品格教育的融入",在体验感悟中培育学生的金融素养,增强其适应未来经济社会发展的能力。

一、实施背景

作为21世纪公民必备的核心素养之一,金融素养的提高不仅关乎个人和家庭的财务健康,也将影响整个社会的幸福和稳定,成为广受社会各界重视的教育议题。继2012年世界经合组织(OECD)在PISA测评中首次引入金融素养(financial literacy)的概念,将其列入中小学基本生存技能之后,我国于2018年正式发布了《中国财经素养教育标准》。在上海市着力建设国际金融中心,黄浦区加快推进外滩金融集聚带建设的背景下,学校开展金融素养教育,加强社会实践、课程建设与金融教育资源的整合正逢其时。

上海市金陵中学地处外滩金融集聚带的中心地区,学校周边遍布银行、证券公司、投行等金融机构,附近的税务博物馆、沪港银行历史展览馆等金融教育资源也非常丰富。学校初中生源所对口的社区紧邻城隍庙小商品市场,商贸氛围浓厚。因此,学校具有开展金融素养教育的独特"地缘优势"。

二、实践探索

(一)串珠成链,构建金融研学基地版图

培育金融素养不单单是学会理财,它是促进道德、生活、情感和心理发展的财经教育,学生不仅应该了解基本的金融知识,同时也包括金融态度、金融行为和金融技能的提升。

作为中国历史上最早的通商口岸,上海曾是远东第一金融中心,无论股票、黄金、外汇等金融市场规模全部雄踞亚洲第一。外滩更是上海金融的起源与主体,早在1846年就出现了上海第一家银行,至20世纪30年代,外滩已发展为世界第三金融中心,有"东方华尔街"之誉。这些悠久的金融文化历史积淀为学校开展金融教育提供了厚实的基础。

在上海市青少年学生校外活动联席会议办公室的关心指导下,学校于2018年向上海市教委申报"学生社会实践基地(金融教育类)建设"市级课题,以社会实践

基地建立为抓手,开展"博物行旅"金融实践活动,引导学生了解金融知识,体验金融生活,树立正确的金融消费观念。

经过将近两年的走访实践,学生们共整理出 19 处金融类教育实践基地(见表 6-1)。这当中既有蜚声国内外的银行旧址,也有外滩金融聚集带的金融机构,还有遍布黄浦区及其他区县的主题展览馆以及与金融主题相关的博物馆资源。

表 6-1　金陵中学已走访的金融类社会实践基地

序号	类　型	名　　称	地　　址
1	金融机构	中国工商银行上海市第一支行	黄浦区中山东二路 15 号
2	金融机构	上海浦东发展银行	黄浦区中山东一路 12 号(原汇丰银行总部)
3	金融机构	上海银行浦西支行	黄浦区四川中路 261 号(原四行储蓄大楼)
4	金融机构	中国建设银行上海第三支行	黄浦区延安东路 100 号
5	金融机构	中国工商银行上海市分行营业部	黄浦区中山东路 24 号
6	金融机构	泰国盘古银行	黄浦区中山东一路 7 号 3 层
7	金融机构	内山书店工行智能服务区	虹口区四川北路 2050 号(内山书店旧址)
8	金融机构	上海证券交易所	浦东新区浦东南路 528 号
9	主题展览馆	沪港银行历史展览馆	黄浦区四川中路 299 号(东亚银行大厦)
10	主题展览馆	老上海金融证券展览馆	黄浦区陆家浜路 318 号
11	主题展览馆	上海税收文化主题馆	黄浦区九江路 47 号
12	主题展览馆	外滩历史纪念馆	黄浦区中山东一路 475 号
13	主题展览馆	中国银行行史陈列馆	黄浦区中山东一路 23 号
14	主题展览馆	上海市总工会劳模馆	黄浦区九江路 47 号(原交通银行大楼)
15	博物馆	银行博物馆	黄浦区复兴中路 301 号
16	博物馆	中国证券博物馆	黄浦区黄浦路 15 号
17	博物馆	上海财经大学商学博物馆	杨浦区国定路 777 号
18	博物馆	华东师范大学古钱币博物馆	普陀区中山北路 3663 号
19	博物馆	上海会计金融学院会计博物馆	松江区文翔路 2800 号

学生们近距离接触金融场馆,了解其背后的传奇故事,深刻感受到上海百年金融的历史变迁,感悟到金融往事背后的法治精神与契约精神,对树立诚信意识,发

展创新意识,增强劳动致富观念有了更深的理解。

学生们细心整理了各个场馆的历史概要、特色情况、交通路线等,制作完成《金融类博物行旅导行手册》,为学校长期系统地开展活动奠定扎实的基础。

(二)因地制宜,打造金融研学实践课程

为避免实践体验变成走马观花、拍照留影的一日游,学校因地制宜,根据每所场馆的特色,精心设计"博物行旅"的课程内容。

表 6-2　案例一:上海税收文化主题馆活动设计

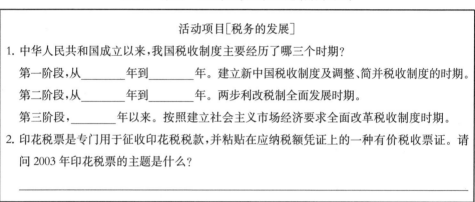

活动项目[税务的发展]

1. 中华人民共和国成立以来,我国税收制度主要经历了哪三个时期?

　　第一阶段,从＿＿＿＿年到＿＿＿＿年。建立新中国税收制度及调整、简并税收制度的时期。

　　第二阶段,从＿＿＿＿年到＿＿＿＿年。两步利改税制全面发展时期。

　　第三阶段,＿＿＿＿年以来。按照建立社会主义市场经济要求全面改革税收制度时期。

2. 印花税票是专门用于征收印花税税款,并粘贴在应纳税额凭证上的一种有价税收票证。请问 2003 年印花税票的主题是什么?

＿＿＿＿＿＿＿＿＿＿＿＿＿＿＿＿＿＿＿＿＿＿＿＿＿＿＿＿＿＿＿＿＿＿＿＿

学生通过"博物行旅实践课程",不仅学习到金融普及知识,还包括金融行业的精神面貌和人文素养。来到建设银行的网点,学生们看到忙碌的营业大厅井然有序,每一位客户在每个区域工作人员高效率的服务中,心满意足地离开,体会到银行工作人员的人性化服务与专业化水准;参观沪港银行历史展览馆,学生们以历史时间发展为主线,了解自 19 世纪中期至今沪港两地银行业的交融发展,从展览馆大堂中间的 24 米长的云石柜台,更是真切感受百年间沪港两地银行业的沧桑变迁。

随着中高考综合素质评价的深入推进,很多金融机构开始为中学生提供社会实践平台。学校还适时在"博物行旅"实践内容中增加金融场馆志愿服务的要求,主要任务为担任秩序引导员和展览讲解员,发放宣传资料等,其中金融类社会实践要求四课时,金融类职业体验要求两课时。2017 年 4 月 1 日国家税法宣传月之际,金陵学子照常来到位于外滩的税务博物馆新馆,六位高一学生作为讲解员,为前来参观的国家税务总局、上海市税务局、市教委、区教育局领导及社会公众代表们讲解了我国现行的税收制度和重大税制改革。学生们如数家珍地介绍展品,落落大方的仪态、流利清亮的讲解得到来宾的大力肯定。

（三）学研同步，开展金融场馆主题探究

在课程建设中，学校不仅关注学生的学习内容，同时以项目学习为载体，激发学生的探索兴趣，完善学生的学习方式。如在走进银行之前，很多同学充满疑惑："银行是不是有超级多的钱？银行只是用来存取款的吗？"经过银行职员的专业解答，学生们豁然开朗。这带给学校很大的启发：金融实践基地内教育资源丰富，专业人员齐全，非常适合学生们开展探究学习。

学校充分发挥研学内容聚焦、学习时间跨度小、便于操作的特点，把课程内容课题化，形成金融类微课题研学课程。学校根据场馆特点，下发金融类社会实践基地的微课题指南。如在会计博物馆，学生们除了了解会计基本方法、制度、理论，参观中国会计名人堂，了解国际会计名家的生平事迹和重要成就，还可以从微课题指南中选定一个题目，以任务驱动的方式开展研究性学习，提高发现问题能力和创造性解决问题能力，培养团结协作、善于创新的科学精神和求真务实的科学态度。

表 6-3　案例二：中国会计博物馆微课题指南（部分）

1. 古代会计、近代会计、现代会计的特征及会计的意义
2. 贝壳如何成为某一时代的主要货币
3. 钱币从古至今的发展历程
4. 从古至今计算工具的演变
5. 会计这一职业所需要能力
6. 马克思的《资本论》对会计的历史发展有何意义
7. 我国会计的发展经历了哪几个阶段

在课程评价方面，除了要求学生们以小组汇报的形式展示研学成果，学校还针对每条线路的项目化学习，开展自评、互评、贡献大小等评价。学生研学期间的综合表现，还会被纳入期末的学生综合素质评价，目的是让学生真正学会学习、学会生活、学会合作、学会探究。

（四）内外联动，培育金融教育导师团队

"博物行旅实践课程"要取得实效，离不开金融知识的启蒙和普及，需要得到专业人士的大力支持。学校在上海市校外联的牵头下，成立财商教育联盟，上海财经大学创业学院、中国银行、中国工商银行、上海税务总局、上海市文化旅游局、上海

市总工会等单位都曾经为学校开展金融素养教育出谋划策。

学校先后与六家金融类高校学院、金融企业签订共建协议,打破教育和银行等金融机构之间的鸿沟。学校在校内创建"行走金融社"社团,邀请上海财经大学金融学院、建设银行、工商银行的志愿者为学生们讲解金融知识,如什么是资本、货币基础知识、行为金融学等,培养金融实践活动的学生骨干队伍。学校和建设银行卢湾支行签订"金融知识进校园"服务方案,开设"小蜜蜂"系列金融讲座,通过生活实例介绍人民币防伪知识,教授如何计算利息,打理压岁钱,如何防范金融诈骗等。

学校积极贯通基础教育和高等教育的联系,邀请上海会计金融学院的老师为初中年级学生开设财经知识专业课程,拓展学科课程内容,将枯燥的金融知识变得简明生动,启蒙学生们的金融知识。

表 6-4　案例三:课题"税务关我什么事?"

金融知识要点	跨学科融合课程
1. 什么是税收:税收的概念、个人所得税、固定消费税、企业的增值税、国家与国家的关税 2. 为什么要收税:税收的产生、税收的作用 3. 国家怎么收税的、税收主体和税率、违法偷税漏税	历史:我国税收制度的发展
	语文:文学作品中的税务
	数学:税率如何计算
	政治:法律在我们身边,做守法的公民
	艺术:税票的创意制作

三、主要成效

"博物行旅"实践课程为馆校合作,共同开发社会育人资源提供了丰富的实践经验,也为同类学校如何对社会实践资源进行校本化、生本化的"二度开发"提供了可借鉴的案例。

金陵中学将金融素养教育列为推进强校工程的重点项目,《东方教育时报》对此进行了专题报道(2019 年第 491 期)。学校积极构建主题化、序列化、普及化的金融教育体系,初步形成"两条主线,三个结合"的操作运行机制:以财经知识校本课程、金融素养实践活动为主线;将金融素养的培养与校园内的特色实践活动相结合,与学科教育中金融教育相关的学习内容相结合,与利用金融教育资源、开展金融类社会实践活动相结合。

学生通过"博物行旅"实践课程,"了解很多有关我国银行发展的传奇故事。进一步认识到金融就在我们身边,金融是我们生活中无法缺失的一部分"。随着课程的深入,学生们还把对金融的认识扩大到对时间、资源,甚至生涯管理之中。

"博物行旅"实践课程,让财富价值观念走进未成年人的心里,在他们成长的历程中留下一份记忆,播下一颗求知的种子。

(上海市金陵中学　曾　强)

依托"家校联盟"资源,创新职业体验路径

上海市向明初级中学基于学生发展需要,依托本校家长资源,通过"常乐藤"家校联盟的参与开发,形成了"四年贯通,各具特色"的校本职业体验课程体系。同时,依托家校联盟资源,通过家校合作的实施策略、分层进阶的实施途径,引导学生将课外的体验带到课内去检验,又将课内的学习内容在课外互动中加以运用,从而实现培育学生综合素养的目标。

一、研究背景:基于破解职业体验资源不足难题的思考

当前,随着科学技术与社会的发展,国家对人才的需求标准日益呼吁能力综合化,旨在培养能适应社会的复合型人才。将职业体验作为初中生实践活动内容,契合了当下时代发展的需求。我国在学生社会实践研究和职业生涯规划研究方面有了一定的发展,但是缺少对于职业体验系统的、深入的研究。而在策划开展活动时,尽管有不少学校已尝试组织学生到真实的职场中开展特定的体验活动,但仍普遍存在实施路径比较单一,课程教材比较匮乏,体验基地尚未得到充分开发,指导教师不够专业等一系列问题。这些问题集中指向了一个方面:学校职业体验教育资源不足。我校在开展职业体验活动之初也同样面临这一问题。如何破解我们所面临的职业体验资源不足这一大难题? 我们把目光投向了我们的教育同盟——学生家长。

我校家长构成具有家长数量众多、家长素质较高的典型特征。从家长数量看，我校四个年级现有 29 个教学班，每班学生人数平均为 30 人，每个年级家长人数平均为 420 左右，各年级家长数分布均匀；从家长素质看，我们的家长综合素质较高，家庭教育理念较新，有条件在参与学校各项管理、利用自身资源丰富课程建设、助力学校后勤保障等方面为广大师生献计出力。

基于对我校家长构成的充分思考，学校成立了向明初级中学"常乐藤家校联盟"。联盟是结合我校学生家长的实际情况创立的新型家校合作机制，旨在探究一种家庭与学校间沟通合作的新形式，摸索出一条家长与老师携手帮助学生快乐成长、健全人格的新路径。联盟成立伊始，我们就招募到了一大批愿意参与学校教育管理、课程建设、后勤保障、民主监督等事务的家校联盟成员。而在向这些联盟成员发放的学校职业体验活动资源征集表中，有近七成成员表达了参与意愿。他们希望借助家校联盟平台，充分发挥自身资源与优势，参与职业体验课程建设、编撰活动手册、开设专题讲座、开发体验基地、指导教师甄选等一系列项目，大力助推学校职业体验活动。

"常乐藤家校联盟"对丰富我校职业体验教育资源起到了积极的作用。

二、探索实践

作为一所在区内教育质量较高、生源良好、家长素质较高的初中，我校基于学生需要，于 2014 年便开展了"'触梦之行　整装待发'职业体验校本课程"的开发与实践，现已形成了"四年贯通，各具特色"的成熟课程。我校的职业体验以丰富而多样的职业体验基地、有趣而有益的职业体验课程及科学而有效的"双导师"制度为保障，依托家校联盟资源，通过家校合作的实施策略、分层进阶的实施途径，引导学生将课外的体验带到课内去检验，又将课内的学习内容在课外互动中加以运用，从而实现培育学生综合素养的目标。

（一）基于学生需求，对接家长资源，打造职业体验基地库

我们对全体学生发放问卷并有针对性地进行抽样访谈，了解学生对职业的认知情况和需求状况，梳理学生最感兴趣的职业体验内容。

学生希望参与职业体验的领域具有广泛性（见图 6-3），前三位集中于医疗、高科技智能和影视界，也涉及教育、金融、法律等各个领域。

	总体	预初班	初一	初二	初三
		(h)	(i)	(j)	(k)
总数	*937*	*289*	*234*	*227*	*187*
医疗/医学/药理	17	16	19	17	16
IT/AI行业/高科技智能领域	14	18k	12	14	10
演艺/影视/编剧/娱乐界	10	10	11	10	11
教育领域	9	15jk	12jk	4	5
金融/财会/经济	9	11	8	8	11
法律界	6	7	5	5	5
公安/警察/军队/公务员	5	4	6	5	6
服装/时尚设计	5	7	4	5	4
科研工作者/科学家	5	6j	7j	4	4
航空科技领域	4	4k	4	4	1
写作/翻译/文学	3	1	2	6hi	5h
竞技/体育/电竞赛事	3	3	3	4	2
绘画艺术	3	4	3	3	2
动漫/游戏	3	3	3	4	2
花卉艺术/园林/城市规划/建筑	3	4	4	2	2
民航/轨交等	3	3	3	4	1
餐饮/厨艺/烘焙/营养膳食	2	3	2	2	3
企业家创业	2	2	3	3	1
制造业	2	1	1	2	2
企业管理	1	2	2	2k	-
编辑/记者工作	1	2	1	1	1
人文文化/传统文化/考古/历史	1	1	3h	1	1
心理学领域	1	1	>	3hi	1
记不清	10	8	7	11	17hi

图 6-3 职业体验活动希望体验的领域

我们在设计职业体验活动时既要基于学生的认知及能力,也要结合学生的兴趣特点。我们研究发现,学校现有的职业体验基地和项目尚不能完全满足学生的体验需求,为使学生更积极地参与职业体验活动并从中受益更多,我校充分利用家长、社区、社会组织、企业的资源,不断开拓职业体验场所,构建起了多元化职业体验基地,而"常乐藤家校联盟"正为打造职业体验活动基地库提供了有力的帮助。

我们通过企业微信平台,向家校联盟成员发布了学生问卷调查结果并附上职业体验活动基地募集说明书,根据基地资源特点和学生需求分析,我们将职业分为六大领域:财经贸易类、专业技术类、文体传媒类、生活服务类、公共管理类、科技教育类。请联盟成员根据问卷调查汇总的学生需求和兴趣点,自发"认领"体验领域,结合自身资源,为全校学生提供或推荐适宜学生开展活动的职业体验基地,并对基地情况作简要说明。我们汇总了联盟成员所提供的体验基地并在联盟成员的参与下对体验基地进行了排摸,在联盟成员充分讨论后确定实地考察名单,在联盟成员的主导下对遴选出的体验基地进行全面考察、层层筛选,从而搭建起了学校职业体验基地库,大大丰富和拓展了全校学生的职业体验路径。

目前我校已拥有包括阿迪达斯、科勒、昂立、中科院、瑞金医院、律师事务所、东方明珠集团等59个职业体验基地,受到了广大学生、家长与教师的广泛欢迎与认可。

联盟成员中还有不少社区工作者,他们充分利用社会教育资源,依托黄浦区青少年科技活动中心、市民学习基地、瑞金街道、五里桥街道等资源,合力打造社会职业大课堂,从而形成了学校、家庭、社会横向教育的贯通。

(二) 基于办学理念,融合家长智慧,开发职业体验课程

我校是一所以学生可持续发展为根本、以创造教育为特色的百年老校,秉承"教给学生一个创新的头脑,为学生的未来发展奠定基础"的办学理念。在办学理念的指引下,我校职业体验教育旨在培养学生自主学习、创新实践、社会参与这三大通用能力和学会学习、自主发展、规划未来这三大终身发展素养,引导学生成为自我发现的探索者、知识运用的实践者、社会文化的传承者。

有课程建设专业背景和资历的家校联盟成员参与了我校职业体验的课程开发与建设。联盟成员从专业的角度给予职业体验课程开发团队以顶层设计、分阶段目标、课程实施等方面的意见;从家长的角度给予职业体验课程开发团队以课程内容、课程形式、课程评价方式等建议,使得职业体验课程更符合学生们的喜好与需求,更贴近广大家长的心理预期,更好地引导学生在初中阶段形成正确的职业观、成长观和人生观。在联盟成员的助力之下,我校的职业体验由单独一次外出活动,调整为定期的讲座、基地体验等系列活动,以活动为起点,形成四年螺旋上升的课程(见图6-4)。

图 6-4

联盟成员还现身说法,为低年级的学生授课,从专业职场人士的角度出发,和孩子们分享自己职业生涯中的精彩故事,家长变身讲师的形式受到广大师生的欢迎,也让职业体验课程更具有效性。

以 2017 年"常乐藤家校联盟"三位成员代表的职业故事分享会为例,三位家长从教师、新闻记者和律师三个不同的职业角色出发,为低年级学生讲授了职业体验启蒙课程。幽默风趣而又深入浅出的职业介绍吸引了台下师生的注意,每项职业短短十分钟的精练介绍让学生们听得入神。介绍过后的互动环节,学生都争相举手提问,"律师帮助的人一定都是好人吗""记者报道的新闻内容一定是真实的吗"这些问题从一张张稚嫩的口中提出,不禁让人感叹小小年纪已经具有的独特视角和思维能力。通过聆听与思考,学生们更深入地了解了自己喜爱和向往的职业,也体会到了看似有趣的工作背后所隐藏的许多不易和艰辛。活动后,家校联盟的家长伙伴们也纷纷表示,很珍惜和孩子们共度的美好时光,希望能有更多机会为家校共育事业做出贡献。

同时各年级联盟成员代表还积极参与体验活动,大手牵小手,共同走进基地、进入职场,加强认知,在体验感悟中协同育人,真正实现了家校共赢、学生受益的良好局面。

(三) 基于创新模式,培育"家长导师",优化师资队伍建设

在前期的问卷调查(见图 6-5)中,学生们同时还提出,在外出职业体验之前,希望学校老师或相关从业人员事先给予行业介绍,有助于他们在职业体验时,能做到有的放矢。

	总体	预初班 (h)	初一 (i)	初二 (j)	初三 (k)
基数	937	289	234	227	187
提供可具体实习的机会/有一天实习机会	20	22i	15	25ik	17
提供采访该领域的专家/行业从业人员的机会/获得从业人员指导	19	23j	17	14	20
学校/相关职业从业人员对将要体验的职业事先做指导/行业基本要求/行业基本状况	17	21j	17	13	17
职业实习期间, 能获得跟随实习导师的点评	10	13	9	9	10
家长支持	9	11k	11k	9	5
校方/老师支持	9	11k	11k	7	4
可有职业体验选择的机会/分组实习	6	8i	3	7i	4
提供职业体验之后, 同学之间可以相互交流的机会/小组之间交流/社团之间交流	3	4	3	2	3
提供场景模拟机会	1	1	-	1	1
无/不知道	33	21	35h	39h	43h

图 6-5　职业体验活动希望获得的支持

根据学生的需求,我们制定了"双导师制"。"双导师"定位于校内一名导师和校外一名导师通力合作,对每一位学生进行有效指导。

导师的选择基于"双向制"的前提,家校联盟成员先根据课程内容商定校外导师招募要求,拟定招募通知。学校通过对"常乐藤家校联盟"平台发放"校外导师招募通知书",由家校联盟成员招募并筛选校外导师。然后再由家校联盟成员通过

《职业体验校本课程实施指导手册》、"职业体验基地校外导师须知"对招募到的校外导师进行培训。校内导师则由学校招募有课程开发兴趣的教师组成,通过企业微信平台与实战演练来进行培训。

校内外导师各司其职:校内导师在了解学情的基础上,将学生认知起点与发展需要汇总整理,并从专业教育教学的角度给予教学上的支持和辅助,指导学生运用学科知识分析、解决实际问题。校外导师基于自身职业角度,开发相关资源,为学生提供相关讲座或模拟职场、真实职场演练,在交流互动的过程中,进一步帮助学生提升阅读社会、认知职业的能力。

家校联盟成员在整个过程中,起到了沟通协调和活动辅助的作用。各班家校联盟成员会先推选一位活动联络员,他的主要职责就是在活动开展前为原本"各自为政"的校内外导师"牵线搭桥",让两位导师对活动内容进行有机结合、有效联动,从而更好地发挥导师的作用,优化了职业体验的师资队伍建设。

三、取得成效

"常乐藤家校联盟"成员对学校办学理念认同度高,在"常乐藤家校联盟"运作过程中构建起了以学校教育为主导、以学生为主体、寻求学校教育与家庭教育在目标、内容、渠道、方式等方面协调一致的有效途径与方法,形成了家庭教育与学校教育齐抓共管、关注学生全面发展的新局面。

在此次参与职业体验课程整体开发与建设的过程中,家校联盟的成员充分了解了学校职业体验特色课程开发的全过程,也对校本课程的设置与实施有了更清晰的理解与把握。时任第三届家校联盟主席的计时峻先生说:"在此次与学校携手合作的过程中,联盟成员不仅发挥了自己所能,也在此过程中对学校、对自己的孩子有了更深的认识,同时通过参与职业体验活动,也让自己有机会过了一把教师瘾,实现了自己儿时的职业梦想。不仅如此,体验基地也在活动中进一步明晰了时代发展趋势,对未来人才的需求和定位有了更明确的把握,这样家校社三方共同受益的合作模式值得推广,让更多学校与师生从中受益。"各年级家长也为职业体验基地的丰富与拓展提供了自己的宝贵资源,许多家长伙伴都纷纷表示在此过程中自己也收获了很多,在瑞金医院任职的张嘉琪妈妈说:"很高兴能为孩子们提供力所能及的帮助,看到他们认真观察医生诊断病人的神情,不由想起了自己刚入职时的模样,孩子们的梦想能够在最美的年华中萌芽,这是可遇不可求的珍贵礼物。"

六年来,依托"家校联盟"资源,我校创新了职业体验路径。我们对职业体验活动所做的有益探索取得了可喜的成效,也在区域内发挥了一定的辐射效应。未来,我们将致力于推动建立以向明联合体为核心的、学校间以及学校与社会相关部门间的协作机制和资源共享平台,进一步强化对职业体验活动的精心组织、整体设计和综合实施。

(上海市向明初级中学　李　萍)

家校共话,同心同行

——黄浦区北京东路小学家校共育创新的实践与探索

黄浦区北京东路小学长期以来秉承"乐园式学校"的办学理念,在教育发展转型期,提出了从"学校乐园"迈向"家校乐园"的办学新目标,不断探索家校深度共话的育人新格局。近年来,学校从"家长客堂间"入手,不断创新工作方式,形成了关涉线上线下的"家校三微圈",汇聚家校育人合力,形成了具有本校特色的"365协同乐园"共育机制。

一、家校协同,我们的选择

(一)"乐园"的传承

北京东路小学创办于1920年,是一所历史悠久的百年老校。学校对教育改革的探索,虽然不同时段各有侧重,但前后连贯、有机衔接。1984年,在张锦堂校长的带领下学校进行了"乐园式"学校、"互动式"教育整体改革实验;2004年,张烨校长提出了"导德践行,智慧育人"的育德策略;2014年,王燕萍校长在面对生源结构明显转变、学生家庭文化差异增大等学校教育环境转型中,提出从"学校乐园"迈向"家校乐园"的办学新目标,探索家校深度共话的育人新格局。

近年来,"零起点"和"等第制"等政策纷纷落地,小学家长则进入90后时代,不少家长分流成了盲目乐观派和焦虑不安派,有鼓励孩子追求潇洒童年的放养式教育,也有在起跑线上鞭笞着孩子飞速奔跑的虎妈虎爸。无论前者后者,家长们都极为强调对孩子的"个体化"培养。如何中和"无为而治"与"全年无休",倡导适当的监督管控和理性的补充教育,让孩子更健康、更个性的发展,是亟待解决的教育难点。

新目标不仅要求"北小"人传承孔子的"乐学"和"因材施教"思想,更需要注重家校携手、一以贯之地夯实对每个学生的个体化养成教育,使学校与家庭双方在教育观念上达成共识,在教育内容与方式等方面进行协同,通过拓展孩子成长的空间与时间,为每个孩子未来发展奠定基础。

(二) 机制的诞生

学校从家校教育理念、教育方式、资源利用等方面革新实践,开发出具有本校特色的"365协同乐园"共育机制,以拓展"个体化"教育的浸润途径。根据"家校协同教育"的功能分为"信息交流、决策管理、课程服务"三大主题模块,并在相应的功能模块下各建立两个协同平台,即"三微家校圈""家长客堂间""家庭乐活坊""乐园直通车""课程资源站""个性助力团"。每个主题模块下的平台由面到点覆盖全部家长、学生、教师、专家资源(指心理、法律、教育方面人员)与社区资源。

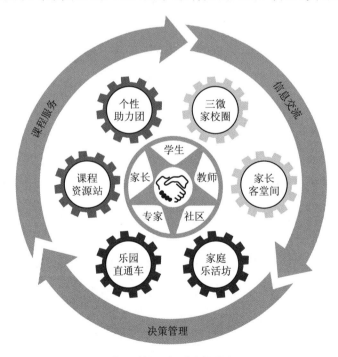

图6-6 "365协同乐园"家校共育机制图

三项核心管理功能、六个协同平台、五方人员配备,正在齐心协力、凝聚家校教育力量,推进个体化教育,如其名讳,我们希望让孩子在每一天都获得更好的个体成长。

二、家校共话,我们这样做

我们相信,有温度的对话是家校关系的核心,可以进一步融洽师生关系、改善亲子关系、加固家校关系,共同开启家校互动新境界。而这就需要跳出"学校对学生供给信息"这种单向低效的家校链接方式,而应通过多种形式,开拓出"学校""家庭""学生"这三个层面多向高效的嵌套连锁的网型链接载体,将家长、学生和老师沟通所需的各种成本彻底打破重组,几乎可以做到随时、随地互递信息与沟通。

(一)"客堂间",宾至如归的温馨驿站

一个雨天,校门口"接宝大军"挤挤挨挨的景象映入我们的眼帘,家长们围聚在一起或大或小的讨论声传入我们的耳中。于是,立足于家长的情感需求,让每一次信息的交流都浸染爱的温度、传递学校教育的理念、输出正向的价值观、提供更个性化的教育服务的"家长客堂间"悄然而生。

最初的"客堂间"只是学校门厅的一隅、放学后闲置的茶艺室,地方虽不大,但家长们能够坐着聊聊孩子们平时吃什么、穿什么、因何快乐、为何忧愁,很是其乐融融。

一次,一位大队长的爸爸,因孩子要留校排练,成了一段时间"客堂间"常客,周围的家长常拉着他聊孩子的教育问题,他则毫无保留地分享了自己多年的育儿心得,俨然成了家教专家。慢慢地,本只是偶尔来坐坐的"客堂间"成了家长们畅谈交流的平台、汲取养料的课堂。面对这一群好学的"客人",校方深受感动。如何让客人们在"客堂间"更有收获,学校又动了一番脑筋。

春末夏初,五年级的孩子即将面临升学,对家长而言,如何选择一所适合孩子的初中是他们的当务之急。于是,我们请对口初中和我校负责升学、招生工作的老师坐镇"客堂间",为家长们指点迷津。三年级男生们的一次小摩擦给了年级组长王老师一些启发,"客堂间"中开展了一段时间男孩教育的研讨沙龙。市牙防所儿科主任冯靳秋医生是儿童牙齿预防和治疗的专家,她自告奋勇,利用"客堂间"平台以自己的专业知识和临床经验,为一、二年级处于换牙期孩子的部分家长做了一次

龋齿预防的普及……

"客堂间"的活动继续着,家长们希望有更多的机会来这里做客,因为这儿有愉快轻松的氛围,有大家最为关心的话题,有"专家团"的专业指导,有老师们的倾情参与,在"客堂间"做客会"聊"有所得,"聊"有所乐。

(二)三微圈,全面及时的互动网络

"家长客堂间"大受欢迎,让我们切实感受到,大信息量、高含金量、广涉及面的沟通,是家长们共同的期待。那么,如何打破空间和时间的限制,更好地连通家校,互递信息?学校开始尝试筑建"三微家校圈",借助科技工具,架起家校间全面、及时的互动网络。

"三微家校圈"面向全体家长、学生与教师。在微科技 APP 软件支持下,传统的新生家访不"传统",不仅教师可以高效采集文本图片等重要信息录入大数据,也让孩子和家长更直观地了解学校,迈出建立良好家校互动关系的第一步;微信群则让教师与家长享有更便捷、及时、有效的沟通。学校组织活动了,晒一晒孩子们的萌照,让家长从孩子们灿烂的笑容里认可活动的意义。孩子们有进步了,群里热情表扬,让家长也为孩子们点个赞,为他们的出色表现感到骄傲。谁看到好的教育链接和资源了,在群里分享一下,互相学习。哪里有适合孩子外出游览的地方或者适合参加的活动,群里也会有推荐,其他家长也会纷纷响应。微信公众号有节奏、有序地发布学校重要信息和活动,其推送方式便利,展示媒介丰富,影响范围广,让家校间的文化传播、理念分享变得生动。

在我们的努力下,"客堂间"和"三微圈"相辅相成,不仅丰富了家校互动模式,更拉近了家校间的心理距离,让学校和家庭突破时间和地域的局限,孕育了"信相连,心相通"的文化氛围,推进家校间信息的深度与温度,双向地开放提升反馈的效能,形成平衡中交替完善的良性互动关系,达成为每一个学生健康成长而努力的共识。

三、携手而行,我们共成长

(一)微成果,经验分享

以"客堂间"为起点,我们对"家校协同发展"做了整体深入的研究与探索。踏实前行中学校于 2018 年获评上海市家庭教育示范校。"家校协同课题"荣获黄浦

区第十二届教育科研成果"一等奖",并成为 2017 年黄浦区优秀教育科研成果推广项目。过程中累积的经验,已汇总成《家校协同,打造 365 孩子成长乐园》一书,正式出版。

一些好的做法也经媒体宣传辐射:2015 年 4 月,黄浦教育网上发布了我校"家长客堂间"的信息;家校、社区共建的"重走传统与时尚交融的南京路"成为上海市 51 个优秀实践项目之一。

学校承办了黄一中心协作块"走进班主任"关于家校沟通的培训专场活动;陈蕊老师《闲话客堂间　共建家校圈》入选上海市德育发展中心的 2017 年"家校共育"典型案例征文;经婕老师代表学校在 2017 年上海市骨干班主任培训大会上就家校协同教育主题作经验交流。

金羿老师的"家校协同中关注个体差异互补性的个案研究"立项成为区级重点课题;冯励老师的"家校协同背景下家庭教育委员会创建的实践与研究"获得区级立项;马九梅老师的"三微家校圈"与"乐育坊"实施研究立项为区推广项目。

(二) 微改变,助力前行

在对两届家长的持续调研中,数据的变化也记录了家长们的改变。我们明显感受到,随着对教育理解的不断深化,家长们不再以学习成绩作为衡量孩子进步成长的单一标准,而是将身心健康、道德素养、三观完善等综合素质逐步纳入教育的视野之中。

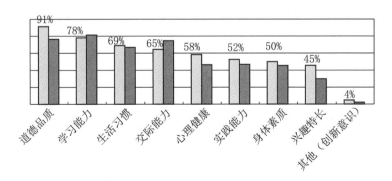

图 6-7　家长较为关注对孩子哪方面培养(多选)调查统计表

理念的同步带来最为显著的变化就是学校教育的目标、内容、方法都在家庭教育中得以有效延伸,数据也表明,家长们更加积极主动地投入到学校教育的全过程,推动了家校两种教育环境、教育形式、教育资源的相互融合。

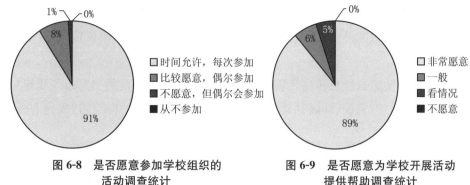

图 6-8 是否愿意参加学校组织的
活动调查统计

图 6-9 是否愿意为学校开展活动
提供帮助调查统计

正如一位家长所说:"其实,学校、老师、家长都是一位播种者,而家长更承担着浇水、施肥的任务。这样种子才能生根、发芽,最后开花、结果。"

在飞速发展的转型期,在教育改革的当下,我校一再思考、探索,以"365 乐园"为载体,以爱为红泥,以"协同"为根基,以信息化和共享化为砖瓦,家校携手共筑学习、成长的乐园,期盼着孩子们在更广阔的天空中腾飞万里。

(上海市黄浦区北京东路小学 王燕萍、钱周雯)

闲暇课程"教你玩",校外教育助成长

——黄浦区青少年科技活动中心打造"教你玩俱乐部"校外教育品牌

在区域推进教育综合改革的背景下,黄浦区青少年科技活动中心基于"教你玩俱乐部"平台探索开发了一系列特色闲暇活动课程,利用周末、节假日带领学生在课堂之外寻求更广阔的空间领域,投入寓教于乐的游戏、运动、竞赛活动,摆脱学业压力,在机体运动、生活世界中实践学生综合素养的培育。

一、特色闲暇课程开发的策略

(一) 立足公益性与开放性,注重实践与体验

着眼学生综合素养发展,立足公益性与开放性,利用校外教育的灵活机制,建

立稳定的教育网络,提供免费活动场地,在课余、节假日开展闲暇活动课程。闲暇活动课程对青少年学生采取"零拒绝",注重学生的实践与体验,只要有意愿参加的学生,均能接受免费学习活动。对来源多样、身体素质各异的学生,闲暇课程活动开放、场地开放、课程开放、教学资源开放。

(二) 整合校内外优质教育资源,建设闲暇活动课程群

整合校内外优质教育资源,汇聚来自中心、学校、社区街道(如五里桥街道的扯铃队、淮海街道的舞龙舞狮队等)、市魔方协会等多方的专家、教师和民间达人,特色闲暇活动课程群涵盖体育健身、科学技术、艺术欣赏、语言文学等方面,以传递科学健康的闲暇价值观,促进身心健康、闲暇技能、人际关系、情感态度及认知等多方面素质的发展。

(三) 提供专门的行政支持保障,课程管理全面到位

作为中心的重点扶持项目,特色闲暇活动课程在物力、人力方面均获得大力支持;俱乐部的课程建设,设有专项经费,由专人负责管理。同时总务、后勤在活动场地、活动器材、保障人员等各方面提供优先、全方位的保障。课程配有相应的管理团队,专门负责社团管理,对项目设立、发展、实效进行评估;有专职教师、项目教练、项目志愿者组成的教育教学业务管理团队,对日常教学秩序进行全程管理;有中心专职教师、社会专家、达人、名师组成的专家团队,还有由学生家长等组成的志愿者团队,推进各项目科学、有序、专业、生动地开展。

(四) 创新拓展课程资源,打破时间空间局限

开发"教你玩俱乐部"微信平台、在线微课以及研发教材等课程资源。在微信公众号中搜索"教你玩俱乐部",即可获得关于课程或活动的最新消息,在线观看《教你玩魔方》《教你玩摄影》等微课视频。教师通过微信群,与家长实时交流,答疑解惑。教你玩花式足球项目已开发,并出版了《球技球感》《技术实战》等教材。课程资源的拓展,增强了学生"玩"的便利与品质,更打破了"玩"的时空局限。

二、特色闲暇课程的实施形式和特点

(一)"玩法很多":课程种类丰富

闲暇活动课程注重传统文化与现代时尚的结合,兼具趣味性与学习性,关注培养竞争、合作意识,鼓励创新思维。魔方、竞技叠杯为主的手部极限课程,教学生玩空间思维与反应能力;空竹、武术为主的民族文化活动课程,引导学生强身健体、传承民族体育精神;花式足球、篮球、游龙板等为主的现代体育活动,培养学生的锻炼习惯与团队合作意识;创意、航模、业余无线电、Scratch 等为主的科技项目,则注重提升学生的创新思维与沟通能力。

(二)"好玩":课程形式多样

课程形式追求"好玩"。根据课程内容,从青少年兴趣出发,融入时代发展的元素,设置、开展一系列趣味体育、科技益智等游戏、运动、竞赛与实践活动;课程组织形式多样,不受场地和人数的限制,既可以由学生单独玩,也可多人同玩。单人玩的形式,在家能玩,在学校也能玩;多人同玩的形式,增进了青少年与同伴、老师、家人的交往,促进其社会适应性的发展。

(三)"一起玩":亲子参与、老少同乐

闲暇活动课程推出"生活式家庭联动",为家长们提供与孩子共同参与的闲暇时光:让家长前来观摩整个教学过程,并在教学中设计家长同场学习、互动、竞技环节,让家长参与课程学习,倡导家庭亲子活动,感受其乐融融的家庭氛围。这有效缓解了家庭教育中可能出现的矛盾或紧张关系,更有助于家长深入了解校外教育,使家长与孩子在校外教育的环境中共同受益,从而为校外教育提供稳定的外部支持。

(四)"玩好":培养社会情绪能力、闲暇价值观

课程评价注重"玩好"。从学生的体验出发,设计更适合学生的评价方式,让学生可以持续地保持对"教你玩俱乐部"闲暇活动课程的兴趣,在闲暇活动课程中健康成长。活动课程注重培养学生的文明礼仪、健康习惯与社会情感。

三、特色闲暇课程实施的成效

"教你玩俱乐部"闲暇活动课程自开发实施以来,已成为我区广大青少年学生课余生活的热门选择。在一项对"教你玩俱乐部"闲暇活动课程的问卷调查中,我们总结了以下成效。

(一)符合兴趣导向,参与度高

学生表示参加"教你玩俱乐部"70%以上是依据自己的兴趣,学生参与俱乐部的自主性强;"非常主动,每次都积极参加"的学生占到 63%。可见,学生自主参加活动,课程能较好地满足学生兴趣。

同时,教师会在课堂教学过程中设置家长参与、互动的环节。50.6%的家长在活动中全程陪同,13%的家长课后监督孩子练习。教师与家长的交流既体现在教学活动中,也保持在课后;87.6%的教师表示总是或者经常与家长在课后进行交流。家长对孩子参与活动的效果十分关注,并对活动设计感兴趣。

(二)目标设置合理,满意度高

95.5%的学生表示非常或比较喜欢闲暇活动课程,32.4%认为参与活动没有困难,47.2%认为"有些困难,但可以克服"。可见,学生认可俱乐部的闲暇活动课程,课程目标设置较为合理。

同时,61.3%的家长认为学生在参与活动后变化显著。家长对内容安排、目标设置等满意度都接近 100%。说明闲暇活动课程在前期设计、过程教学中充分考虑学生和家长的需求,并结合自身优势充分体现出活动特色。

(三)配套师资专业,认可度高

95.6%的学生喜欢或非常喜欢授课教师。学生最喜欢老师高超的技巧,占比 33.7%;喜欢老师平易近人与认真负责的态度各占 21.3%、17.6%。说明俱乐部教师受到学生欢迎,学生重视授课教师的专业性、亲和力。

(四)聚焦综合素养,达成度高

从同伴交往能力、合作能力、自我管理能力、自信心、创造力、动手能力、身体素质、学习能力、解决问题能力九个维度展开学生自评。学生认为自身在"同伴交往能力""动手能力""身体素质"和"自信心"方面明显得到提升。家长对学生参与活动效果评价与学生自评基本一致。可见,闲暇活动课程基本实现了课程目标,但在自主探究、创造力等方面仍有提升空间。

校外教育是青少年从以家庭、学校为主走向以社会为主的重要过渡环节,更是联系家庭、学校、社会的纽带。寓智力与非智力因素于一体,促进青少年综合素养的发展,这也成为"教你玩俱乐部"特色闲暇活动课程的不懈追求。

(上海市黄浦区青少年科技活动中心 陈沪铭、戴 靖)

发挥"德艺双驱"育人价值，打造民族文化教育精品

——黄浦区青少年艺术教育活动中心

黄浦区青少年艺术活动中心作为全国县（区）级示范性青少年校外活动场所、全国艺术教育先进集体，承担了全区中小学艺术教育指导工作，同时也是全区未成年人重要的校外教育场所。近年来，中心依托区教育综合改革项目的推进，积极发挥艺术教育的立德树人价值，实现"德艺双驱"目标，同时以民族文化教育项目为载体，打造中华优秀传统文化传承精品。

一、背景

教育部《关于推进学校艺术教育发展的若干意见》指出："艺术教育对于立德树人具有独特而重要的作用。学校艺术教育是实施美育的最主要的途径和内容。艺术教育能够培养学生感受美、表现美、鉴赏美、创造美的能力，引领学生树立正确的审美观念，陶冶高尚的道德情操，培养深厚的民族情感，激发想象力和创新意识，促进学生的全面发展和健康成长。"党的十八大和十九大都对立德树人、改进美育教学做出重要部署，国务院对加强学校美育提出了明确要求，阐明了促进艺术—德育一体化之于实现立德树人战略任务的重要价值。

为此，黄浦区青少年艺术活动中心积极发挥自身课程、师资等资源优势，以民族文化教育为主要载体，建强中心民族文化教育精品，同时将优质资源向区内中小学输出，形成具有黄浦特色的艺术德育一体化局面。

二、实践

（一）"国文化"系列活动，打造中华优秀传统文化精品

区青少年艺术活动中心以传承中华民族优秀传统文化、弘扬民族精神为目标，充分发挥自身师资和外聘优秀教师的作用，坚持每周开展青少年民族文化培训系

列活动,形成了集国乐、国术、国饮、国艺、国学于一体的"国文化"系列行动和大联展活动,让更多的学生领略中华传统优秀文化的风采。

(二)"多样化"拓展课程,助力城市学校少年宫建设

中心开拓创新,依托自身优质教育资源,以"多样化"拓展型课程推进区域城市学校少年宫建设。近年来,中心融合"德育为先"理念,发挥"示范引领"作用,开设拓展型课程50余门,以"送教上门"的形式,为黄浦学校、应昌期围棋学校、格致初级中学、光明初级中学、大同初级中学、敬业中学、市南中学、阳光学校、蓬莱路第二小学、卢湾一中心小学等区域内的中小学开展学校拓展型课程的教学工作,受到区域学校和学生的广泛欢迎。2019年,中心正式成为区校外联办下属学校少年宫指导中心,为全区城市学校少年宫建设提供最为可靠的资源库。

(三)"云传艺"线上课程,丰富区域海派艺术传习载体

为使优秀民族文化惠及更多学生,中心在先进教学理念的指导下,开展了一系列"非接触式"教学的尝试,积累了大量宝贵的经验并完成了"云传艺"课程教材的制作,通过网络平台使"剪纸""面塑"等海派民间艺术走进校园。其中,由工艺教研组制作的《十二生肖·海派剪纸》系列微视频已被广泛应用于区域学生民族文化拓展型课程教学中,受到了学校师生的热烈欢迎。

(四)"双馨教师"培育工程,加强"德艺双驱"队伍建设

中心基于"艺术德育一体化"的要求,不断丰富教师专业化发展的德育、艺术双能力同步提升,实施"双馨教师"培育工程。作为上海市教师专业发展学校和见习教师规范化培训区级基地,长期以来,中心认真贯彻区教育局关于教师队伍建设有关文件精神,以师德为先,坚持从艺术专业能力和育德能力两个维度全面提高教师专业化水平。近年来,中心基于"德艺双驱"的发展,致力于转变教育观念,进一步提升教师队伍整体素质,培养骨干特色教师,保证中心拥有一支德艺双馨的高水平师资队伍,更好服务区域未成年人思想道德建设。

三、成效

经过多年的实践,黄浦区青少年艺术活动中心在打造具有区域特色的民族文化教育精品之路上,不断奋进,取得了丰硕的成果。

(一)打造"双团"品牌,建强民族文化教育团队

近年来,中心聚内力,引外力,打造了在全国和上海市具有一定知名度的民乐团和工艺团,每年在区内、市内开展多场主题展示活动,弘扬中华传统文化。其中,民乐团参加了第 36 届上海之春国际音乐节暨 2019 第五届上海音乐学院音乐开放周活动、2019 国际青少年音乐节暨"一带一路"音乐周系列活动等,并在上海音乐学院贺绿汀音乐厅举行"寄少年"——上海市学生艺术团黄浦区青少年艺术活中心民乐团专场音乐会。中心少儿工艺团作为民族文化的小使者,多次参加中法、中德、中澳、中日、中瑞"文化年"活动,工艺表演团的学生们现场表演了双手书法、篆刻、泥塑、海派剪纸等中华民族传统工艺项目。

在艺术活动中心高水平学生艺术团的带动下,在 2019 年举行的教育部第六届全国中小学生艺术展演上海市活动中,我区的学校艺术教育绽放光彩,共获得 1 个优秀艺术实践工作坊、5 篇中小学美育改革创新优秀案例、24 个艺术作品类一等奖、9 个艺术表演类一等奖以及 3 个优秀创作奖,获奖数量和质量均为全市之最。

(二)开发培训项目,形成民族文化体验品牌

黄浦区青少年艺术活动中心连续多年承办上海市青少年民族文化培训系列活动中"丝弦华韵(民乐)""工艺奇葩(工艺、茶艺)""武林少杰(武术)""经典诵读"等项目的培训任务。通过宣扬民族文化,在传承中华民族文化、弘扬中华民族精神、增强民族自信心、促进广大青少年学生素质全面和谐发展的同时,使学员们掌握相应的知识、技能、技术,操作、演奏及演练水平得到提高。通过各类展示、交流活动,为青少年搭建弘扬民族文化、展示自身才华的舞台。同时,中心依托崇明三民文化村等民俗文化教育资源,每年组织区内中小学生开展民族文化研学旅行项目,惠及学生近千人。

（上海市黄浦区青少年艺术活动中心　郑　瑾、竺　靖）

盘活资源,多方联动,连点成线

——黄浦区瑞金二路街道打造"魅力瑞金"未成年人 20 分钟文化传习圈

黄浦区瑞金二路街道根据黄浦区"十三五"教育发展规划中关于"进一步打通国民教育体系和终身教育体系"的要求,不断建强学生社区实践指导站,使社区教育项目惠及广大社区青少年,使辖区内的社会实践资源更好地服务广大青少年的成长。在推进终身教育项目"申城行走　人文修身"的过程中,街道积极盘活资源,促进多方联动,实现人文资源的连点成线,打造了"魅力瑞金"未成年人20分钟文化传习圈。

一、背景

黄浦区瑞金二路街道有着深厚的文化积淀,聚集着红色遗迹、海派建筑、名人足迹和人文艺术等丰富资源。为进一步贯彻落实《关于推进上海市学生社区实践指导站建设的实施意见》,街道学生社区实践指导站在市、区文明办和区教育局、社区学院的指导下,在街道党工委的具体部署下,立足区域实际,一方面落实市政府提出的打造红色文化、海派文化、江南文化等文化品牌的要求,另一方面对接区文明办、教育局打造"多彩学习圈"未成年人海派文化实践版图的总体布局,以"魅力瑞金"为工作品牌,通过整合社会资源,搭建平台,创设情境,打造了"魅力瑞金——未成年人20分钟文化传习圈"。通过鼓励学生走出家门就近就便参与社会实践,培养社群意识,增强文化认同,培育政治认同,厚植社会主义核心价值观。

二、实践

(一) 盘活资源,构建多元实践站点网络

瑞金二路街道指导站根据社区内学生社会实践资源的类型,构建起了多元的实践站点网络。概括起来,将街道辖区内的站点分为了三个类型:一是红色基因类,包括中国共产党驻沪办事处(周公馆)纪念馆、孙中山故居纪念馆、团中央旧址纪念馆等红色遗迹,指导站围绕未成年人假期生活开发了诸多参观寻访活动;二是海派建筑类,瑞金二路街道辖区内经典建筑、名人故居、老宅旧弄、花园洋房众多,指导站主动对接学校,将这些资源与学校的探究性、研究性学习相结合,为学生提供"家门口的乡土研学资源";三是志愿服务类,指导站积极开发各类资源,设立了瑞金医院、中国银行等八个志愿服务实践基地,同时又把辖区内的其他14个居委作为实践分站,尽可能地为辖区内高中生提供更多、更便捷的志愿服务体验岗位,丰富志愿服务(公益劳动)的内涵。

(二)多方联动,形成特色文化体验项目

针对社区文化底蕴深厚、历史脉络悠长的特点,街道凝聚民俗学者、高校专家、辖区学校、社区居民、社会机构等各方面力量共同编撰、出版了《魅力瑞金》丛书。该丛书包括名人篇、街坊篇、建筑篇三个板块,让社区居民群众,特别是青少年,感受到了街区的人文底蕴、历史渊源和文化传统,增强了社区的归属感、凝聚力,进一步提升了瑞金二路社区的知名度和美誉度。指导站将《魅力瑞金》系列丛书作为社区教育本土教材,将丛书转化成课程,并根据书中的内容制作课件,采取"长期立足社区学校""平时送课进校园"和"假期走进居民学习点"等不同方式对未成年人进行宣讲,形成了瑞金二路街道未成年人文化体验特色项目。

同时,指导站还发挥统筹协调作用,搭建优质文化体验项目的共享平台。如,依托市级优秀非遗传习基地——清华中学的"上海灯彩"传习项目,将其打造成为一个寒暑假的学生实践点和居民学习点;依托辖区内区体育局提供的优质体育资源,成立了"学生社区篮球乐园",受益学生达 400 多人;依托颇具街道特色的"街坊文化",为辖区内中小学开展"弄堂风情游"乡土教育提供丰富的资源支持。

(三)连点成线,打造优质"人文行走"路线

2018 年,瑞金二路街道学生社区实践指导站认真落实市府关于党的诞生地资源开发和上级教育主管部门推进"申城行走 人文修身"学习项目等要求,将社区内的各类优质社会实践资源"连点成线",打造具有瑞金特点、海派特色的人文行走路线。

作为黄浦区"人文行走"项目的试点单位,瑞金二路街道指导站先行先试,在区教育局的大力主导下,积极配合区人文行走项目,在区打造的行走路线——从党的诞生地(一大会址)到国歌唱响地(黄浦剧场)的"红色人文行走"的"红色之旅",途经 8 个红色文化学习点,行程约 4 公里。开展了"走读瑞金"系列活动以及"海派黄浦 红色魅力"人文行走活动,指导站积极统筹各方力量,组建了以社区教师、学校团干部、高中生志愿者和社区居民为主体的人文行走导览员队伍,不断挖掘名人故居和老建筑背后的教育素材,为参与行走活动的青少年讲述身边的名人故事。

三、成效

近年来,瑞金二路街道学生社区实践指导站始终把"充分有效利用社区资源,促使未成年人更主动、更有效参与社会实践"作为建站根本宗旨，盘整资源，加强统筹协调；培育项目，优化功能建设；主动作为，升级实施路径。在"魅力瑞金——未成年人20分钟文化传习圈"的框架下，以营造浓厚文化气息，提供丰富文化体验，打造优质文化品牌为载体，鼓励广大未成年人在实践中"触摸"海派文脉，在体验中感受"魅力瑞金"，从而培育他们的乡土情、社区情，并以此激发上海情、中华情。

（上海市黄浦区瑞金二路街道学生社区实践指导站　夏明建）

后 记

《融汇海派文化 创新育人实践》一书在大家的努力下终于付梓了。这是一本凝聚着我区德育工作者智慧和心血的文集，全面反映了我们历经五年研究与实践所取得的成果。

作为黄浦区教育综合改革项目之一，"构建一体化德育新格局"是黄浦区德育工作在"十三五"期间的重要任务。我们以社会主义核心价值观教育为重点，以提升黄浦小公民思想道德素养、增强区域德育实效性为目标导向，遵循教育发展规律和学生身心成长规律，在整体构建方向正确、内容完善、学段衔接、载体丰富的德育工作体系上作了积极有效的探索。全体编委对本书框架的制定贡献了智慧。全书由导论和六章组成，每一章均分为思考篇和实践篇。导论由李峻撰写，每一章中的思考篇依次由冯秋萌、石嘉伟、项志茵、李燕华、钱锦、李彬撰写，并负责相应章的统稿；每一章中的实践篇分别由来自学校的校长、教导、教师撰写。最后全书由李峻统稿，严奕审定。

在本书的编写过程中，全程得到了上海市教育科学研究院原德育研究与咨询中心主任、研究员谢诒范老师的帮助和指导；许多学校的领导、老师积极参与实践案例的撰写。在此，我们表示衷心的感谢！遗憾的是，限于篇幅，还有不少学校的优秀实践案例未能编入书中。限于时间和水平，书中难免还存在不足和缺憾，敬请广大教育同仁批评指正。

回首"十三五"走过的一段德育改革创新的历程，我们倍感欣慰；展望黄浦"十四五"教育发展的远景，我们信心百倍。我们将进一步确立"让每一个学生全面而有个性的发展"理念，充分发挥学校在落实"立德树人"根本任务中的主体作用，集聚各方智慧和力量，继续深化德育一体化建设的实践，营造绿色教育生态，助力学生积极幸福成长。

2020.06